一窺古人著裝奧祕……

MING DYNASTY FASHION

登臺！明朝人時尚秀

圖解——古裝衣冠之美

陸楚翬——著

推薦序

明人的「身外之物」真實靈動如在目前

李純瑀（臺灣師範大學助理教授）

我總說明朝是個白銀帝國引領的黃金國度，那鑲著金邊的市井氣息爲後人帶來無窮盡的想像，而帝王家的富貴氛圍從來都是人們津津樂道的話題。

從諸多影視作品中，我們或許能看見明朝人們的日常與正式穿搭，然而不得不說戲劇中實在不乏「美麗的錯誤」，美則美矣，實則錯矣。雖身爲一名觀戲的傻子，卻不願接續著將錯就錯。

倘若穿越回到明朝，來到那民間經濟活絡的城市，我將會看到什麼樣的男女穿搭，隨著一年四季有所變化的服裝布料該有哪些；走進宮廷之中，又將窺見何種服飾、髮飾、配件，如若參加一場正式的大典，皇帝后妃們的裝扮將是何等華麗？念及這些，已顧不得那些美麗錯誤，只願走進《登臺！明朝人時尚秀：圖解古裝衣冠之美》的文字中，一步步細膩地觀看明朝人的一生，婚喪喜慶各有應著之衣物、尋常時光也有相對應的服飾；莫要穿搭錯誤了，那便枉費《登臺！明朝人時尚秀》一字一句和精心展現的圖示。

好比許多人口中的「荷包」，首先聯想者多和金錢財物有關。然而，古人的歲月靜好就在此刻優雅的透過「荷包」向諸君展開截然不同於金錢的面貌，那可是古時男女之間做爲定情信物的配件，一份不輕易示人之物卻表露無盡的相悅之情。

又或者在不同時節的人們，自然有不同材質的服裝得以上身。

毋庸置疑的是明朝已來到科技文明的高峰時期，在眾多物質的選擇上也變得較唐、宋時期更爲多元，例如「棉」的使用便在明朝臻於顛峰。因此，在暑熱難耐或酷寒凜冽的日子裡，時人當然有最恰當的裝扮，讓生活過得更爲舒適且有滋有味。

若至三伏天，無論貧窮或富貴之人皆可穿上貼身的汗褂，外披一件紗衫或夏布衫；行到冬日，來件有著精緻刺繡圖騰或素色質樸的小襖、襖子，之間再添一件襯襖最爲合適不過，若還是覺得寒涼，則可在襖子外披一件披襖、披風、氅衣、罩甲，頭上可加保暖好物：臥兔兒。這樣的多重選擇和各種服飾的專屬名詞，是現代日常所難以比擬的生活感：精細、精緻、精心。

走進不同的時空，看到風情萬種的穿戴與配件。

咱一塊兒走進明朝的紫禁城吧，看看那些當官的老爺們身上的官服、官帽和他們的補子，從材質樣式可立刻分出眼前之人的身分高低；一道度過明朝的節慶吧！大夥兒在節日又穿了什麼樣的服飾，展現時代特色和節日中的歡愉之情？

男性朋友們在明朝的服裝選擇可謂相當豐富，一般日常的「常服」、儒生往來間的「禮服」、正式場合中的「褻衣」各自該呈現什麼樣貌？怎麼穿才不失了分寸與規矩？

明朝女子的黃金飾品、髮飾、時尚小物，總讓人看了爲其「金光閃閃」而眼前一亮，或者因質地精良、工藝手法之到位而深感佩服。無論男女，在明朝總有令人讚嘆的服飾美學。《登臺！

明朝人時尚秀》都將一一爲你話說分明。

不再將錯就錯，從典禮到日常、從一年四季到節慶生活，《登臺！明朝人時尚秀》讓明朝人們的「身外之物」瞬間眞實靈動地如在目前。透過專業仔細的分享，穿越回明朝時的你我方不誤了穿搭的服飾規矩！

推薦序

漢服知識、藝術及解說的經典

莫順吉（臺灣國際漢文化整合服務總會理事長）

臺灣在二〇二三年的今日，漢服仍是小眾群體所珍視的「文化瑰寶」，但穿著漢服走在街頭，有很大機率會被視作「奇裝異服」，不論是聽到「你是在演歌仔戲？」或是「你在摳斯普類唷？」的臺灣國語，我想這已經是漢服愛好者的日常。

不過也有好奇的人會問：「以前的人這麼穿不會熱嗎？」相信這本書可以給予很好的解答，作者巧妙地運用實際場景將讀者帶入情境中，呈現出什麼場合穿著什麼樣的漢服，恰恰能回應那些朋友們的十萬個爲什麼。

閱讀陸老師的作品時，讓我回憶起國中時看金庸與紅樓夢的感動，鉅細靡遺地描寫彷如讓人物栩栩如生地展現在眼前，人物的整體形象塑造令人眼睛爲之一亮，相信這是調閱過許多典籍才能建構而成的情景。然而書中有些名詞對我來說有點距離，就像是看文學作品裡有時會出現的生僻形容詞，而我的習慣是會去查詢生澀的內容涵意，沒想到陸老師非常貼心的就在文末附註這些生澀名詞的詳盡說明，非常推薦大家在閱讀的過程中先看這些說明，後續再閱讀文章會更順暢無阻。

對於有些文字建構場景有困難的朋友們也不用擔心，因爲陸老師爲此找了相當多圖片讓這些文字具象化呈現，優美的圖示讓你能更仔細地看見實際搭配起來的樣子，也提供了妝造工作者一個實用的參考作品，甚至可以當作參考書都不爲過。

臺灣在漢服推廣的歷程中，大致可把漢服愛好者分爲「文史考究型」、「漢服生活型」、「藝術拍照型」等三種類型，彼此有可能相互重疊，像是我本身已經把漢服生活化，不論是工作或休閒，經常都能看到我穿著漢服；爲了推廣漢服辦理事務，也需要不斷地充實自己的漢服甚至漢文化相關知能；而且因個人特色的關係，偶爾會受邀做爲主題照片裡的綠葉。

陸老師的這本書非常令我感到驚豔，因其意外地符合這三類族群的需求，提供知識、藝術及解說的功能，非常建議臺灣的朋友們可以把《登場！明朝人時尚秀》做爲經典書目收藏在床頭櫃，當作睡前讀物看。

非常期待未來還有機會看到其他朝代的時尚秀，目前主流的漢服中，還有唐代、宋代服飾，有朝一日當其他朝代的考古文物逐漸齊全後，相信也會有其他朝代的時尚秀呈現給每位讀者，不過好的作品也有賴於每位讀者的支持，才能讓作者與出版商有出書的原動力。

在臺南（建城）四百年的前夕能看到這本書在臺灣出版，相當令人振奮，因爲明代末期大量漢人移民到臺南，不論是荷蘭時期還是東寧王朝時期，讓臺南意外地保留了諸多漢文化符號與資產。大清帝國頒布剃髮易服令後再覆滅南明政權，臺南可說是保存漢服相對存在的路徑終點，故在臺南推廣漢服是有其歷史的意義，期許臺灣漢服推廣能結合在地漢文化遺跡發展出新時代的觀光盛世。

而我相信這本書能夠奠基臺灣的漢服愛好者的口語化論述基礎，以故事的方式闡述給還不了解的人們有關於漢服的兩三事。

推薦序

兼容古今的漢服文化

蔡景如（「臺灣漢服」社團創辦人）

唐代著名詩人王維曾以「九天閶闔開宮殿，萬國衣冠拜冕旒」來描繪盛唐時期各邦來朝的一代勝景，其中「衣冠」代指的是八方使臣，是他們背後的屬國，更是一個個不同的文化體系。

服飾，在現今社會的意義，美觀與實用無疑占了至關重要的主體，而在歷史上，除卻這兩大關鍵，衣冠更被賦予了「明華夷、別尊卑」的政治社會意涵，從春秋時期的衣襟左右衽思維，一路到清代剃髮易服、漢女裝維持兩截穿衣等史實脈絡，數千年長河裡，輾轉遞嬗的服飾輪廓，勾勒的正是跌宕起伏的華夏文明。

倉廩實則知禮節，文化奠基於物質發展，特別是在工業革命之前，有限的物力資源下，服飾從面料的結構、工藝，到款式細節的剪裁與輔料，一針一線，處處體現出不同身分場合裡，穿著打扮的思維邏輯：長袍、寬袖、長通袖等在製作上需要耗費較多布料的款式，在那時，代表的便是高成本與正式性；草木染時代，高彩度的色澤往往需要數十次反覆著色、固色、晾晒方可完成，正因如此，以大紅大紫來形容飛黃騰達；除此之外，衣服上飾有的紋樣，也各自帶有不同的身分等級或節慶寓意，比如大家相對熟知以補子區別官階品級的規範等。以上諸多看似零碎的細節，根源於不同時空背景下的文化和工藝發展，隨著歷史的演進逐步疊加，服飾更是蓬勃發展愈加繁複，明代更依據身分場合，形成「祭、朝、禮、公、常、吉、便、喪」等八大主要脈絡、上百種款式以及數以萬計的穿著搭配。

天有不測風雲，清初戰亂下的剃髮易服政策，從根源上重創了當時的漢文化服飾體系，爾後清末民初的烽煙動盪，傳統文化更是日漸式微，淵遠流長的華夏衣冠在近百年幾乎消失在歷史舞臺，只剩下那麼幾波餘韻蕩漾在戲曲服飾中。近年，隨著電視劇的興起，古裝再次進入大眾視野，無奈的是，經歷了戲曲衣箱的虛化，以及不同劇種間幾經輾轉的創新融合，當今古裝劇裡的服飾，往往夾雜不少違背歷史原型，甚至脫離現實邏輯的不合理概念。反觀地域相鄰的日、韓，經歷現代化的傳統服飾，以一種兼容古今的狀態走向世界，實實在在引發我們來自文化自覺的反思與探尋。

「歷史上眞正的華夏衣冠究竟是什麼樣？」帶著這樣的好奇，一波波新世代年輕人開始構築出一個名爲「漢服」（漢文化服飾）的框架，從最初的懵懂摸索，逐漸引入文獻、文物、圖繪等考古客觀證據，一步一腳印再現歷史精髓，並在過程裡重新了解、學會欣賞，轉而認同這些屬於自己的文化風貌。本書作者陸楚翬老師便是這一輩中的佼佼者之一，先前曾幾度與她交流過漢服相關的看法與發現，她對待史料的細心分析與脈絡掌握的確讓我甚爲佩服，特別是針對款式劃分細緻、工藝華麗繁複、紋樣類別多元的明代服飾，從資料蒐集、分析整合到體系架構，她一篇篇深入淺出的論述介紹，搭配精美繪圖，引導大眾對傳統漢服產生興趣之餘，並能適時協助他們快速精準地掌握關鍵，探索明代三百多年歲月中，服飾的發展脈絡以及背後的文化風貌。

臺灣的海島型地域，搭配歷史發展因素，血緣上雖是以漢民族爲眾數，卻融合了南島語族、美日文化以及東南亞等各方風俗，形成如今獨特的文化風貌。漢文化在日常中因過於普及，反倒時常受到忽視，臺灣雖小，受益於相對穩定的政經環境，在部分傳統文化與工藝上，甚至保留了不少獨家的非物質文化遺產（例如：春仔花、通草花等）。文化在碰撞過程中的融合創新，往往是進一步發展的原動力，戰國爭霸後，迎來秦、漢大一統；南北朝烽煙下，誕生了隋、唐盛世；五代十國的紛擾裡，鍛造出屬於兩宋的顛峰，多元發展與共榮是文化走向強大不可或缺的根基，地域、族群等鑄就文化同溫層的條件，在現代化的如今逐一被打破，取而代之的是個人喜好與選擇，擇其所愛去探究、追隨、發揚自己認同的文化領域，不再受限於主流認知或上述客觀條件，無論是往哪個方向發展，同時能對其他文化抱有彈性和包容，期許在這樣自由的氛圍下，臺灣能持續貫徹來自各方、共榮共生的獨特海島文化。

二〇二三年五月十一日書於北投

前言

張愛玲堅信晒衣衫的日子最適合拜訪中國人。在或明媚或昏黃的陽光下，客人將看到主人家祖祖輩輩傳下來的衣服在抖動之後，被小心翼翼地掛在晾衣杆上，隨自己的節奏紛紛揚揚地飄飛。

然而世事總是無常，沒有什麼可以永不隕落。先人們的綾羅綢緞恍然間被西方時尚潮流替代。所有附著在衣衫上的掙扎、奮鬥、甜蜜、悵惘，甚至是痛苦，亦湮沒在巨大且持續的變革中，淡得嗅不到一點氣息。

我們固然可以去博物館追尋那些往事，但即便將額頭緊緊貼在展櫃玻璃櫥窗上，也很難從靜默的文物中感受到理性與浪漫、恪守制度與打破常規等力量之間的激烈碰撞。哪怕再不情願，也只能在透明玻璃散發的絲絲涼意中承認，讓早已退出生活的服飾以最鮮活的姿態再次演繹社會之複雜、世態之炎涼、人性之善惡幾乎不可能。它們早已永遠地逝去了。

因此，我們很難透過陳列的文物捕捉先人的氣息，更不用說長久以來習慣於只關注寥寥幾位帝王、將相或后妃。我並非指關注知名人物實屬多餘，只是如此一來，我們的視角變得十分有限，有限到除了幾個符號化的形象之外，對普通人曾經的生活知之甚少。

倘若不信，先來看看這些有趣的問題：明代的頂級奢侈品是什麼？明代人也趕時髦嗎？時尚教父是誰？他們如何帶領弄潮兒們穿女裝？人們眼中的女神有怎樣的風範？妝容眞如古風小說女主那般走極簡風格？普通人的裝束到底是怎樣？只能像古裝劇演的那般穿得灰撲撲甚至衣衫襤褸嗎？在沒有空調、雪紡面料以及羽絨製品的時代，人們該怎樣穿才能安然度過酷暑和寒冬？參加一場正式筵席，怎樣穿搭才不會出洋相？如果不小心穿錯了衣服，會不會小命不保……

我相信大家對這些貼近實際生活的問題會非常感興趣。正因這些問題尚未完全得到解決，才有機會向大家展示我的研究成果。請允許我先搭建一個特定的場景。看到生活在其中的鮮活身影時，我們方能獲得沉浸式體驗，對服飾的理解將比看孤零零的文物深刻許多。

一位站在銀鋪中的婦人吸引了你。她正接過一只描金方盒，盒子裡裝著一件金鑲玉觀音滿池嬌分心、一對寶石墜子並幾支花翠。

從婦人與銀鋪掌櫃的交談中得知，她是一位專爲富貴女眷梳頭的職業女性。雇主是本地數一數二的大戶，經營著一家頗具規模的綢緞鋪和一家印子鋪，娶了衛所千戶的女兒爲妻。盒中的首飾正是女主人最新訂製的，用來搭配從杭州購置的衣裙。

你的心中充滿好奇，想見識見識女主人的妝容，看看是否和電視劇中的妝造一樣。

見了女主人之後，你感到慶幸：女主人的交際網如神經末梢般發達，深入社會中下層。她出現的場合，譬如拜訪、祝壽、婚喪、歲時節令等，人們穿戴的服飾與電視劇相比是那麼的不同。而用於這些場景的服飾，甚至顛覆了我們以往的認知。

講到這裡，你們可能已經發現本書內容的框架，搭建三十個與生活息息相關的虛擬場景，以便細緻地勾勒不同社會階層的服飾和相關禮俗，展示一幅更全面的明代生活畫卷。

你不用擔心腦海中無法呈現服飾的輪廓，我已經把文獻資料轉換爲圖片，讓大家看到不一樣的大明衣冠。你也不用擔心彩繪中服飾不考究，它們全部採用接近眞人的身體比例，竭盡全力展示文物穿上身的眞實狀態。

讓大家從往昔中覷得不同的風景，觸摸到不同的美是我最大的心願。若你因我的講述而感受到它們的魅力，我的目的便達到了。

陸楚翚

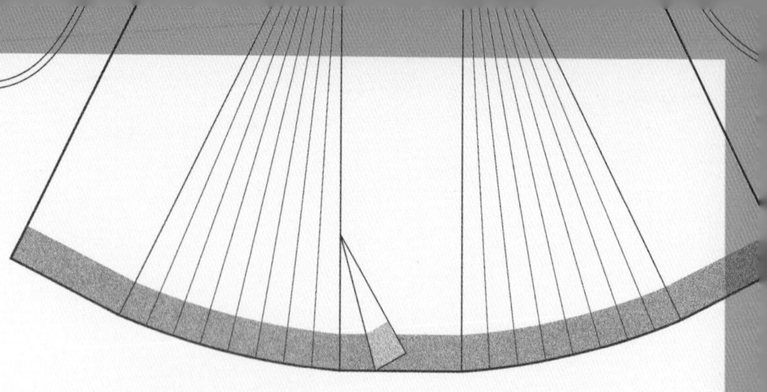

目錄

推薦序 明人的「身外之物」真實靈動如在目前 李純瑀 /2
推薦序 漢服知識、藝術及解說的經典 莫順吉 /5
推薦序 兼容古今的漢服文化 蔡景如 /8
前言 /11

第一章 女性夏季日常裝束

場景一 女主人於家中休閒納涼 /24
女性的內衣有什麼？ /24
與現代大不同的明朝褲子 /28
日常生活中的著裝禮儀 /29

場景二 女主人的短片拍攝現場 /29
「女神」，對女性的至高讚美 /30
裁製暑衣的特殊面料 /31
夏季女裝基本款 /32

女性夏季日常著裝層次圖 / 41
女主人的日常髮型和髮飾 / 42
另一種風情的日常首飾 / 45

第二章 男性夏季日常裝束

場景三 男主人亭中避暑 / 50
汗褂，男性夏季必備品 / 50
靸鞋，古代的拖鞋 / 51

場景四 男女主人家中見面 / 51
男性也必須遵守的著裝禮儀 / 52
奢華的男性夏季日常裝束 / 52
男性夏季日常著裝層次圖 / 60
貼身僕童的體面著裝 / 61
蓬門華戶的衣衫 / 63

場景五 結婚紀念日的神祕禮物 / 64
豐富多彩的明代禮物 / 65

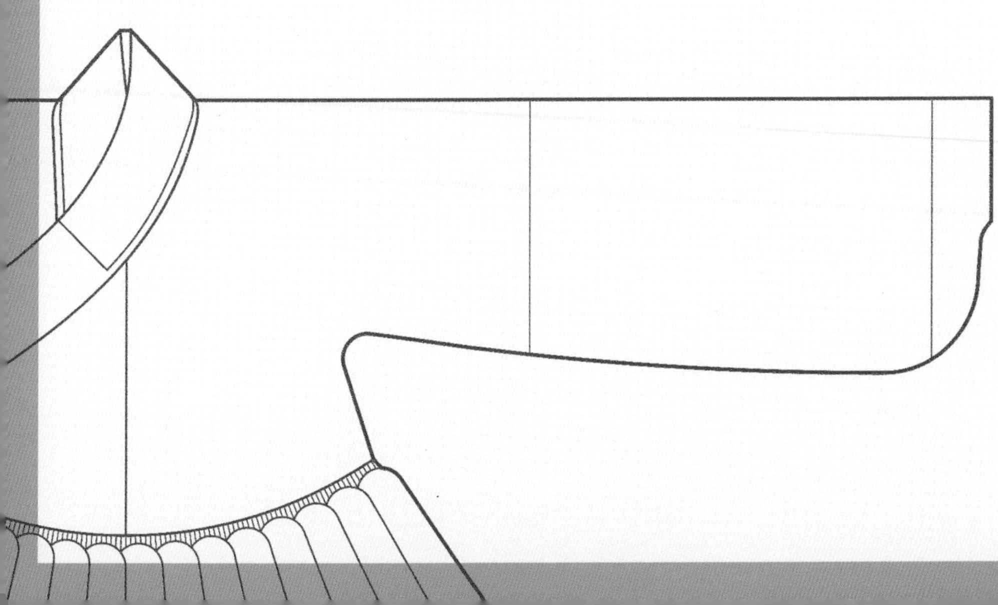

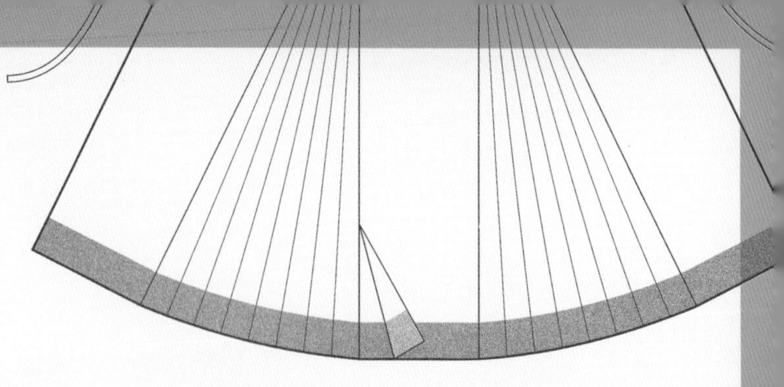

第三章　冬季著裝

場景六　隆冬朝禮碧霞元君 / 70

冬天到底怎麼穿？ / 71

女性冬季著裝層次圖 / 81

場景七　風雪中的歸途 / 83

雨具，難道只有青箬笠、綠蓑衣？ / 83

城裡人的雨具 / 84

第四章　用於正式拜訪的禮衣

場景八　官員間的正式拜訪 / 88

標榜身分的服飾，名利場的正式交際禮儀 / 90

常服的穿著搭配層次 / 96

場景九　黃昏時分的一場臨時拜訪 / 100

主隨客便，需要牢記的官場禮儀 / 100

男主人的便服 / 101

第五章　出席筵席的盛裝

場景十
官員和儒生之間的正式拜訪／103
尊重儒生，又一項名利場的交際禮儀／103
儒生的禮服／104

場景十一
名利場中的另類羞辱／107
官員在正式社交場合中的「褻衣」／107
監生的青衣／109

場景十二
由官員妻子主持的高規格筵席／112
官員妻子的盛裝／114
官員妻子的第二套吉服／126
官員妻子的第三套吉服／130

場景十三
官場大會／132
官員大會的服飾／133
難倒新人的官場禮儀／134

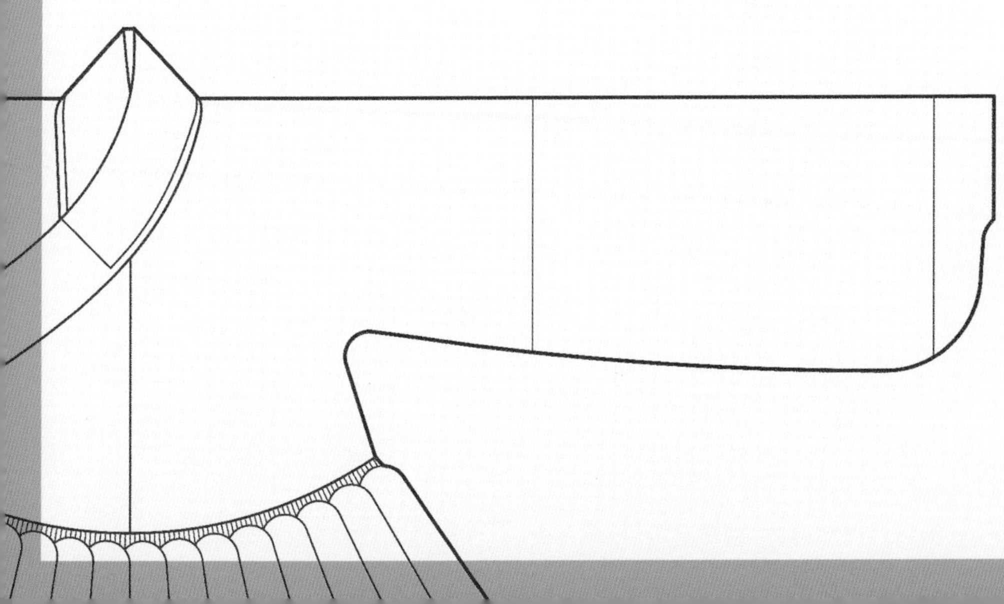

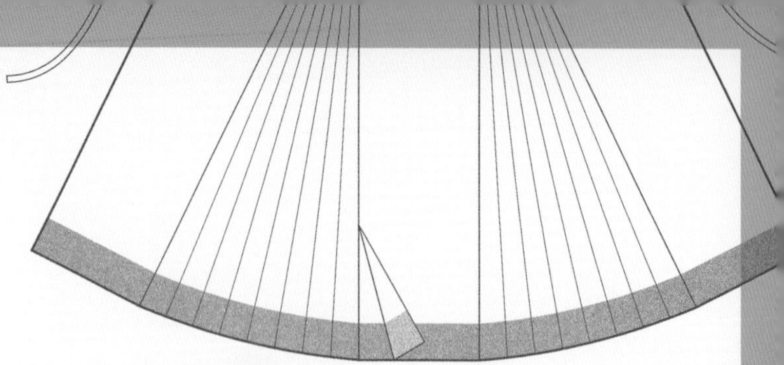

場景十四

市井庶民舉辦的盛宴 / 136

寬衣，被省略的筵席禮儀 / 136

官員的吉服 / 136

士人的便服 / 138

庶民的盛服 / 140

場景十五

市井婦女主持的盛宴 / 144

市井體面婦女的盛裝 / 145

時尚流行那些事 / 148

第六章 婚禮盛裝

場景十六

富貴人家的婚禮 / 152

明代的彩禮與嫁妝 / 154

用於婚禮的盛裝 / 155

富貴人家女眷的吉服 / 160

殷實之家男性的吉服 / 170

蓬門華戶的婚嫁服飾 / 174

第七章 喪服

場景十七 男女主人參與弔喪 / 176

壽衣，獻給時尚人士最後的「戰袍」 / 178

弔服 / 178

喪服 / 180

場景十八 「斷七」後到百日除靈期間的筵席 / 184

女性守孝期間參加活動的吉服 / 185

男性守孝期間參加活動的吉服 / 186

第八章 應景服飾

場景十九 女主人的生日宴 / 188

正面戴的仙子 / 188

應景紋樣 / 190

場景二十 元宵節（上元節）出遊 / 195

少女的元宵節裝束 / 196

由宮廷流入民間的新樣 / 201

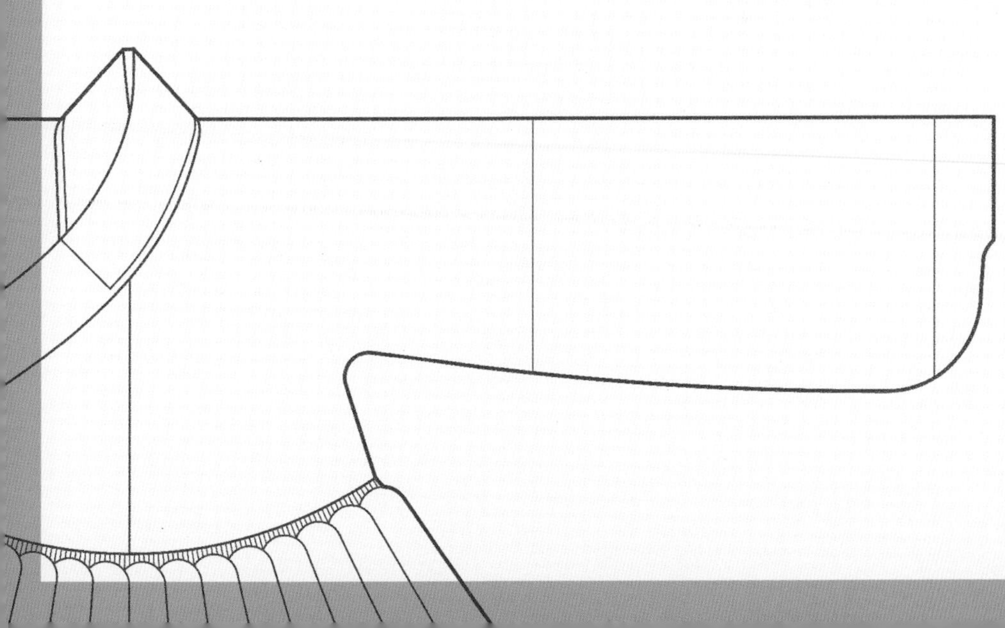

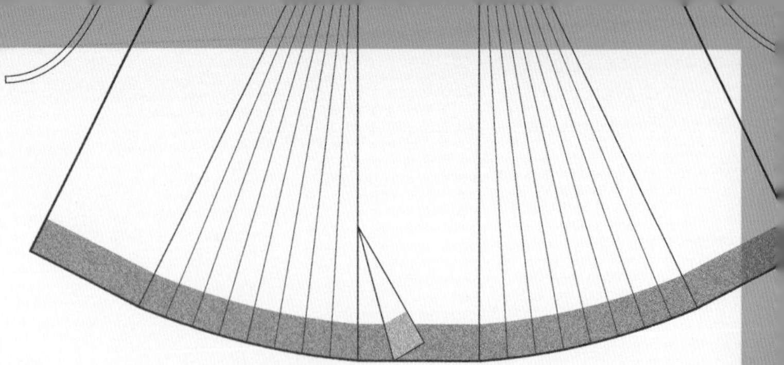

第九章 用於朝覲的服飾

場景二十一 朝覲考察前的閒聊／212
禮服，女性最重要的服飾類別／212
如何才能擁有禮服？／212
禮服的組成及搭配／214

場景二十二 朝覲官駐足寒風中／218
暖耳，身分的象徵／218
宦官到底穿什麼？／219
賜服，一項特殊的榮譽／225

場景二十三 正旦大朝會／229
穿著朝服的場合／229
朝服的組成和穿著順序／229
胡亂改變的朝服／233

場景二十四 謝恩見辭／235
公服的穿戴場合和形制／235
公服的蛻變／238

第十章 時尚流行服飾

場景二十五 帝都的正旦一景／238

民間正旦節物／239

宮廷的正旦應景服飾／240

場景二十六 文人雅集／246

時尚之都和傳播路徑／246

最叛逆的時尚，男穿女裝／247

大明衣冠的功用／248

時尚，士庶交鋒的新戰場／250

場景二十七 旅遊，重塑自信的時尚消遣／256

雲居松雪／257

通玄避暑／260

場景二十八 賞時尚女性的肖像畫／263

文人眼中的時尚女性裝扮／264

明朝時尚界的寵兒／267

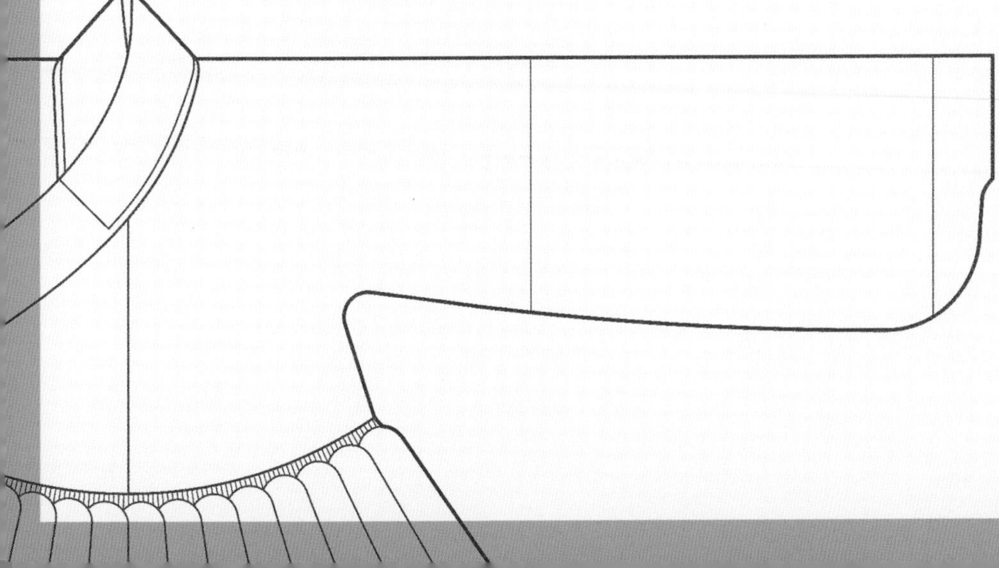

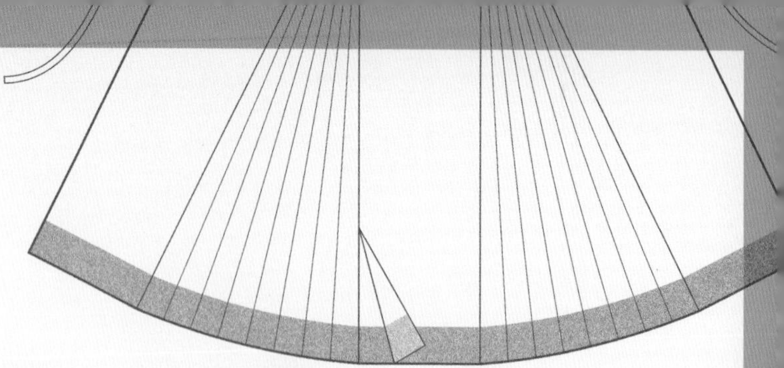

第十一章　戶外運動裝

場景二十九　男主人和友人結伴戶外運動／272

戶外運動穿什麼？／273

刀箸叉三事，屬於男人的配飾／276

第十二章　未成年人的髮型

場景三十　不開心的男孩子／278

男孩子的髮型／278

女孩子的髮型／281

致我的同好們／282

第一章

女性夏季日常裝束

場景一　女主人於家中休閒納涼

六月某一天，一座帶七間門面的五進深豪宅中，女主人正獨自一人穿珠花，她僅披著一件無袖紗衫，露著胸和纖腰，但她不用擔心會被衛道之士跳出來破口大罵，更不用提防被陌生男子看了胳膊，夏日的私密場合，男女老少都習慣於只穿內衣避暑。

女性的內衣有什麼？

明代，即使在私密場合，女性下半身的裝束也較爲保守，多會在小衣外整整齊齊地束著裙、褲、膝褲三樣。相比之下，上半身的裝束往往較爲散漫，單獨穿一件抹胸，單獨穿一件汗衫（褂），同時穿抹胸和汗衫（褂），或者捨棄內衣只穿紗衫都可以。抹胸、汗衫、小襖和小衣都是女性的內衣。

穿紗汗褂、裙、褲、膝褲的少女
清，孫璜繪《仕女團扇圖頁》局部

一、抹胸

抹胸又名欄裙、主腰，相當於現代的文胸。兩者用途雖一致，功用卻不盡相同。

在明朝人眼中，豐滿的胸部是災難，小巧玲瓏才動人。因此抹胸就是一塊長方形布料，既不用鋼絲圈固定，也不塞入海綿墊。它的最大作用是抹平女性的身體曲線，令那抹倩影在層層疊疊的衣衫之中更惹人愛憐。

穿抹胸的妖怪
明內府彩繪本《唐玄奘法師西天取經全圖》插畫局部

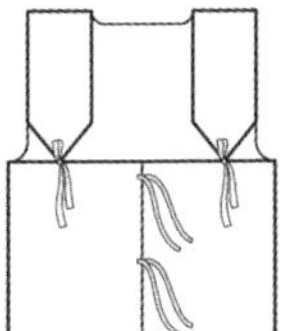

妖怪所穿抹胸形制示意圖

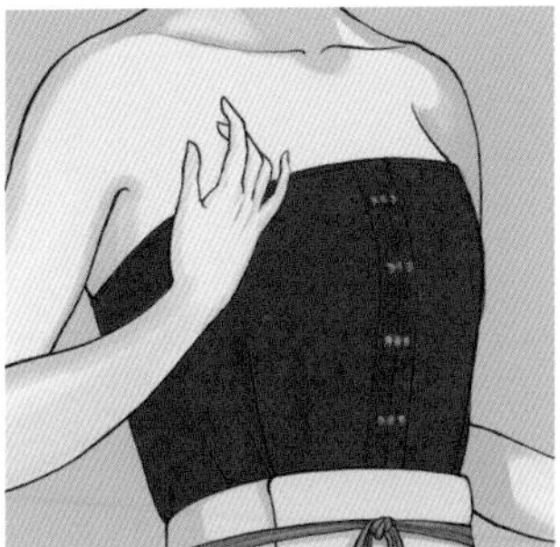

日常抹胸

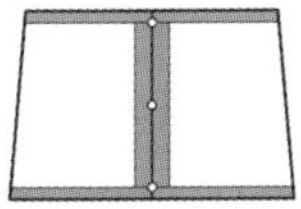

日常抹胸形制示意圖

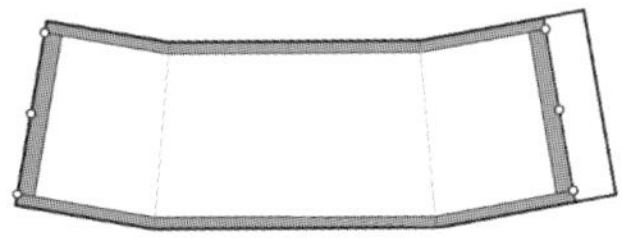

日常抹胸形制示意圖（展開）

二、汗衫

衫有外衣之意，前面加個「汗」字，就成了不能在大庭廣眾之下露出的內衣。

汗衫樣式簡單，款式多樣。衣身有長有短，袖子分無袖、半袖、長袖，領襟樣式有直領對襟、無領對襟、豎領對襟以及豎領大襟等。如其多變的款式，汗衫的稱謂會因南北地域差異而產生變化。江南人稱這種貼身內衣爲「汗衫」，北方人則稱它爲「汗褂」；無領無袖的汗衫又名背心，但杭州人習慣稱它爲「搭脊」。無論叫什麼，都不影響貪圖涼快的女主人換上豎領對襟無袖汗褂。

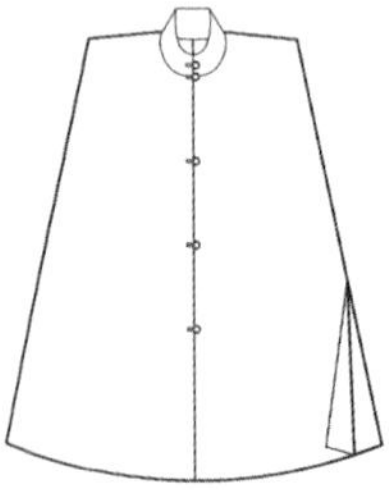

豎領對襟無袖汗褂形制示意圖

採蓮少女穿著不同樣式的汗衫（汗褂）
傳明代項元汴藏《荷塘消夏》立軸局部（周馨怡攝於2018年保利秋拍）

三、小衣，是衣還是褲？

很多人認爲古人是直接穿褲子的，事實並不是這樣：明代不僅有內褲，而且還是合襠的。

之所以產生這種誤會，大部分歸咎於人們缺乏對歷史細節的了解，不過明代內褲的名稱也要承擔「責任」。好好一條褲子，怎麼可以叫做「小衣」？更何況小衣一點也不小，它很像現代寬鬆的沙灘褲，靠縫綴在褲腰處的繫帶固定。

四、小衣與人的尊嚴

看似簡單的東西往往有著大用處。小衣不僅滿足人們的生理需求，還維護著他們最後的尊嚴。

古畫中，無論是被判了死刑的犯人，還是犯了錯的普通男女，即便被脫去所有的衣物實施懲戒時，仍會留著小衣。但在當時，其實連小衣也會被褪去，也就是赤裸著整個身體被打屁股，這種在眾目睽睽之下進行懲戒是莫大的羞辱，甚至比杖責本身更令人難以忍受。

穿汗衫和小衣的少年
明，戴進繪《太平樂事冊頁》局部

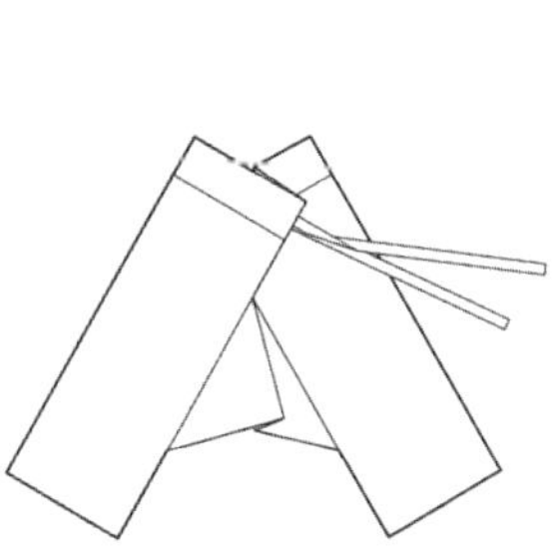

小衣形制示意圖

與現代大不同的明朝褲子

一、褲子的形制

明代民間女性的褲子不僅很寬大，而且比較短，長度一般在八十到九十公分，有的甚至只有七十多公分。穿在身上，就像現代的八分褲、九分褲。褲腿如此短，恐怕與腿上還要束一條膝褲有關。脫了膝褲單看，鬆鬆垮垮的女褲竟隱隱帶上幾分叛逆的嘻哈風格，與現代的八、九分褲一起站在時尚循環的兩端。

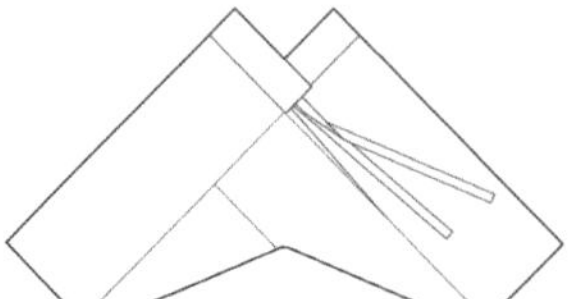

紅紗褲形制示意圖

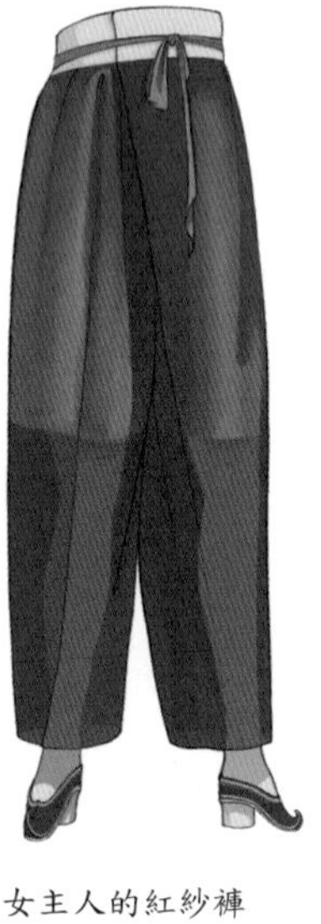

女主人的紅紗褲

二、褲子到底該怎麼穿？

受傳統的影響，古人一度習慣穿開襠褲。有人心生疑慮：成年之後還穿開襠褲，不利於身心健康吧？

是時候弄明白古代褲子的種類和穿著方式了。古代的褲子可以分爲兩大類，一種叫「褌」，一種叫「袴」。褌即內褲，有襠；袴又名「脛衣」，最初僅是兩條褲管，當然也可做一條褲腰與褲管縫綴在一起。這兩種褲子到底該怎麼穿呢？自然是套穿。即貼身穿有襠的褌，然後穿一條開襠的袴。袴較現在的時裝褲寬大許多，即使裡面夾

晒在船上的袴（開襠褲）
北宋，張擇端繪《清明上河圖》局部

一層厚厚的棉絮也不影響劇烈運動。

宋代之後，合襠的褲慢慢代替袴，成爲日常裝束的主流。反倒是歐洲女性因爲裙撐，直到二十世紀初還穿著開襠內褲。

日常生活中的著裝禮儀

私密場合中，古人可以暫時拋開禮數。灑脫豪放的人甚至肆無忌憚，全身赤裸著躺在涼榻上。然而明代人的私密場合並不多，很多時候僅指無人拜訪的臥室。一旦有人拜訪，它立刻轉化爲公共場合。此時只穿內衣待人接物，那可有失禮數了。

女主人深諳此項基本社交禮儀，得知閨蜜前來拜訪後，立即描眉畫眼，整理衣衫。

場景二　女主人的短片拍攝現場

倘若明代也有短片，女主人一定會擺好姿勢拍上一段。影片中的她一手托起香腮，一手揮扇，露出纏著金條脫的皓腕。逆著陽光，罩在紗衫、紗裙內的大紅抹胸和大紅紗褲因此變得更加嫵媚。

粉絲們會更加瘋狂地留言：

天啊，她打扮得簡直像觀音！

她的衫裙竟然是用白色銀條紗裁剪的，太奢侈了！

銀條紗算什麼，快看她身上的銀紅比甲啊，那個可是用焦布裁製的！看看我們的夏布衫，我只想問人與人之間的距離爲何這麼大？

她頭上戴的是今年最潮的扭心䯼髻吧？明天就去把饅頭髻毀了，依樣編一頂新的戴。

只有我覺得銀絲䯼髻呆笨嗎？單梳墮馬髻才仙氣十足……

看到不斷更新的留言，女主人心花怒放。然而現代人一頭霧水：用觀音菩薩來形容女性，眞的是對她的讚美嗎？銀條紗、焦布、扭心䯼髻到底是什麼？

不用心急，待我一一道來。

「女神」，對女性的至高讚美

最能誇到女主人心坎裡的，莫過於有人說她打扮得像觀音。

在現代人心目中，觀音神態慈祥，雍容中透著莊嚴。

妝容宛如世俗仕女的魚籃觀音（圖片由美國國立亞洲藝術博物館提供）

明代的觀音卻主動走下神壇，把自己裝扮得風姿綽約，恨不得每根頭髮絲都透出濃濃的煙火氣。故將女性比作觀音，其實是誇她嫵媚至極。

除了觀音，古人還會用宓妃、嫦娥、羅浮仙子等「女神」來讚美女性的姿儀。萬萬沒想到，誇讚美女的方式從古至今竟然一脈相承。

裁製暑衣的特殊面料

一、銀條紗，半遮半掩的風情

讓女主人變成「女神」的最大功臣是銀條紗。銀條紗是一種素紗，是裁製暑衣的貴重衣料，薄透程度居紗中之冠，有「輕容」的美譽。唐代詩人王建寫過一首〈宮詞〉，其中有一句是「嫌羅不著愛輕容」。對傳統面料不了解的人會質疑詩人的偏好，因爲古風小說中最能體現身分的衣料是羅。羅雖好，但僅適合在氣溫攀升的暮春或暑氣消退的季秋穿著。炎熱的夏季，人們要換穿更加透氣的紗。女主人家大業大，自然不吝惜那一點換裝的錢。

穿綠紗衫的仕女
明末清初，匿名畫師繪《仕女圖》局部

二、焦布，有價無市的奢侈品

焦布這種面料也妙不可言。焦布即蕉布，由芭蕉莖加工成的絲線與蠶絲相撚織成，質感寒涼，被稱爲「醒骨紗」。用它裁剪的外衣和汗衫清涼適體，文藝氣息十足，有「太清氅」和「小太清」的雅稱。

焦布的人氣雖頗高，奈何產量少得可憐，所以拿它來送禮十分有面子。有了這些輕薄的面料，女主人才能在夏日公共場合穿得整整齊齊又仙氣飄飄。抹胸、汗褂、小衣、褲、衫子、裙、比甲一件不少，穿著搭配竟和隆冬時節沒有多少區別。

焦布細節圖

夏季女裝基本款

一、銀條紗衫

自襦、裙從內衣升格爲便服，女性的衣櫥便被兩截穿衣的著裝方式統治了千餘年。這種著裝方式在嘉靖中期被徹底顛覆，至少從外觀上來看是如此。因爲女衫的長度已和男裝趨於一致，昭示著短衣長裙的時代一去

新時尚中男女衣衫長度對比
明萬曆時期萃慶堂刊本《新鐫全像一見賞心編》插圖局部

不復返。

新潮流下的女衫引起了「明朝三大才子」之一楊慎的好奇。經過一番觀察，他給出了女衫準確的長度——「去地僅五寸」（明代的裁衣尺長三十四公分，五寸相當於十七公分）。以身材高挑的女主人爲例，爲了迎合時尚，身高一百六十五公分的她得穿長一百一十公分以上的衫子才不算落伍。

二、豎領的誕生，實用性壓倒禮法

時尚潮流從未停下更替的腳步。待女衫變長後，女裝又有兩輪新的改變。脫掉交領衫子，換上圓領大袖衫子，後又換上輪廓頎長的窄袖衫子，獨具一格的新風尚自此拉開帷幕。

衫子頎長的輪廓固然揭開新時尚的冰山一角，但遠不如豎領這個年輕的結構來得精采。它的故事大多被歲月無情地拋棄，只能靠零星的線索大致拼湊出其誕生的原因。

豎領的誕生或許源自一次偶然的發現。相比交領，無疑能更好地貼合脖頸曲線。有人會疑惑：竟然不是爲了抵禦小冰河時期的嚴寒以及滿足封建禮法對女性的要求？倘若足夠了解那時的世風，就會明白有關氣溫、道德的推測全都站不住腳。因爲交領女衫的領寬普遍在十

女衫上闊大的領子
佚名繪，明代夫婦容像局部

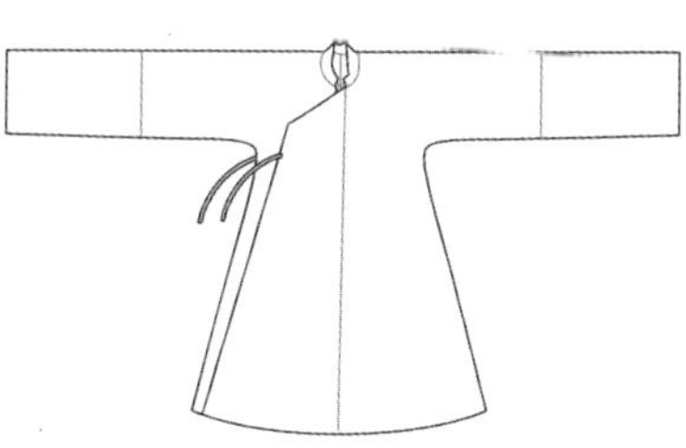

女主人豎領衫形制示意圖

公分左右，用來保暖綽綽有餘，也能滿足封建禮法的要求。可這種符合現代人想像的領式偏偏在此時漸漸衰落，這是爲何呢？

交領衰落的祕密藏在皇后的盛裝中。

相比孝肅皇后周氏有些空蕩蕩的領子，孝貞純皇后王氏的豎領上縫綴兩對金鑲寶紐扣，彷彿不用心安排這個細節，便會落了皇室的顏面。

透過紐扣，我們很容易猜到上流社會的心思。領、襟等處最能聚焦視線，紐扣能將它們裝點得熠熠生輝，理所當然晉升爲時尚圈新寵。

思考如何點綴更多紐扣之時，貴婦心中的天平紛紛倒向了豎領對襟衫。相比只能在脖頸處縫綴一枚紐扣的交領衫，豎領對襟衫可縫綴整整七枚紐扣，意味著能鑲嵌二十一枚流光溢彩的寶石！這是何等的豪氣啊，沒有哪個女人不會爲之瘋狂。

三、紐扣，當之無愧的時尚風向指標

上流社會對珠寶的狂熱令擁有財富的社會中下層紛紛效仿。崇尚奢侈的世風從京城漸漸向全國各地蔓延。做爲這一潮流的忠實記錄者，紐扣在不斷攪動社會風氣的同時，也引發了時尚圈的

孝肅皇后周氏容像
（明代宮廷畫師繪）

孝貞純皇后王氏容像
（明代宮廷畫師繪）

綴於豎領對襟衫上的七枚紐扣
益宣王繼妃孫氏墓出土（作者攝於金枝玉葉——明代江西藩王金玉器精品展）

明金鑲寶蝶戀花紐扣
益宣王繼妃孫氏墓出土（圖片由松松發文物資料君提供）

「內部競爭」，使得女主人的紐扣完全可以與皇親國戚的相媲美。

女主人的紐扣是當下最時興的樣式，由紐頭、套圈以及扣腳三部分組成。扣腳被打造成以紅寶石爲軀體的蝴蝶樣式，它們相向翩躚，托著一只狀若六瓣海棠的套圈和一只鑲嵌著藍寶石的紐頭。輕旋扣腳，將紐頭伸進套圈，便能將紐扣扣好。

四、衣飾配色小指南

市井生活最不缺斑斕的顏色，如何利用諸多顏色將自己塑造成「女神」是困擾許多人的難題。愛美的文人站出來，建議大家按照四季的轉換搭配色彩：

春季服飾嬌俏，大紅配紗綠，宛如綻放的鮮花。

夏季服飾偏愛清爽，必用白色打底，然後點染蜜合色、玉色、大紅，宛如一個漂浮著瓜果的冰盆，透著絲絲涼意。

秋季衣飾雅致明淨，大面積鴉青配一抹鵝黃，再點綴一點桃紅，清澄透亮，如同一彎秋水。

冬季服飾色彩豔麗，最宜大紅、丁香、鵝黃、出爐銀。

① 大紅
② 蜜合色
③ 玉色
④ 鴉青（藍寶石的顏色）
⑤ 鵝黃色
⑥ 丁香色（丁香花的顏色）
⑦ 出爐銀
（牽牛花的顏色，清代出爐銀變成了粉紅色）

女主人接受了配色小指南，挑了一件白色銀條紗衫和一件月白焦布比甲穿著。

五、月白焦布比甲

比甲是一種無袖的對襟衣，領形較爲豐富，有方領、圓領、直領、豎領等款式。它不受時令限制，亦無階級屬性，是女性日常生活、出席吉慶場合的必備品。

爲了追求清爽，女主人的比甲用月白色焦布裁製，又在領口、衣襟上鑲一道藍色鑲邊。月白色到底是什麼顏色呢？一定要記得去賞月景，月色下的白色事物泛著淺藍色澤，澄澈又清幽。因此月白色並非白色，而是淺藍色。

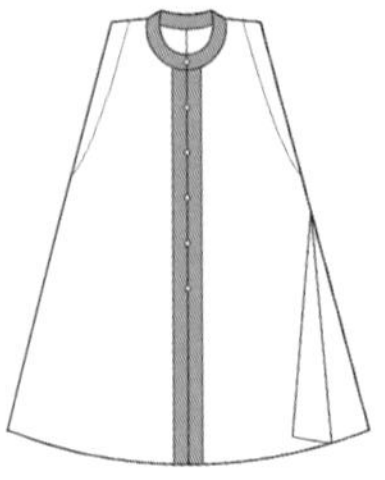

比甲形制示意圖

女主人的月白色比甲

六、蜜合色紗挑線穿花鳳縷金拖泥裙

㈠縷金穿花鳳

與紗衫和比甲搭配的是一條蜜合色紗挑線穿花鳳縷金拖泥裙。給這條裙子命名的掌櫃肯定是位口齒伶俐的妙人，能一口氣說出一大串花樣。若你認爲這如同繞口令似的衣名是掌櫃刻意顯擺自己見多識廣，那可就大錯特錯了。它的每一個字都詳細描述了裙子的特色，眞實得令當代廣告自慚形穢。

蜜合色即淺淡的黃色，因煉蜜過程中產生的泡沫顏色而得名。紗是裙子的質地，是一種異常輕薄的

明代織物上的穿花鳳（圖片由芝加哥藝術博物館提供）

絲綢。而「挑線穿花鳳縷金」，是以「挑線」這種刺繡的針法，用金線繡出鸞鳳在繁花中嬉戲的富麗景象。

㈡何為「拖泥裙」？

有人問「拖泥裙」的「拖泥」該如何理解，是指裙長曳地嗎？在傳統家具中，有個叫「托泥」的構件，它是一、兩塊橫木或木框，被釘在座椅等家具的腿足下端。托泥除具有穩固、防潮的用途外，還兼具一定的裝飾效果。雕漆、描金銀、鑲嵌、包金等裝飾工藝總能在氣派的家具中覓得。

對應到裙子上，「托泥」很可能就是裙拖。它位於裙子底部，又被稱爲「襴」，是狀如長條的裝飾區域。上文提到的刺繡鸞鳳花卉，就頗有規律地分布在裙拖上。

㈢裙子的形制

除了命名方式，明代裙子的形制也很有特色。它的長度遠沒有仕女圖中的長，通常爲八十~九十五公分，穿在身上必定會露出膝褲和鞋。囿於明代的布帛幅寬，一件裙子要用好幾幅布帛拼接，故有了「裙拖

釘有托泥的腳踏
佚名繪《明昌平侯楊洪朝服像》局部

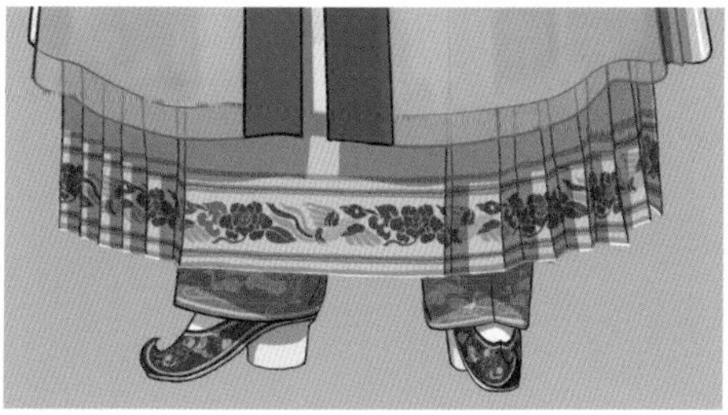

飾有穿花鳳的蜜合色拖泥裙

六幅湘江水」的說法。到了晚明，裙幅數量略增，用七幅、八幅布帛十分常見。

製作好裁片後，人們隨潮流將它們拼合成相同的兩大片。待在兩個裙片上各做幾對疏闊的裙褶，方將它們縫在同一條裙腰上。將裙子束好後，能看到前後裙門兩兩相交，各自形成一個馬面。

七、膝褲，助人風情萬種的配飾

膝褲長三十餘公分，外觀呈筒狀，背部上端開衩。衩口兩側各縫一根繫帶，以便把膝褲束在小腿上。在古代，重視細節是服飾的特色，彙聚大量有趣元素的目的在於突顯和點綴。膝褲雖只是陪襯，也會裝飾流行紋樣，以求更加精緻秀氣。

色彩在有些時候比花紋更博人眼球。不用「煩勞」風吹開裙門，微提裙裾都

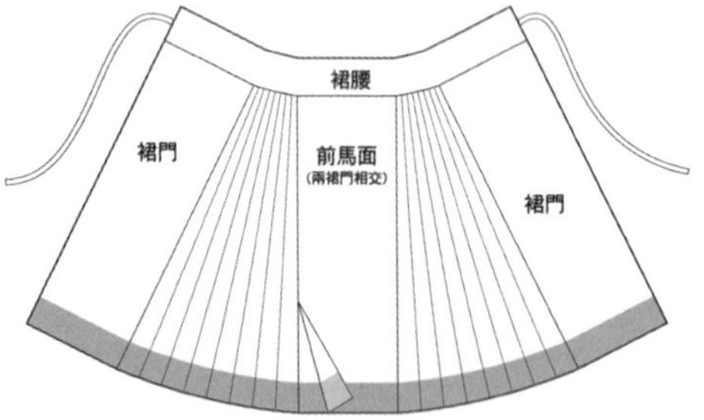

裙子形制示意圖
中間交疊的裙門因穿在身前，被稱為「前馬面」；左右兩側的裙門在身後交疊，可比照「前馬面」的命名方式稱之為「後馬面」。需要注意的是，古代並無「馬面裙」這個專有名稱，它是當代學者根據裙子的形制而做出的歸類。

經過藝術加工的曳地長裙
明，仇英繪《漢宮春曉圖》局部

穿大紅膝褲的妖怪
明內府彩繪本《唐玄奘法師西天取經全圖》插圖局部

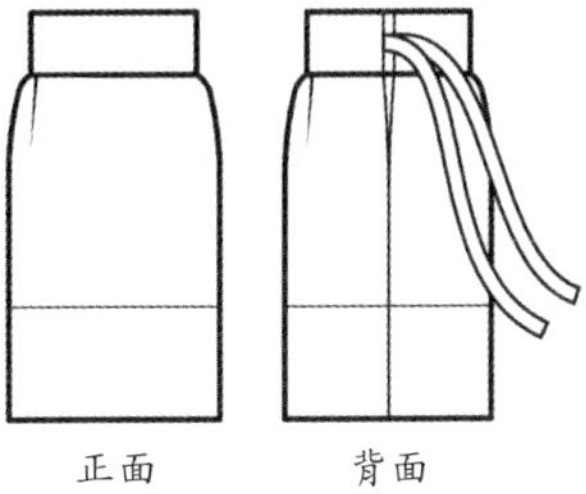

膝褲形制示意圖

能讓大紅膝褲露出來，看似不經意卻毫不隱諱地展示女性的魅力。

八、高底鞋，美麗卻危險

明代高底鞋的樣式和當代粗高跟鞋非常相似，只是囿於明代並不成熟的防滑技術，行至略微溼滑的地方時，沉穩如女主人也需要打起十二分精神才能避免摔倒。但對摔倒的恐懼不足以讓女性放棄對時尚的探索。高底鞋依然是她們利用外物將身體修飾得趨於完美的利器。

所有人都堅信只要套上高底鞋，女性便會更加儀態萬千、風姿綽約，不夠標準的腳也會變得可愛。這簡直觸到了明代人的時尚神經，難怪它能大行其道。

高底鞋的美並不限於裙底探出的一抹紅，鞋臉和鞋幫俱是女性盡情展現想像和繡花技藝的地方。現代人可能已經無法想像鞋上還能繡比英文字母、蝴蝶結、卡通圖案更加繁複的紋樣，更不用提「鸚鵡摘桃」這種極具動感的畫面。

女主人的高底鞋、膝褲和袜
袜在古代有兩種意思，意為襪子時讀作ㄨㄚˋ；意為女性內衣時通「抹」，有「袜胸」、「袜腹」等，讀作ㄇㄛˋ。

鸚鵡摘桃
明成化二十二年（1486 年）刊《釋氏源流應化事蹟》之《慈藏感禽圖》局部

只見碩果累累的桃枝自鞋臉向鞋幫延伸，一隻鸚鵡撲棱著翅膀努力叼著一顆和牠身形差不多的桃子，狡黠的眼睛不時泛出幾絲貪心，十分可愛。

所有浮於表面的美都無法掩蓋加在女性身體上的罪惡。長時間的纏足令明代女性付出了極大的代價，其慘烈程度不比鯨骨撐塑造的細腰少分毫。然而，女性沒有權力拒絕男性將她們打造得楚楚可憐的要求，她們唯一能做的大概是流著眼淚不折不扣地執行。

九、大紅睡鞋，特殊的床上用品

說到女鞋，不得不提到一樣特殊的床上用品——睡鞋。爲了防止異味外洩和纏足的需要，女性在睡覺時會穿鞋。睡鞋的樣式和裝飾風格肖似日常穿的平底鞋，只是鞋底用布帛製作，故而異常柔軟。因爲這個特點，只能用於床榻上，假如夜間起來上廁所，還得再套上一雙日間穿的鞋。

女主人的睡鞋

女性夏季日常著裝層次圖

貼身穿抹胸，腰繫小衣與大紅紗褲

然後穿黑紗汗褂、暑袜、膝褲

最後穿女裝基本款衫和裙，還可以選擇再穿件比甲

女主人的日常髮型和髮飾

一、墮馬髻

女主人梳頭時，現代人一臉興奮地圍觀：靈蛇髻、飛天髻、凌雲髻，她到底會選擇哪種？女主人一臉茫然：眞不好意思，讓大家失望了，這些髮式連聽都沒有聽說過，但我可以梳墮馬髻，嬌媚慵懶應該不輸於其他髮型。

墮馬髻到底是怎樣一種髮式呢？據說它由東漢權臣梁冀的妻子孫壽發明，因將髮髻置於頭頂並向一側垂下，似從馬上墜落而得名。

晚唐婦女的墮馬髻

歷經數代變遷後，墮馬髻的樣式在明朝出現了新變化。髮髻底部堆得蓬鬆而高聳，髮髻向腦後垂下，腦後翹起一個名爲「雁尾」的髮尾，將臉部修飾得小巧動人。

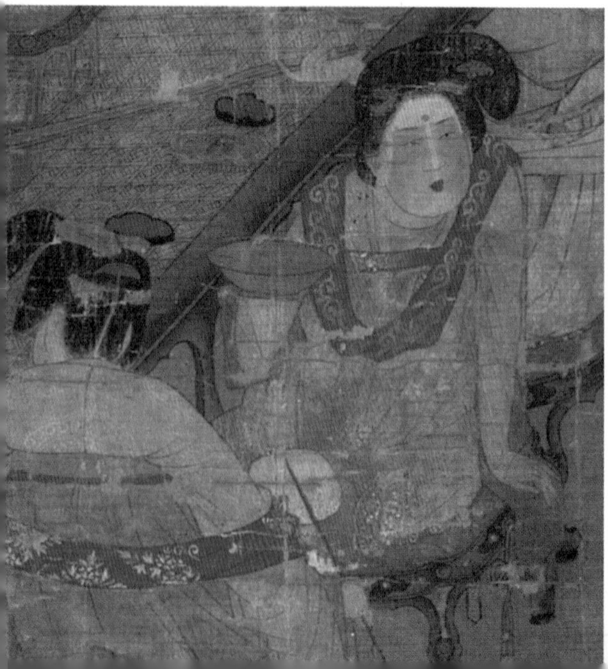

晚唐婦女的墮馬髻
唐，佚名繪《唐人宮樂圖》局部
（國立故宮博物院館藏）

梳墮馬髻的唐代貴族婦女
北宋，趙佶摹張萱《虢國夫人游春圖》局部

二、「一點油」，固定髮髻的工具

無論男女，挽髻、固定束髮冠都離不開絲繩和簪子。此類的簪子注重實用性，故摒棄繁複，堅持簡約小巧的樣式。

最常見的簪子名爲「一點油」，因簪首宛如一顆搖搖欲墜的油珠而得名。也有另一樣式被稱作耳斡，簪首狀如小勺，在挽髻、固定束髮冠等基本的用途上還兼具耳挖的清潔功能。

紮頭髮的紅絲繩
五代十國，顧閎中繪《韓熙載夜宴圖》局部

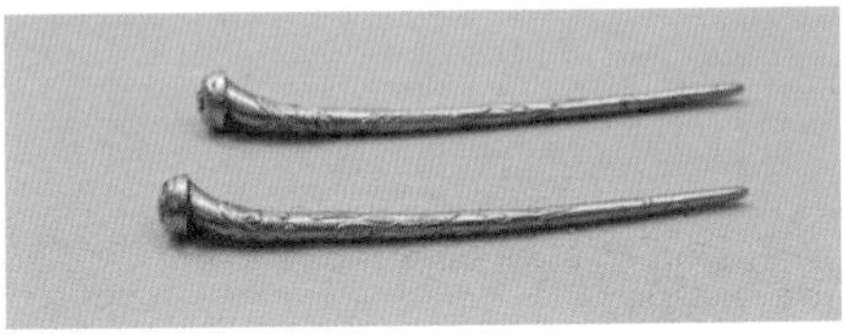

螭虎紋「一點油」金簪
南京太平門外板倉出土（圖片由松松發文物資料君提供）

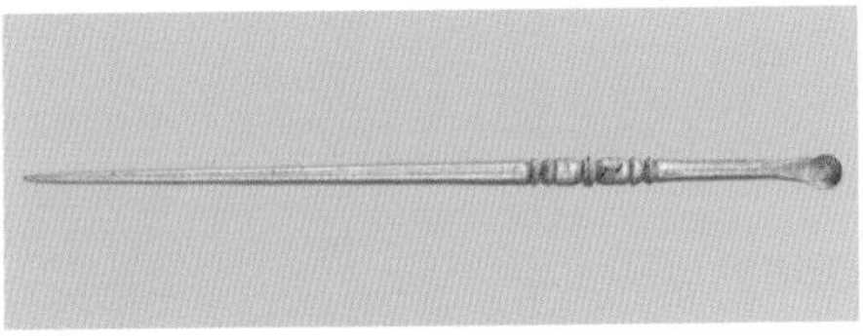

一枝金耳斡

一對用來挽髮的金耳斡

一對用來挽髮髻的「一點油」

三、鬏髻，婦女的必備髮飾

用金耳斡挽好髮髻後，女主人取了一頂銀絲髮罩罩在髮髻上。此髮罩名曰「鬏髻」，高約十公分，底部口徑約九公分，先以幾根粗銀絲搭出前方略高於後邊、中間略高於兩端的輪廓，再以交錯編織的細銀絲結成整個鬏髻。

現代人看到它的樣子很是不解：這是什麼古裡古怪的東西？哪裡美了？面對現代人的反應，女主人卻顯得十分驕傲，她指著鬏髻兩側用粗銀絲扭出的內捲曲線解釋：這可是當下最時興的扭心鬏髻呢！

鬏髻除了做爲髮飾，還是身分的象徵。哪怕再不待見扭心鬏髻，也不能扔了它，因爲它昭示著女性的婚姻狀況——已婚婦女戴鬏髻，未婚則不戴。還象徵著女性手中的財富，更是社會地位的見證。

一頂銀絲鬏髻價值有多高呢？至少要八兩銀子。別小瞧這八兩銀子，它相當於當時中等收入人民四個月的工資。對於蓬門小戶來說，無疑是一項龐大的開支。因此她們只能望而卻步，戴用頭髮編的鬏髻。

罩在髮髻上的銀絲扭心鬏髻及固定鬏髻的一對金鑲寶花頭簪

金絲鬏髻（川后攝）

昂貴的價格很快與權勢連結，生出貴賤的意蘊。富貴人家紛紛制定一條不成文的規矩：如有婢女升爲養尊處優的姨娘，會如同公司發工作服一般，替她編一頂銀絲鬏髻戴著。

女主人挑了對金鑲寶花頭簪固定鬏髻後，突然對常戴的分心和鈿兒感到乏味。她靈機一動，在鬏髻中放了許多玫瑰花瓣，花香隨著她優雅的身姿和揮動的白紗團扇在空氣中彌漫，若有若無。除了活色生香，實在想不出更好的詞來形容了。

另一種風情的日常首飾

已婚婦女日常本離不開鬏髻，墮馬髻卻將她們從鬏髻的束縛中解放出來。這種打破常規的髮式固然當得起綽約的稱讚，但在崇尚穠麗奢華的年代，如何避免因太過簡約而被視爲家境艱難，是需要解決的難題。

女主人輕易地解決了這個難題。她在髮髻下戴了一串珠子瓔珞，簪了幾支花翠，又在額上貼了三朵珠翠面花。

一、珠子瓔珞

珠子瓔珞是圍在髮髻底部的髮飾，用絲線牽出一串或稀疏或緊密的珠網，底端以數粒稍大的珠寶做墜腳。任誰看了都會誇一句妙哉。

佩戴珠子瓔珞絕非僅爲了裝飾容顏，炫耀財富也是重要目的。不僅是家境殷實的女性，有的富貴人家甚至會替得寵的丫鬟置辦，命她們專門在尊貴的客人跟前遞茶端水——僕人的妝容尚且如此精緻，更何況主人呢？

珠子瓔珞
明，唐寅繪《李端端圖》局部（川后攝）

女主人的珠子瓔珞、鬢邊花和珠翠面花

簪在髮髻兩側的淺色花朵和花翠
清，佚名繪《仕女圖》局部

簪花的貴婦
唐，周昉繪《簪花仕女圖》局部

二、簪花

說到簪花，很多人腦海裡立刻跳出一個穿紅戴綠的媒婆形象。簪花到底是媒婆專屬的首飾？還是一種長久的偏見？不妨展開那幅不朽的畫卷——《簪花仕女圖》。畫中貴婦戴著高聳的假髮，髮髻上簪一朵碩大的牡丹，很是雍容華貴。

同樣戴花，有人粗俗不堪，有人卻戴出了高貴典雅。這是爲何呢？讓我們聽聽明代文人的見解。在他們看來，清雅的花才適合簪在頭上。假如沒有潔白如玉的花兒，可退而求其次選擇黃色；淡紅、淡紫雖少女感十足，卻是下下之選，更不用提俗不可耐的大紅和木紅了。

女主人完全贊同以上心得。她常簪淺色花朵，尤愛茉莉和玉簪，絕不搶那妖嬈有餘、雅致不足的瑞香插在頭上。

三、花翠

簪在頭上的鮮花可被像生花替代。像生花即假花，通常用通草、絹帛或金銀珠翠等材料製作。

清宮舊藏銀鍍金緝米珠鑲玻璃薔薇簪

裝綴了珠寶的花頭簪
明代法海寺壁畫局部

簪在仕女髮髻一側的花翠
清，廖枟繪《仕女圖》局部

女主人的花翠由金銀珠翠所製，它的流行與墮馬髻的盛行有莫大的關聯。一、兩對金玉梅花，兩、三對西番蓮俏簪，一、兩支犀玉大簪，一朵點翠卷荷，一枝大如手掌、裝綴數顆珠寶的翠花，均是家境殷實的婦女裝飾墮馬髻的常用點綴。

梳了墮馬髻後，女主人才明白花翠其實是個統稱。根據簪戴位置，還可以做更細緻的區分：簪在鬢邊的點翠卷荷與嵌珠花翠，人稱「鬢邊花」或「鬢花大翠」；成對簪在鬢邊的，名爲「飄枝花」或「大翠圍髮」。因要合抱髮髻，「大翠圍髮」的簪首修長彎曲如新月。

銀鍍金累絲點翠緝珠簪
明嘉靖年間吳麟夫婦墓出土了類似的花翠

一點翠石榴簪
出自周意群撰《安吉明代吳麟夫婦墓》

皇后的一套珠翠面花
長條形珠翠面花是唐代面妝「斜紅」的延續；點在酒窩處的又可稱「靨」，是歷史最悠久的一種面花。宋，佚名繪《宋徽宗皇后坐像軸》局部

四、倍增嫵媚的珠翠面花

臉上的裝飾和髮髻一樣講究。黏在女主人額上的面花又名花子，是花黃、花鈿的延續。最初只是一個圓點，到了晚唐，樣式愈發繁複。花朵樣式已是尋常，鸞鳳、樓閣等精巧的造型才能博得觀賞者一聲讚嘆。

製作花子的材料很多，有金箔、雲母、黑光紙、魚鰓骨等。其中最有想像力的莫過於把蜻蜓翅膀剪成折枝花，最受歡迎的則是翠羽。以至於到了宋、明時期，朝廷還專門下令，將珍珠、翠羽製成的成套花鈿納入女性最高規格禮服的一部分。

五、黃金條脫

女主人整理雲鬢時，銀條紗衫的袖子輕輕滑落，露出纏繞在小臂上的黃金條脫。條脫又叫「釧」，用錘扁的金條繞成數圈，又在兩端編製出套環，用以調節大小。若想精緻，可在表面裝飾流行紋樣，這種式樣可稱爲「金（銀）花釧」；若堅持簡約，則以「素面」示人，可稱「金（銀）光素釧」。

黃金條脫
（圖片由松松發文物資料君提供）

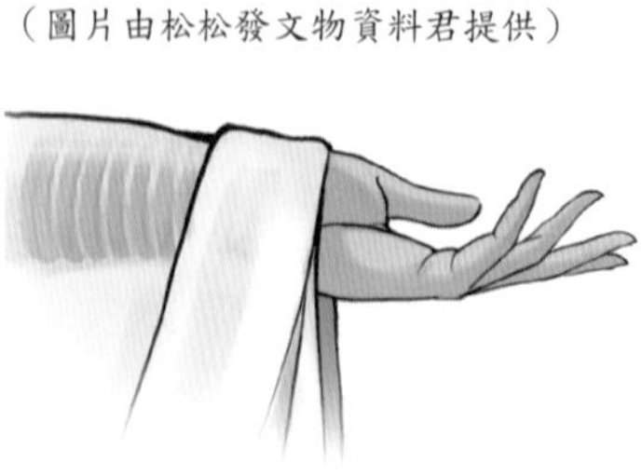

女主人的黃金條脫

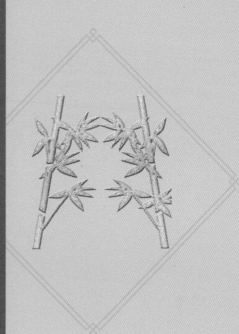

第二章

男性夏季日常裝束

場景三　男主人亭中避暑

第二日，女主人去自家園子裡賞蓮，還未踏上湖中的亭子，便看到來此避暑的男主人。他散髮披襟，身穿汗褂，腳上穿著石青色靸鞋，懶散地靠在椅子上。

汗褂，男性夏季必備品

男主人的汗褂用紗裁製。樣式爲直領對襟無袖，領上有鑲邊，衣身兩側開衩，上身後衣長在臀部和膝蓋之間。天氣涼爽宜人時，穿的汗衫與汗褂略有不同，爲了適應氣候，袖長可以蓋過手掌，衣身可以長至膝蓋以下。還有一款在暑氣消退時穿著的汗褂，它的袖長接近手肘，介於汗褂和汗衫之間，明顯是兩者的折中。

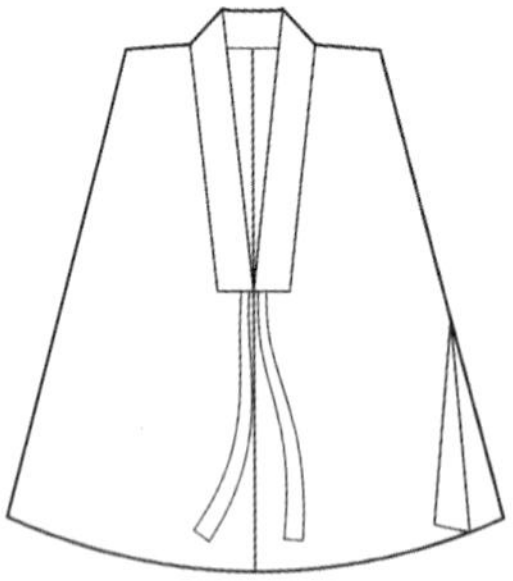
汗褂形制示意圖

男主人的汗褂和小衣

靸鞋，古代的拖鞋

古人在私密場合有專屬衣衫做爲居家服，鞋子亦如此。千萬不要小覷古人的智慧，他們也有拖鞋穿。居家的拖鞋叫靸鞋，無鞋跟，用乾草和布帛製作，穿著很舒適。與現代的塑膠拖鞋相比，似乎僅輸在無法恣意暢快地蹚水。不過靸鞋通常在室內穿，並無蹚水的需求，所以也堪稱完美了。

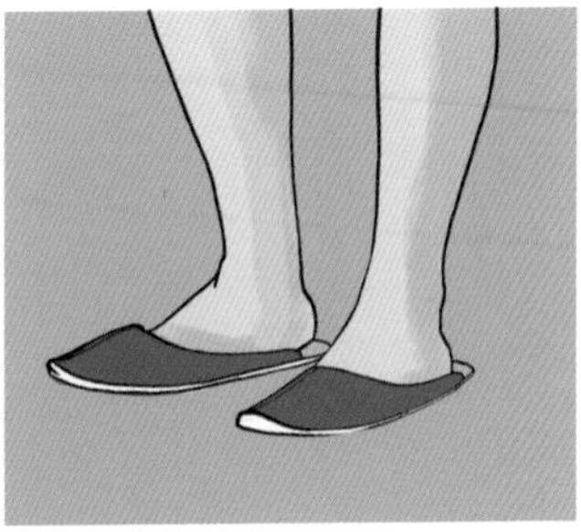

靸鞋

場景四　男女主人家中見面

男主人看到女主人過來，趕忙梳頭穿衣。他讓僕童取了塊茉莉花肥皂洗臉，用一根金并頭蓮瓣簪綰好髮髻，收好網巾的頂線兒，腰上繫一條玉色紗褷子，腿上勒著一副玄色挑絲護膝，再取纓子瓦楞帽和油綠紗褶兒穿戴好，最後穿尤墩布袜和細結底陳橋鞋。

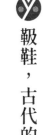

男性也必須遵守的著裝禮儀

不同於當今社會對女性在公共場合更加嚴苛的舉止要求，古代的著裝禮儀不會偏袒男性或任何一個特權階層。大多數的著裝規則是男女通用的，學會視場合和身分穿衣是每個人的必修課。

以一位對生活品質有所追求的男性來講，汗掛依舊上不了檯面。即使面對關係非常親密的人，只穿內衣閒聊也不體面。當然，這項規矩在遇到極端天氣和寬鬆的世風時也會鬆動。爲了消暑，衣冠楚楚的儒生常不顧體面，上學時只披件汗衫，甚至赤裸著上身。至於不太講究禮數的勞動人民，女性都敢隨意赤裸上身，更不用提僅著褦子遮羞的男性了。

衣冠不整的農民
明，戴進繪《太平樂事冊頁・耕耘》局部

奢華的男性夏季日常裝束

一番梳洗後，男主人重新出現在女主人面前。他裝扮得十分精緻，穿著佩戴不因居家而有半分懈怠。沒有大面積精美的繡花，男裝要用什麼方式來彰顯生活的精緻呢？

一、纓子瓦楞帽

㈠巾帽，身分的象徵

纓子瓦楞帽是頂部綴有紅纓、狀若瓦楞的帽子嗎？首先需要了解對於現代人來講十分陌生的著裝原則：社會地位比身家財富更能影響男性的服飾。明白了這個著裝原則，纓子帽款式的含義便呼之欲出——它是小帽，因是庶民的首服而常用來指代平民百姓。

戴小帽的藝人
明，閔齊伋繪刻彩圖《西廂記》

㈡小帽的樣式

小帽既然成爲身分地位的象徵，便無法切斷與制度的關聯。爲了將六合統一、天下安定的政治內涵具象化，小帽的帽身由六瓣縫合而成。但這並不意味著小帽追逐時尚的權力被剝奪，它依然充滿活力，緊緊跟住時尚潮流的步伐。

頂尖而長的小帽
明中晚期，佚名繪《夫婦容像》局部

戴小帽的僕童
明景泰二年（1451 年），佚名繪《楊洪像》局部

戴小帽的僕役

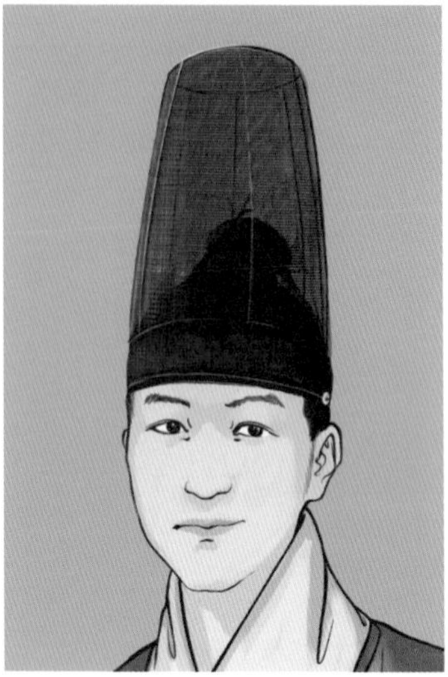

纓子瓦楞帽

明早期的小帽十分低矮，待步入嘉靖年間便拚命拔高。此時它頂尖而長，活像街上設置的活動路障，並得了個「邊鼓帽」的綽號。隨後帽體膨脹，帽頂變得圓潤。過些年又改成平頂，宛若大半個鼓墩扣在頭上。

㈢纓子和瓦楞

與衣裙相同，製作小帽的材料亦會隨時令變化而改變。春、秋兩季用羅，冬季用紵絲和氈，夏季爲圖涼爽則用縐紗和鬃毛。

鬃毛有馬尾和牛尾之分，以牛尾編織的小帽即纓子帽。編織纓子帽的手法有多種，編得細密緊實的爲「密結」，編得較爲稀疏的爲「朗素」，還有一種則是「瓦楞」。很難講清「瓦楞」的編織工藝，但它適用於夏季，透氣性想必不錯。如此，它的帽身應該是透亮的，隱隱映出綰髻的金簪。

二、網巾

成年男性會在小帽底下用一頂網巾束髮。網巾的外觀和漁網相似，用絲線、馬鬃、頭髮以及絹布製成。爲了與頭部貼合，被製成上小下大、前高後低的樣式。使用時，網巾下口與眉際相齊，將綴在網巾邊上的細繩交叉穿過網巾圈兒並在腦後繫

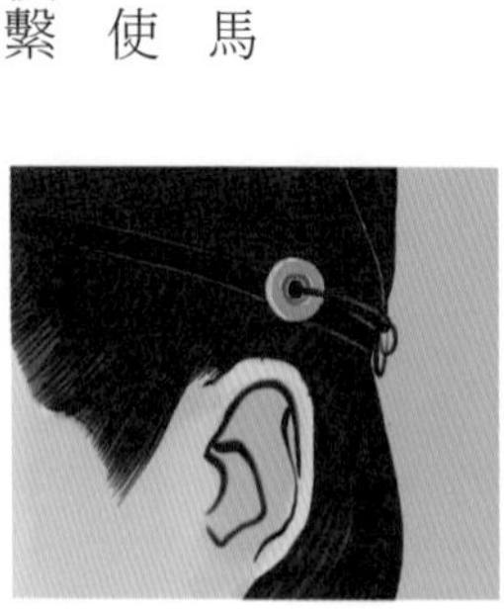

縫在網巾上的金井玉欄杆網巾圈兒

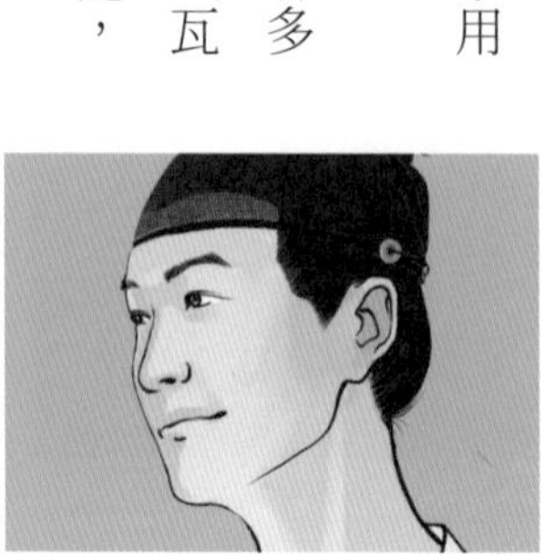

網巾

結；然後將挽好的髮髻穿過網巾上口，用頂線兒束好。如此一來，滿頭青絲便一絲不亂了。

三、網巾圈兒

古人總是習慣於將精力傾注在細節之上，使得一件小小的裝飾品——網巾圈兒的材質豐富起來。或金，或玉，或銀，或銀鍍金，或銅和錫，到底用哪種，得仰仗經濟實力。

男主人腰纏萬貫，自然緊跟潮流，使用金、玉製作的金井玉欄杆網巾圈兒。若是蓬門華戶，只用得起銀鍍金網巾圈兒，雖然分量極輕，倒也值幾個錢，關鍵時刻可以用來救急。

四、金并頭蓮瓣簪

古人不總是委婉含蓄，當他們墜入愛河，一定會講出來。然而，直率不等於魯莽，掌握完美的表白技巧很有必要。

最浪漫的莫過於在簪腳上鈒一首小詩。男主人的金并頭蓮瓣簪依著潮流，在簪腳上鈒著「奴有并頭蓮，贈與君關髻。凡事同頭上，切勿輕相棄」的詩句。并頭蓮又稱合歡蓮，寓意恩愛的夫妻。不難從名稱勾勒出簪子大概的模樣。細長的簪腳銜著飾有螺旋紋的細頸，簪頂是一仰一覆六瓣蓮花。

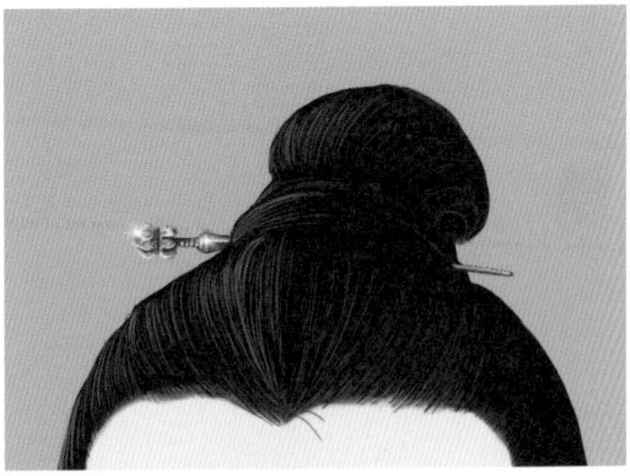

男主人的金并頭蓮瓣簪

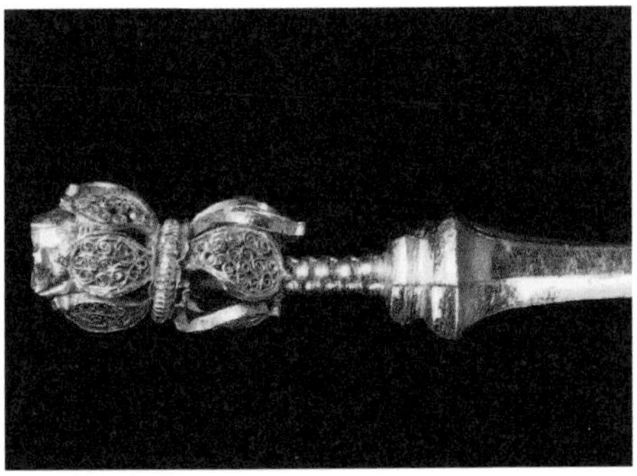

金并頭蓮瓣簪局部
出自南京市博物館編《金與玉：西元十四～十七世紀中國貴族首飾》

待挽髮時，將簪子橫著插入髮髻，仰覆蓮便成了花柄橫斜在「池塘」上的并蒂蓮。

一款用途和橡皮筋相同的簪子怎麼就成了象徵愛情的信物呢？因爲它們長期與使用者零距離接觸，久而久之生出如影隨形的涵義。

五、油綠紗褶兒

㈠褶兒的形制

褶兒又名貼裡，上下分開裁剪，裁製好後再縫合，並在腰部做數個褶，看上去很像連衣長裙。

現代，穿連衣裙的男人會給人們留下怎樣的印象？多半是叛逆青年做出驚世駭俗之舉。然而男主人沒有搞行爲藝術。明代服飾的性別劃分與現代有著天壤之別，現代人視爲女裝的褶兒在那時是非常有男子氣概的裝束。

藍色暗花紗貼裡（谷大建攝）

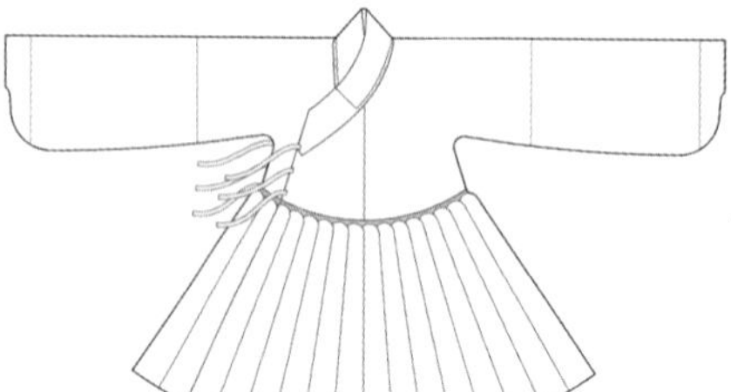

褶兒（貼裡）正面形制示意圖
著裝效果見「男性夏季日常著裝層次圖」部分

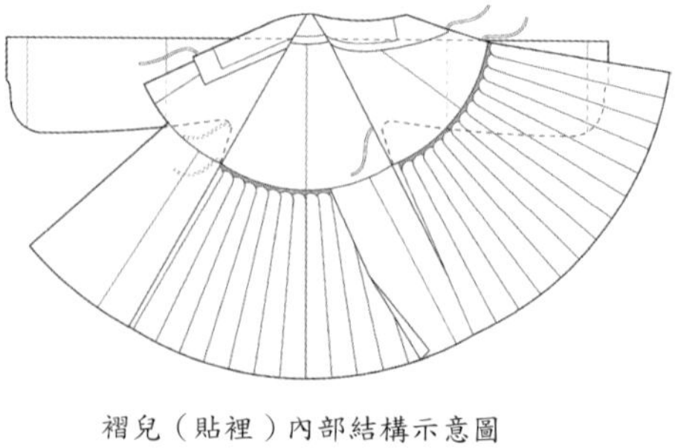

褶兒（貼裡）內部結構示意圖

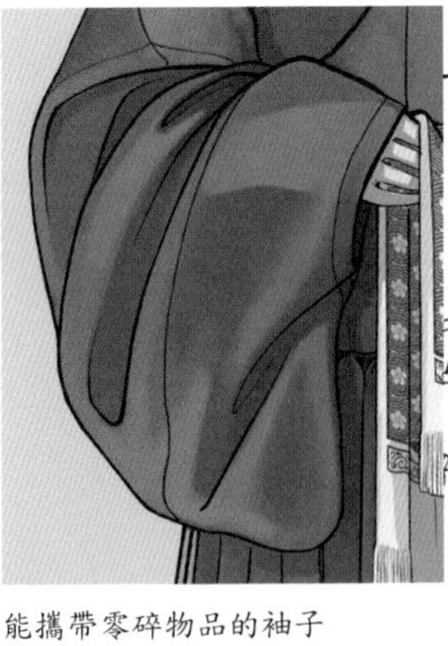

能攜帶零碎物品的袖子

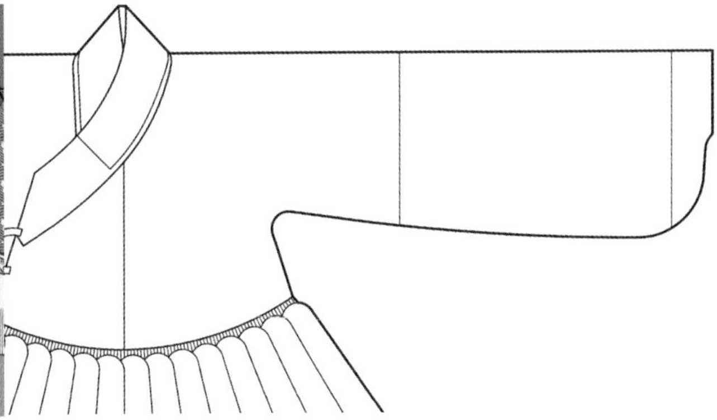

袖子形制示意圖

㈡褶兒的袖子，隨身攜帶零碎物品的「袖袋」

武俠劇的大俠用餐結束後，總會瀟灑地從袖子中掏出一錠銀子。人們或許會質疑：在袖子裡放一錠銀子合理嗎？完全沒問題，不合理的是大俠那窄如襯衫的袖子。窄袖雖能適應高強度的打鬥，可是緊貼手臂的袖管會使物品剛放入就滑落下來，這樣的袖子能兜住零碎物品才奇怪。

怎樣才能做個合格的「袖袋」？需要滿足下列三個條件：

⑴袖子最寬的地方略大於或明顯大於袖根。

⑵在袖子最寬處到袖口這一截做一個圓潤的弧度。

⑶務必收袖口，將寬度控制在二十公分左右。

如此一來，根本不用在袖子內縫個口袋，一尺（三十四公分）寬的袖子就是個容量很大的袋子。除了雙臂貼著耳朵高舉外，隨人怎麼跑、跳、走、坐、臥，放在袖中的零碎物品都不會輕易滑落。

㈢油綠，用綠豆命名的傳統色

古人常用世間萬物給色彩命名，這樣很容易令人產生聯想。譬如之前講到的蜜合色，便與炮製藥丸時的煉

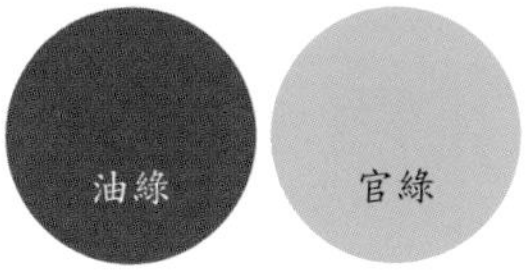

蜜工藝有關。不過有些顏色的命名也會使人費解。如果遠離農事，恐怕一輩子都不明白油綠和官綠到底是什麼顏色。

它們被用來區分綠豆的品質。顆粒較大、皮薄粉多且色澤鮮豔的被稱爲「官綠」；顆粒較小、皮厚粉少且色澤暗沉的被稱爲「油綠」。

六、⿰衤旋子：獨屬男人的小裙子

還有一款男裝能顛覆現代人對於服飾的性別認知，那便是⿰衤旋子。它的樣式和女裙相似，只是搭配方式有著明顯的差異。

做爲女裝的基本款式，女裙和衫共同打造出女性「兩截穿衣」的著裝方式；而⿰衤旋子屈居配角，隱藏於衣衫內。雖有文人在腰間繫一條裳做復古裝扮，或在對簿公堂時束一條罪裙，但終究不是社會主流。

七、尤墩布暑袜、細結底陳橋鞋，時尚珍稀品

但凡對時尚有一些敏感的，都會在衣籠裡放好幾雙尤墩布暑袜。它毫不花哨，僅有白色一種，憑藉輕薄精美的優勢替代了氈袜，遠銷大江南北。

與尤墩布暑袜一同征服市井的還有細結底陳橋鞋。陳橋並非姓陳名橋的製鞋商，而是指鞋的產地。

它最初用稻柴芯編結，後改用黃草。但無論是哪種，陳橋鞋都足夠輕便美觀。正因如此，成爲富家子弟

男主人的玉色紗⿰衤旋子

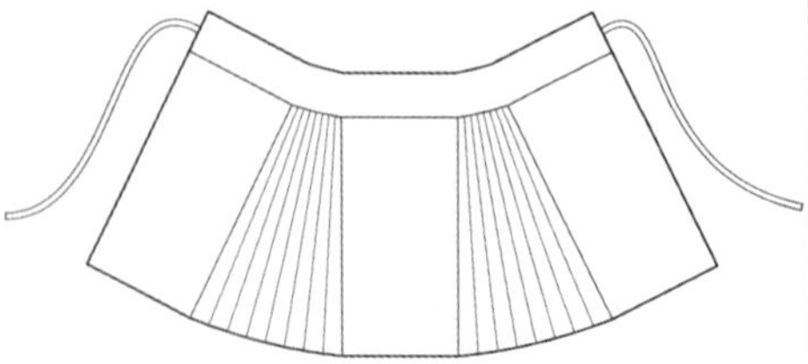

⿰衤旋子形制示意圖

搶購的時尚珍稀品，根本不是劉備賣的廉價草鞋所能比擬。

八、明代的奢侈品

第一眼瞧見男主人，許多人多半會感到失望。他的裝扮是那麼平凡無奇，竟和跟在身後的僕人相差無幾。難道他快要破產了？

不怪大家產生誤解，誰讓男主人不穿堆砌繁複花紋的豔麗長袍呢？

倘若對古代服飾有所了解，就會明白評判服飾是否奢侈的標準與品牌沒有什麼關係，而是建立在影響品質的裝飾工藝上。當然，面料的品種和產地也是重要因素。不妨看看名貴面料的價格：各色姑絨乃布帛中的頂級奢侈品，一匹售價白銀百兩；各色縐紗，一匹售價白銀二兩；各色羅，一匹售價與縐紗相同；各色產自南京、蘇州的素綢，一匹售價一兩五錢銀子，比紗羅價格略低；各色松綾，一匹售價一兩二錢；各色產自嘉興、蘇州、杭州、福州、泉州的絹，一匹售價一兩銀子；素絹，一匹售價五到六錢；綴補子的紵絲或緞子，一匹售價七、八兩銀子。

當過得還算體面的人們爲一匹縐紗而舉棋不定時，男主人早在暮春時節便替自己準備了包括油綠紗褶兒在內的兩箱夏季新衣。

白色暑袜與陳橋鞋

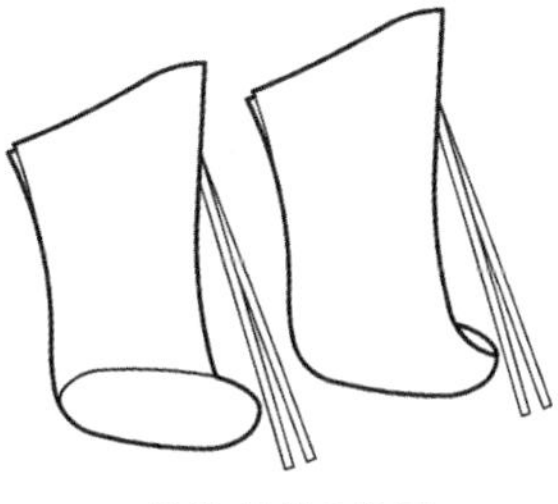

暑袜形制示意圖

低調而奢華的葛紗貼裡
一匹葛紗的售價一度達到三兩銀子，目標客戶主要為富商、縉紳、士大夫、皇室宗藩，葛紗以雷州、慈溪所產最為精細，江西產的品質也不錯（谷大建攝於孔子博物館）

男性夏季日常著裝層次圖

先貼身穿汗褂、小衣（內褲）

然後穿褦子、護膝、
暑袜、陳橋鞋

最後穿戴男裝基本款小帽和貼裡

貼身僕童的體面著裝

打量了男主人的裝束後，我們會按捺不住好奇心，迫切想知道照顧他日常起居的僕童的衣著打扮。無論是頭上半透明的瓦楞帽，包裹髮髻的青色緞子髮囊，挽髻的金頭銀腳耳斡，還是身上的灰色絹直裰、玉色紗褷子，都給我們留下清爽、精緻的第一印象。

一、金頭銀腳耳斡

耳斡也會出現在普通市民的頭上，只是常以金裹頭、銀簪腳的樣式示人。這樣的設計思路非常明確，即在節省錢財的同時也可以保持美觀。畢竟簪腳隱藏在髮髻中通常很難看見，只需簪首光彩奪目即可。然而，男主人瞧不上這種市井小民的「薄華麗」，他的簪子定要通體金質，不因隱藏在髮髻裡而有半點馬虎。

二、灰色絹直裰

直裰本是僧衣，是交領短衫和裙子的結合。到了明代，它的樣式發生了改變。上下通裁，不製擺，爲圖方便在衣身兩側各開一道衩，看上去和道袍

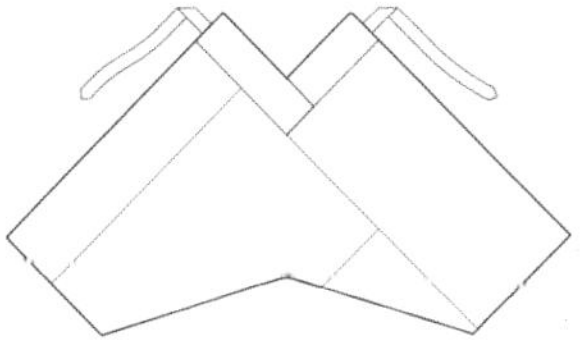

男性褲子正面示意圖（結構和女褲很相似）

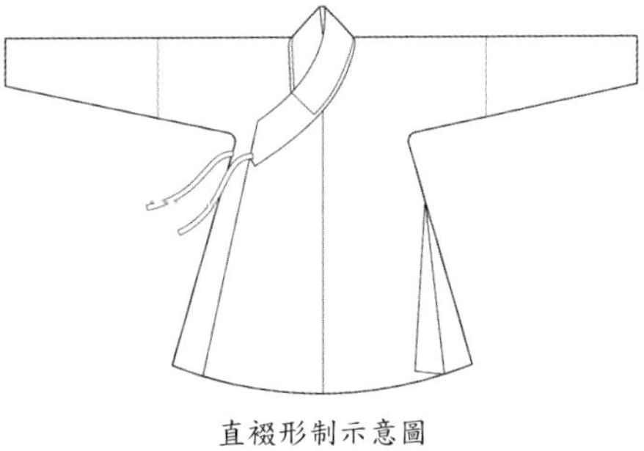

直裰形制示意圖

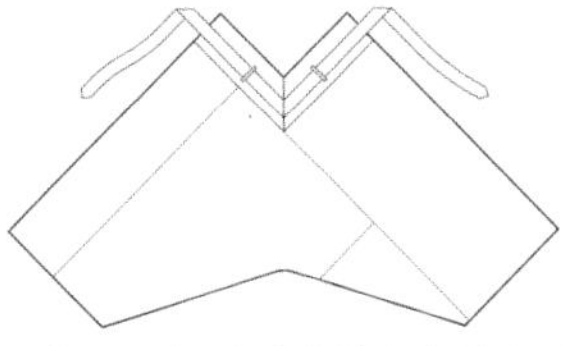

男性褲子背面示意圖（結構和女褲大致相似）

有幾分相似。全新的樣式促使人們調整了直裰的用途。很快，它受到僕童、底層勞工、基層宗教人士的喜愛，成爲帶有身分識別性質的裝束。

三、代表市井體面生活的面料

若說男主人的裝束展示了奢華的日常生活，貼身僕童的衣衫則代表著市井的體面生活。依舊忽略了裁縫的工費，單看面料的價格：

金頭銀腳耳幹

男主人僕童日常著裝：小帽、直裰、褋子、褲子、紅㲲

各色本地絹，一匹售價五錢至七錢不等。各色素紗，一匹約售價六錢，約爲職業經理人月薪的四分之一到三分之一。夏布（一般指手工織麻布），一匹售價三錢，約爲職業經理人月薪的七分之一。

看來棉麻的價格遠低於絲綢？其實不盡然。譬如裁製男主人汗褂的白細苧麻布，一匹售價可高達七錢銀子，價格不低於絹和素紗。更有裁製汗衫的三梭布，一匹售價竟高達三兩！棉布的售價怎麼能比縐紗還高？因爲三梭布是貢品，皇帝及宮眷的內衣都用它裁製。

對物價有粗略的了解之後，自然明白令人羨慕的體面最終還是建立在財力上。

蓬門華戶的衣衫

並非人人都能出手闊綽，數量龐大的蓬門華戶仍然面臨赤貧、小貧的困擾。即便是這樣，服飾的基本款式與男主人的並無多少差異。他們會用成色不足的鬧銀耳斡綰髻，頭戴一頂舊羅帽，身穿一件長至膝下的白夏布衫，袖著一塊看不出顏色的汗巾，腰間束一條白布褷子，從頭到腳十分寒酸。絕大多數人穿得起夏布、棉布，說明它們物美價廉，普通的苧麻布一匹售價不過一錢五分銀子；一匹棉布的價格在正常情況下相當於一石米，價低時僅一錢五分銀子，價高時不超過三錢銀子。假如一定要給這些衣服

《補遺雷公炮製便覽》中的底層勞動者

《東閣衣冠年譜畫冊》中的底層勞動者（王軒攝）

一個定位，大致相當於現代薄利多銷的快時尚服裝吧！

介紹完各種面料的價格，很多人不屑一顧：連郭靖請黃蓉吃頓飯都能掏十九兩七錢四分銀子，明代人用幾兩銀子做衣服實在太小氣。產生這樣的誤解是因我們不太了解明代的物價。那麼，一兩銀子在當時到底能幹什麼呢？

假設生活在風調雨順的太平盛世，一兩銀子可換八分之一～五分之一兩黃金、七百～八百文錢、約二石（一百二十公斤）米、三十多公斤豬肉、超過二十五公斤雞蛋、三罈高級名酒、乘坐十六次轎子、十分之一畝（六十餘平方公尺）普通地區的上好田地……如果按照當時的物價，一兩銀子夠郭靖請黃蓉在普通小飯店吃幾頓？大概能吃八、九頓吧。能吃多少大閘蟹？至少吃三頓是沒問題的。

明代物價之低廉，可見一斑。

場景五　結婚紀念日的神祕禮物

今天是男女主人的結婚紀念日，雙方心照不宣地沒有提前透露給對方準備了禮物，卻在早飯後拿出了精緻的禮盒。男主人收到的是一塊女主人親手做的汗巾，女主人收到的是一個她心心念念好久的穿心盒。

豐富多彩的明代禮物

即使在明代，表達情誼的禮物也數不勝數，之前提到過的簪釵、紐扣、膝褲、睡鞋，還有藏在男主人袖子裡的汗巾、穿心盒、金三事以及護膝、荷包等小物件，都可以用來送家人、送朋友，既實用又能營造溫馨浪漫的氛圍。

一、汗巾

汗巾是最爲尋常的日用品。擦拭、束腰、裝飾髮髻、包裹或者拴住零碎物品都離不開它。汗巾中蘊含的情誼也是不言而喻的，它總想拭盡愛人每一滴止不住的相思淚：「汗巾兒止不住腮邊淚，手挽手，我二人怎忍分離。送一程，哭一程，把我柔腸絞碎。」（出自〈掛枝兒．泣別〉）

那麼，包裹的功能又如何展現深情呢？請包一把親自剝好的瓜子仁。瓜子仁的確不是什麼稀罕的東西，但每一顆都是愛人親手剝開的，眞是禮輕情意重。

又是包裹瓜子仁的汗巾，又是弔著盛香茶木樨餅的穿心盒，還不

汗巾上的落花流水紋

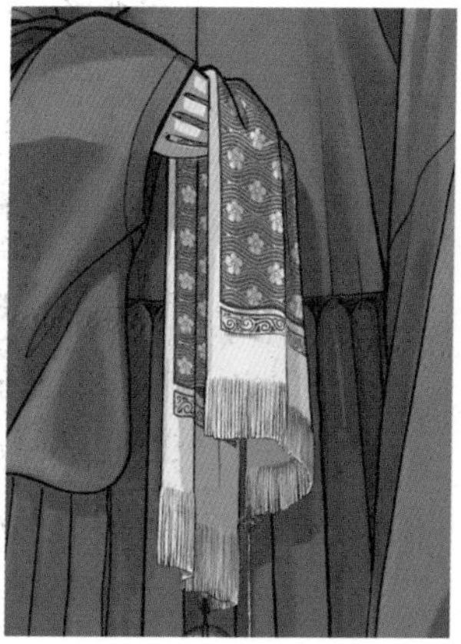

銀紅撮穗的落花流水汗巾

元人繪仕女圖中裹住髮髻的汗巾

忘拴一副飾鶯鶯燒夜香紋樣的三事挑牙兒。但這還不夠，汗巾上還必須裝飾紋樣。先在汗巾左右兩端點綴名曰「欄子」的條狀裝飾帶，中間再裝飾極具詩情畫意的落花流水紋。這種紋樣通常以蕩漾的水波帶走桃花、梅花等落英，美得令人心馳神往。

二、穿心盒

穿心盒是一種圓環形小盒，幾公分大小，可以拴在白綾雙欄子汗巾的穗子上。它的造型十分單一，好在憑名字便能讀懂其中的心心相印之意。

盒子內亦有乾坤，有人用來盛香茶。香茶並不用來飲用，而是做爲口氣清新劑噙在口中。也有人用來盛妝粉。說到這裡，忍不住推薦一款古今通用的禮物——化妝品。在明代，杭州水粉和胭脂對於住在北方的女性是很稀罕的化妝品。因此送四匣粉、二十個胭脂，肯定能博她們一笑。

三、三事挑牙兒

古人的「事」不僅指需要處理的事情和情況，還可以是隨身攜帶的小工具或物件。因此「三事」是在挑牙的基礎上，組合了如耳挖、鑷子、勺子等清潔小工具套裝。聽起來和瑞士刀有異曲同工之妙，不過它的造型更加富有藝術氣息。只見穿繫在汗巾上的金三事收束於綴著如意雲頭的金鏈上，表面

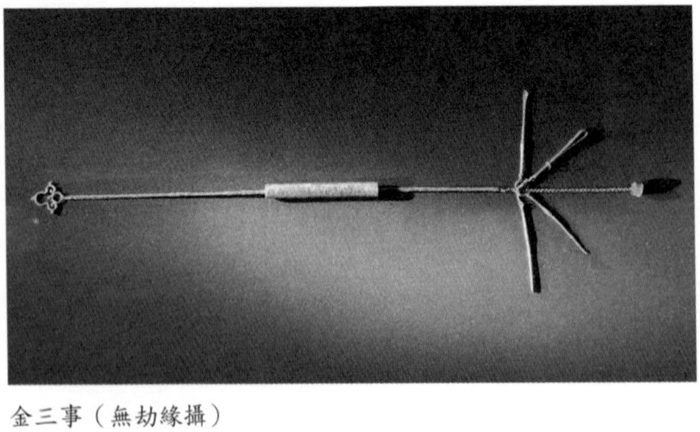

金三事（無劫緣攝）

繫在汗巾穗子上的穿心盒和銀三事挑牙兒

鏨刻出各式紋樣，然後用銀絲一一填嵌。這種頗費工夫的工藝叫減銀，是當時裝飾金銀器的流行工藝。

四、護膝

護膝是靠線帶紮在膝部的護套，兼具裝飾作用。男主人的衣櫥中擱著好幾副護膝，有單層，有夾層，有的還有絮棉。它們的尺寸略有差異，但均由兩片不甚規則的多邊形布片縫合而成。

護膝上可以裝飾紋樣，諸如歲寒三友、蝶戀花、攀枝娃娃等，都是流行題材，只是這些紋樣在慣於盡善盡美的時代太過稀鬆平常。那麼，護膝靠什麼在諸多禮品中獨樹一幟呢？它繫在膝部，暗喻「隨君膝下」，用來表達深情厚誼再合適不過。

五、荷包

我們也許會覺得荷包這類繫在腰間的物件，再怎麼裝飾也不過是隨身攜帶零碎物品的袋子。請原諒我們的不解風情，完全跟不上晚明人的浮想聯翩。

在古代，男女相愛原本是一樁美事，可礙於社會地位、家庭財富等現實問題，很多時候只能牢牢守住祕密，生怕走漏一點風

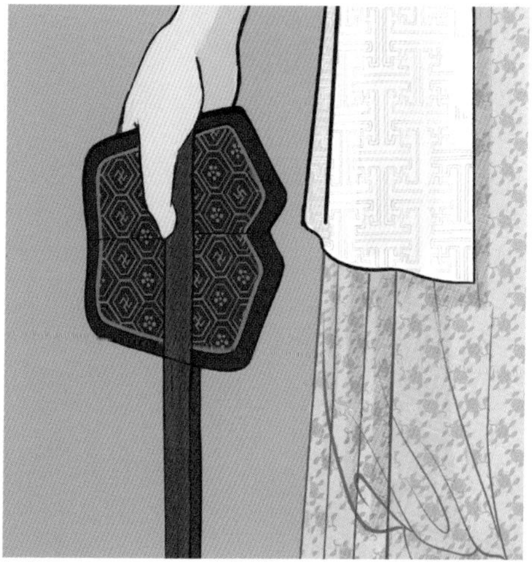

醬色緞子護膝

護膝上的龜甲紋

聲。而為了不遺落一點物品，荷包會用絲線牢牢束緊袋口，像極了當時需要小心掩飾、無法宣之於口的愛情。

六、茄袋

男人亦會隨身攜帶放零碎物品的袋子，只是這袋子不叫荷包，叫茄袋。它的形狀有方、有圓，靠囊口的蓋子扣合，異常精美。

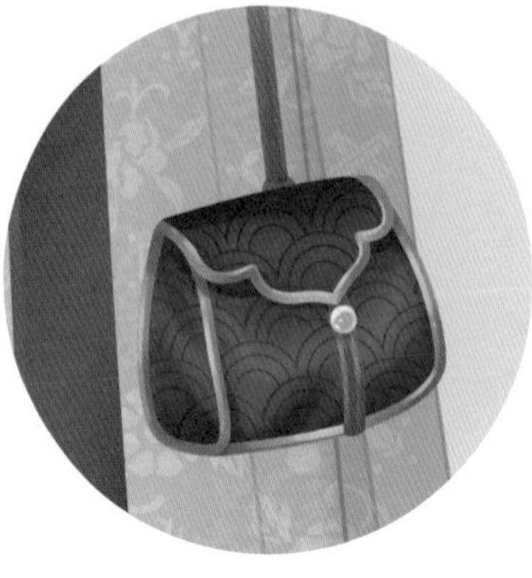

拴在紅𢅥（𢅥是用線織成的腰帶，寬約七公分）上，用羊皮金緝邊的茄袋

清宮舊藏刺繡荷包

它的樣式與明代荷包大致相同，也透過抽繩將荷包口繫緊。由於成為禮服的陪襯，清代的荷包會使用紙或碎布製作的袼褙。袼褙會使荷包變得硬挺，捏出來的褶子也會更加齊整

懸繫在裙邊的荷包

第三章

冬季著裝

場景六　隆冬朝禮碧霞元君

十一月某一天是女主人朝禮碧霞元君的日子。對於古人來說，燒香、還願、打醮是人生中的大事，換上符合身分的盛裝方能彰顯它的隆重。哪怕身無長物，香客們也會東拼西湊借得一套體面且時興的服飾。

鑑於這種風氣，女主人只能抓緊時間捯飭儀容。只見她在黃綢棉褲上繫了條翠藍緞子寬拖遍地金裙，裙邊一雙妝花金欄膝褲，膝褲下露出一雙大紅遍地金白綾平底雲頭鞋，又在紫綾小襖、月白豎領衫外面，罩一件大紅遍地錦五彩妝花補子襖。

穿好衣服，她在綰好的髮髻外戴上金梁冠。冠正中插一枝金鑲寶玉觀音分心、一枝金鑲珠寶翠梅鈿兒，額上勒海獺臥兔兒、珠子箍兒，耳邊低掛一對嵌寶耳環，胸前掛金鑲寶墜領，皓腕戴一對金壓袖。考慮到天氣寒冷，她又命丫鬟取了貂鼠圍脖、貂鼠皮襖放入衣匣。

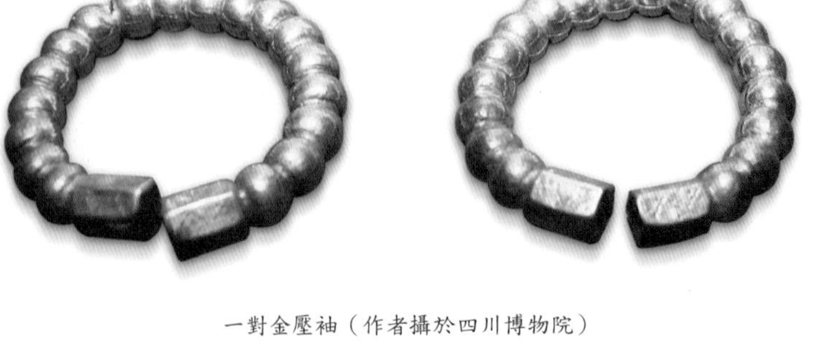

一對金壓袖（作者攝於四川博物院）

冬天到底怎麼穿？

一、裁製冬衣的面料

打開男女主人的衣籠之後，將發現冬裝的基本款式與夏裝相同。女裝無非就是襖衫、比甲、裙、褲，男裝是襖衫、褶兒、氅衣、旋子、褲等。原來古人和我們一樣，主要依賴衣料而不是「一身正氣」抵抗嚴寒。

為了方便生活，古人根據歲時節令摸索出更換衣料的規律，宮廷更是提煉出一套換衣的方式：三月初四換穿羅，四月初四換穿紗，九月初四再次換穿羅，十月初四換穿紵絲，小雪後穿絨，來年立春後脫掉絨，三月初四再次換穿羅。除了極冷或極熱之地，民間著裝規律和宮廷基本一致，只因氣溫不同而略有出入。

㈠物廉價美的棉

在衣褲裡面絮一層棉絮是最常見的抵禦寒氣方法。棉絮通常由草棉的棉花彈製而成。待彈得異常鬆軟之後，將棉絮均勻地鋪在衣褲表裡兩層面料中。除了棉花，富貴人家還會用絮蠶繭製成的絲綿，蓬鬆、暖和的程度更勝一籌。

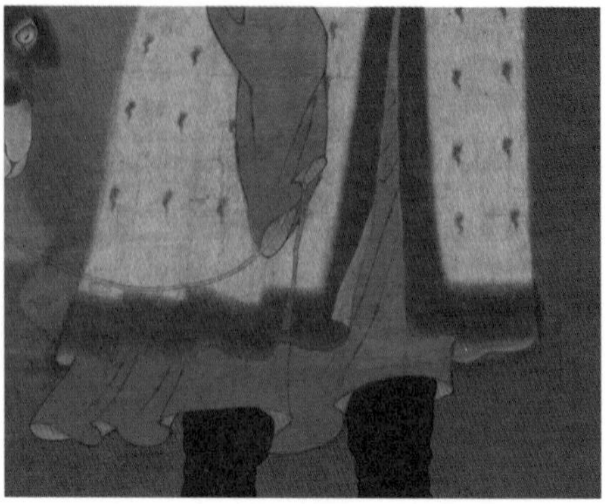

傳宋代郭思繪《戲羊圖》中的白鼦皮衣

(二)三六九等的皮裘

裘皮取材廣泛，貂皮、銀鼠皮、海獺皮、狐狸皮、貉子皮、羔羊皮、老羊皮、麂子皮、豬皮以及狗皮都是製作皮裘的材料。與經濟實惠的禦寒物棉花不同，裘皮的價格因等級而有很大的差異。

貂皮、銀鼠皮和純白色的狐狸腋下皮最爲貴重，胞羔、乳羔皮也不相上下。經過芒硝鞣製過的麂子皮性價比較高，適合製作襖、褲、鞋、袜等衣物，穿著輕便暖和。老羊皮腥膻味濃重，製成的皮衣十分笨重，除了窮人，沒人願意穿。豬皮、狗皮最爲廉價，時常用來製作靴子、鞋子，兜售給底層勞動者。

(三)絨，時尚圈的寵兒

冬日時尚圈當之無愧的寵兒是絨。絨織物也分等級，但與皮裘有所不同，絨的品質不僅依賴原料，還取決於工藝。

生產絨的原料來自綿羊和山羊。綿羊絨分兩種，蓑衣羊（長毛型羊）的細毛可加工成氈和絨片，供應全國各地製作帽袜的作坊；浙江湖州出產的綿羊絨則是生產氈鞋絨袜的原料。山羊絨亦分兩等，品質都比綿羊絨高。次一等的山羊絨被稱爲「搊絨」，由梳齒細密的櫛梳下。用這種絨毛加工而成的絨毛布被稱爲「褐子」或「把子」。上等山羊絨被稱爲「拔絨」，是細毛中的精品，由兩指順勢逐根拔下。用它織成的絨褐質感細膩，柔順光滑，可與絲綢媲美。頂級奢侈品莫過於馳名天下的蘭絨。蘭絨又叫姑絨，出自蘭州，每匹長十餘丈（約三十四公尺），價值百金，深受富貴之家喜愛。裁製襖袍時，用厚重的綾做襯裡，製成的衣物經久耐用，可穿數十年之久。

二、四季著裝搭配規律

跟隨季節變換而變化的不只面料，還有著裝層次。

無論貧窮還是富貴，男女老少的著裝在三伏天最爲單薄，只在貼身的汗褂外披一件紗衫或夏布衫。過了處暑，天氣轉涼，人們紛紛把無袖的汗褂換成長及手肘或者可以蓋住手指的汗衫。

秋雨綿綿的時節，長袖的汗衫也不能抵擋秋日的寒氣。此時需用緞、絹、綾、綢、棉布等面料替代紗羅，並將單層的衫換成有襯裡的夾衣。女性還會脫掉紗羅抹胸，換上緞、絹、綾、綢、棉布等面料裁成的抹胸。

寒露之後，天氣漸冷。人們紛紛換穿小襖、襖子禦寒。若還覺得冷，可在小襖和襖子之間再添一件襯

春、秋兩季的衫子
宋，佚名繪《貨郎圖》局部

襖。當然，在襖子外披一件披襖、披風、氅衣、罩甲等外套也是不錯的選擇。

雪花紛飛之時，暮秋時便晒好的皮衣終於派上用場。女性的抹胸還會再更換一次衣料，如同襖子那般薄薄地絮一層棉。一年中竟然會更換多次抹胸，古代女性過得也太講究了吧！

三、小襖

小襖是女主人冬季貼身穿著的內衣，尺寸較女裝基本款襖衫小。它的樣式和汗衫相仿，豎領對襟，衣身長九十餘公分，遮住膝蓋；通袖長一百六十餘公分，幾乎遮住整個手掌；袖寬二十八公分，袖口寬十五公分，窄長的袖管緩緩向上劃出一個弧度。小襖以萬字曲水紋緞爲表，素綢爲裡，中間絮三兩絲綿，領子和衣襟上共綴五對絲質紐襻扣，設計風格較襖衫更加樸實。

四、襯襖

女主人穿在紫綾小襖外的是一件月白色襯襖，無領對襟，通袖長

嚴冬的皮衣、皮帽
北宋，佚名繪《嬰戲圖》局部

夏季穿的汗衫、紗褲
明，計盛繪《貨郎圖》局部

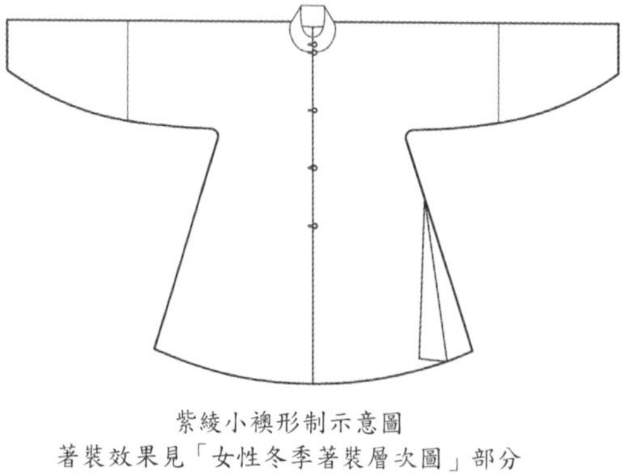

紫綾小襖形制示意圖
著裝效果見「女性冬季著裝層次圖」部分

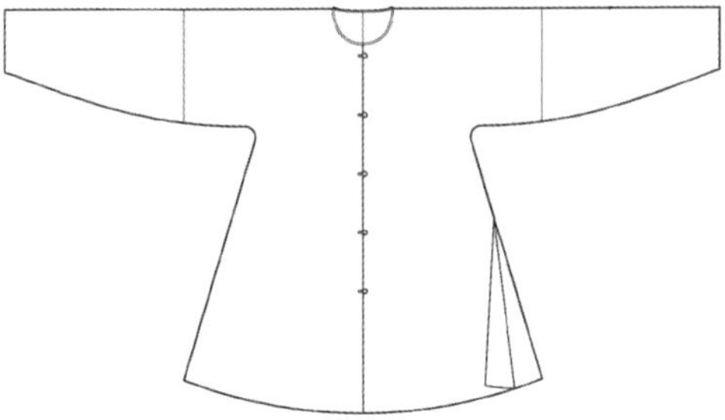

月白襯襖形制示意圖
著裝效果見「女性冬季著裝層次圖」部分

近二百公分，袖形與小襖相似，只是袖寬和身長略大。上半身層層疊疊，雙腿總不能在寒風中瑟瑟發抖，所以女主人也將紗褲換成棉褲，紗裙換成夾裙。於是，那條用杭州絹貼裡的翠藍緞子寬拖遍地金裙便有了用武之地。

五、披襖

(一)披襖的形制

皮衣的款式如毛皮種類一樣豐富，有襖、褲、披襖、披風、罩甲等。看到這裡，我們的腦海中會出現一個大大的問號：小襖是貼身內衣，披襖又是什麼？披襖是一款禦寒的罩衣，穿在襖子的外面，用途和羽絨背心相似。它與襖子最大的區別在於敞開的袖口和較短的袖長。不過千萬別受當代時裝的束縛，認爲明代的短袖不會長過手肘。從文物來看，通袖長從蓋過手肘（約一百公分）到一百九十公分都是可以的。

披襖的樣式亦不單調，有豎領對襟、方領對襟以及圓領對襟等幾種。女主人的

穿圓領對襟披襖的王昭君（披襖袖長蓋過手肘）
明，佚名繪《千秋絕豔圖》局部

穿披襖的觀畫仕女（披襖飾花邊，袖可能長及手腕）
明，佚名繪《仕女觀畫圖》局部

一件明中晚期的披襖，樣式為豎領對襟
（作者攝於四川博物院明代服飾展）

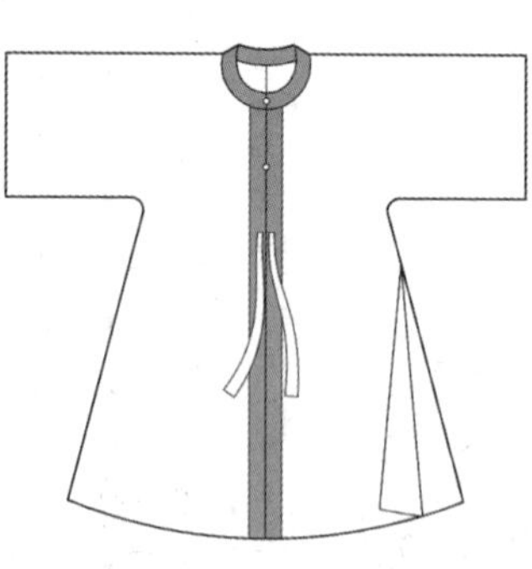

圓領披襖形制示意圖
著裝效果見「女性冬季著裝層次圖」部分

貂鼠披襖為圓領對襟，領子和衣襟上飾華麗的泥金眉子。貂鼠披襖通袖長一百四十餘公分，穿著剛剛蓋住手掌。袖子不收口，大紅遍地錦補子襖那華麗的袖子便鑽了出來。

㈡眉子，披襖的裝飾

眉子是裝飾在衣襟上的花邊。明代的眉子寬一寸左右（按照裁衣尺，明代的一寸寬三．四公分），和晚清繁複的滾鑲相比，十分纖細可愛。不過狹窄的布條也會限制設計，通常只能擷取一處小景。雖說只是很小的裝飾區域，但人們還是樂此不疲地去點綴，織金、泥金、妝花、刺繡，但凡你能想到的工藝都能在眉子上尋得。

㈢泥金瓜鼠紋

泥金是一種裝飾工藝。匠人先將金箔研磨成金粉，待與膠黏劑調製好後，或將花紋細細描繪在裙上，或透過刻好的印版將圖案印在裙上。圓領披襖的眉子上就印著一根細長的蔓藤，頗有規律地牽出纍纍果實。果實之間穿梭著呲著牙的黃鼠，牠們專注地盯著果實，大大的眼睛暴露了想將其據為己有的小心思。

這便是備受世人青睞的裝飾素材——瓜鼠紋。它的風格生動活潑，充滿田園野

飾有織銀眉子的紗衫（谷大建攝）

袖口、下擺等處露出的風毛兒
眉子上裝飾的泥金瓜鼠紋

趣。熠熠閃光的金粉帶來強烈的視覺衝擊效果，讓人沉醉在太平盛世下那不爲饑寒所困擾的快樂中。

㈣出風頭的風毛兒

在我們眼中，皮草是富麗奢美的象徵，哪怕不穿皮衣，也不忘在衣帽上高調地綴個毛領或是毛條。但古人不認同這份美感，定要將皮草藏在靚麗的絲綢下。直到民國時期，這份毛茸茸的富貴才徹底征服摩登青年。

既然不認同皮草的美，那麼明代人穿皮衣到底圖什麼呢？答案是保暖和炫富。可是皮裘做爲裡子，如何顯示財勢呢？只在衣襟、袖口、下擺等處露出一圈油光水滑的皮草即可。這種裝飾叫「風毛兒」（明代古籍中有時也寫作「蜂毛兒」），清代人又稱它爲「出鋒」，近代人所說的「出風頭」很可能是從此發展而來。

㈤皮衣，貴婦圈子的敲門磚

就在歸家的女主人處理家務之時，鄰居派人送來帖子，邀請妻妾幾人赴宴。爲了府上的體面，女主人吩咐僕婦備好皮襖，又讓人取一件青鑲皮襖給囊中羞澀的小妾。怎知她看不上這件舊皮衣，賭氣說像穿了黃狗皮一般惹人笑話。青鑲皮襖自然比專供社會底層的豬狗皮襖高級，但那時的貴婦都穿價值六十餘兩銀子的貂鼠皮、銀鼠皮，襯得這件價值十六兩銀子的皮襖很寒酸，毫不留情地拉開小妾與貴婦圈子的差距。

㈥寬大，解鎖高級感的密碼

面對吵鬧的小妾，女主人有些疲憊。她選擇安撫小妾，並承諾給她翻新皮襖，將歇胸（即補子）換成新的。小妾得了承諾，又見皮襖寬寬大大的，很是氣派，這才妥協了。

半新不舊的皮襖折射出明代的審美：凸顯身材曲線的衣服並不美，寬大的才能穿出高級感。這是不同於現代審美的時代特色。雖與我們的想像截然不同，但它的光彩也值得細細品讀。因爲沒有人能保證，現代人的審美水準會比古人高，更不用提現代服裝也可以成爲跨越時空的經典了。

六、臥兔兒和圍脖兒，不可或缺的禦寒小物

頭部、頸部也需要特別關照，免受寒冷天氣的侵襲。女主人在額上戴了件海獺皮做的臥兔兒，脖頸處繫了個圍脖兒，又讓丫鬟燒了個銅絲手爐捧在手上。

臥兔兒的出現源於頭箍的盛行。它的樣式與頭箍大致相同，是用皮裘製成的條狀物。穿戴時並不是直接圍在額

縫綴在皮罩甲上的歇胸
宋，郭思繪《戲羊圖》局部

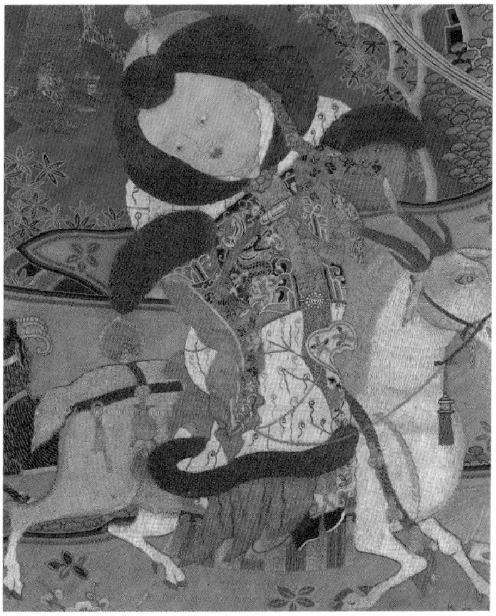

緙絲《「九陽開泰」圖》局部

頭上，而是與頭箍同時佩戴。到了崇禎時期，人們稱這種無頂的毛皮套子爲「昭君臥兔」，可能因爲當時的人們喜歡以遠嫁塞外的「昭君」來代替稱呼具有遊牧民族特色的物品。到了清代，人們乾脆稱它爲「昭君套」了。

圍脖兒在現代仍在使用，因此很容易想像。風領的樣式、穿戴方式和圍脖兒大同小異，只是尺寸大了許多。

臥兔兒和圍脖兒

風領

女性冬季著裝層次圖

再選擇穿保暖用的襯襖

先貼身穿小襖

然後穿女裝基本款襖子、裙子

嚴冬時節穿的皮披襖

場景七　風雪中的歸途

朝山（到名山寺廟燒香參拜）後，女主人匆忙踏上歸途。行至半途，雪花紛紛揚揚地飄落下來，原本熱鬧的大路變得冷冷清清。行人稀稀疏疏，他們穿著雨衣，戴著雨帽和眼紗，踩著油靴、棕靸，踏著那亂瓊碎玉往家裡趕。

雨具，難道只有青箬笠、綠蓑衣？

張志和曾寫了首〈漁歌子〉：「青箬笠，綠蓑衣，斜風細雨不須歸。」於溪邊垂釣這件再瑣碎不過的小事，在這首詞中經過三、四種尋常色彩的點染，生出一種出淤泥而不染的怡然自得。這是很有趣的體驗，卻給現代人帶來困惑，讓他們誤認爲古代的雨具只有蓑衣、斗笠。

蓑衣、斗笠的確是歷史最爲悠久的雨具，但它們在元代成了農具，或是用來扮演農夫、漁夫、樵夫以顯示遠離塵囂的道具。城裡人幾乎都穿用油綢、油絹製作的雨衣。

穿蓑衣、戴斗笠的漁夫
明，倪瑞繪《捕魚圖》局部

牧童的雨具
宋，郭思繪《戲羊圖》局部

城裡人的雨具

一、雨衣

油綢、油絹即浸塗了桐油的綢、絹，可防雨雪。雨衣多用紅、綠、玉、深藍等顏色的綢絹製作，但全部不及黃綢絹有趣。後者因浸潤了桐油而變成琥珀色，得了個「琥珀衫」的雅稱。如果因爲琥珀衫風雅的名字而對雨衣的樣式生出期待，肯定會令你大失所望。人們並沒有在這方面去創新，雨衣基本沿用日常便服的款式，在雨具店只能找到油綢絹斗篷、道袍或貼裡。

城裡人的雨具：雨帽、油絹（綢）道袍、棕靸

二、雨帽

總的來說，城裡人的雨帽有兩種樣式。一種用油布製成，帽體狀若方巾，周圍加一圈寬大的帽檐遮蔽風雨；另一種用竹篾編成帽胎，表裡均糊一、兩層布帛，最後塗上黑漆防止雨水滲透。

三、油靴與棕靸

見識了雨衣、雨帽後，我們對油靴的好奇降低了許多。它的確很是尋常，只是爲了防水、防滑而在皂靴表面塗了油蠟，並在靴底掌了數枚圓頭釘。

有了油靴，自然會有釘鞋。它是男女通用的鞋套，也是用皮製作而成，外面塗上油蠟，底上附著鐵釘，只是不像油靴那般有著很高的靴靿。由於材質的選用，釘鞋多少有些笨重。但鐵釘撞擊石板而發出的聲音很是清脆鏗鏘，好像可以撫平心中的躁動，人們很樂意穿上它從石板路上緩緩走過。

爲了減輕釘鞋的重量，南宋時期又出現了新的款式，俗稱棕靸。由棕櫚皮加工而成的棕絲編成，比日常所穿的鞋靴稍大，防滑功效不亞於釘鞋。

雨帽（一）

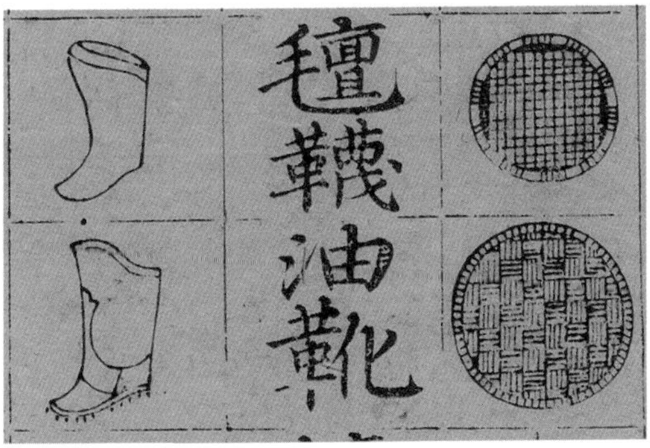

《新編對相四言》中的氈襪和油靴

雨帽（二）
明，佚名繪《貨郎圖》局部

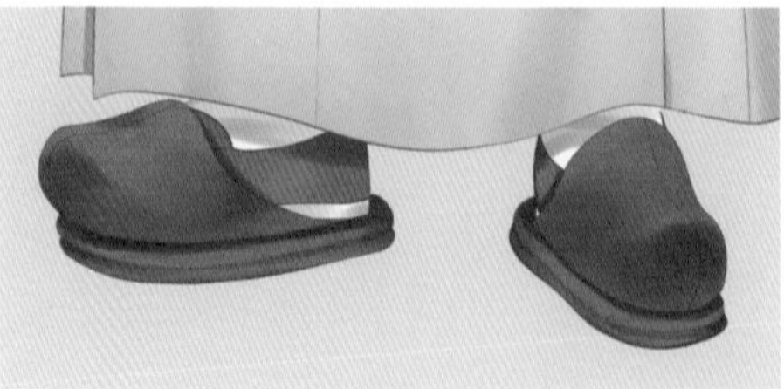

棕鞖

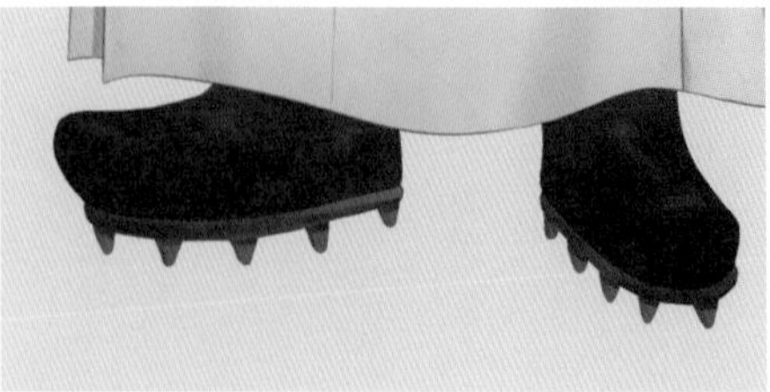

油靴

四、防風防塵的裝備——眼紗

眼紗又叫眼罩、面衣，是一塊長約一尺（三十四公分）的方巾。爲了不遮擋視線，人們在雙眼的位置開一小窗，罩上黑紗。紗稀疏輕薄，透氣性頗佳，很適合遮擋風塵，功能和帷帽、裁帽上的垂紗有相似之處。

用過眼紗的人很快發現眼紗還有其他用處：旁人很難透過眼紗下一雙影影綽綽的眼睛辨別自己的身分，自然免去無數招呼和問候——由自己決定是否進行社交的感覺實在太棒。由於遮掩身分的作用，戴眼紗還涉及一種特殊的官場慣例，即京官外謫離京時，須以眼紗蒙面。

蜚聲文壇的進士劉天民偏不遵守這個慣例，他認爲自己並未做令朝廷蒙羞的事情，哪怕被貶謫，也不該戴著眼紗灰溜溜地離開京城。

雨帽和眼紗

第四章

用於正式拜訪的禮衣

場景八　官員間的正式拜訪

八月下旬，分管本地治安和刑罰的男主人接到了門房拿來的大紅帖兒。打開一看，原來是同事前來拜訪。男主人只得去書房重新穿衣——剛在大廳上脫掉的補子圓領，已由僕童收進書房的櫥櫃中。

良久，穿黑青紗五彩灑線猱頭金獅補子圓領（明代古籍中有時會將「圓領」寫作「員領」），繫合香嵌金帶的同事才在屬吏、小廝的簇擁下進了大廳。男主人冠帶整齊地出來迎接。兩人依照禮儀相互問候，然後分賓主坐下。

官員的正式拜訪
崇禎五年（1632年）尚友堂刊本《二刻拍案驚奇》書前版畫

正式拜訪流程圖

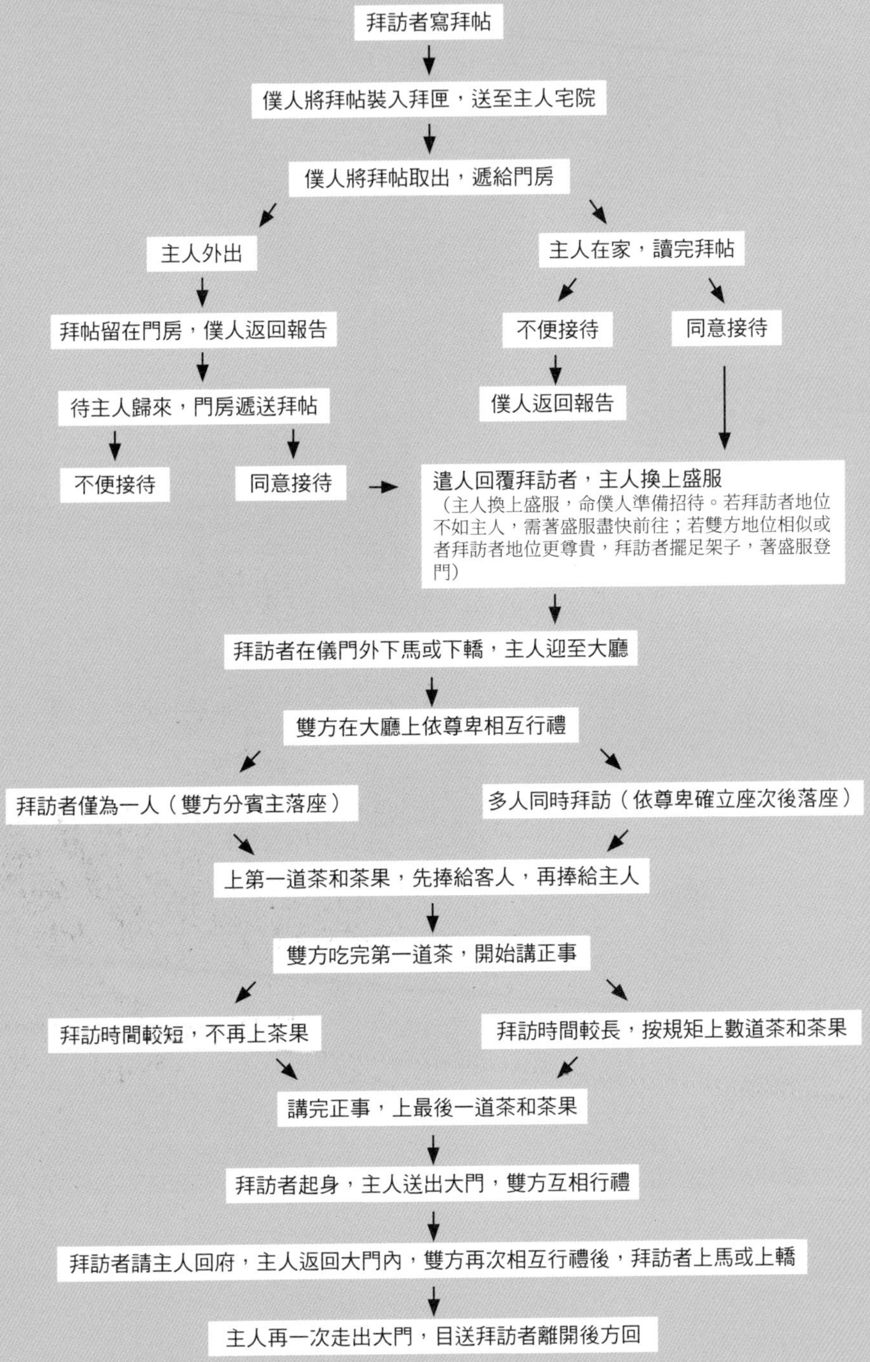
拜訪者寫拜帖
僕人將拜帖裝入拜匣，送至主人宅院
僕人將拜帖取出，遞給門房
主人外出
主人在家，讀完拜帖
拜帖留在門房，僕人返回報告
不便接待
同意接待
待主人歸來，門房遞送拜帖
僕人返回報告
不便接待
同意接待
遣人回覆拜訪者，主人換上盛服
（主人換上盛服，命僕人準備招待。若拜訪者地位不如主人，需著盛服盡快前往；若雙方地位相似或者拜訪者地位更尊貴，拜訪者擺足架子，著盛服登門）
拜訪者在儀門外下馬或下轎，主人迎至大廳
雙方在大廳上依尊卑相互行禮
拜訪者僅為一人（雙方分賓主落座）
多人同時拜訪（依尊卑確立座次後落座）
上第一道茶和茶果，先捧給客人，再捧給主人
雙方吃完第一道茶，開始講正事
拜訪時間較短，不再上茶果
拜訪時間較長，按規矩上數道茶和茶果
講完正事，上最後一道茶和茶果
拜訪者起身，主人送出大門，雙方互相行禮
拜訪者請主人回府，主人返回大門內，雙方再次相互行禮後，拜訪者上馬或上轎
主人再一次走出大門，目送拜訪者離開後方回

標榜身分的服飾，名利場的正式交際禮儀

正式拜訪中，賓主雙方都會換上符合身分的服飾。倘若還穿便服，會顯得不懂禮數。

對於地方官員來講，用於該場合的服飾是常服。常服並非日常生活的便裝，而是官員到職辦公、常朝官參與早朝的一整套冠服，由烏紗帽、補子圓領、粉底皂靴以及革帶等組成。

一、烏紗帽

烏紗帽以細竹絲編成帽胎，表面覆兩、三層黑色漆紗，大致可分爲呈半球狀的前屋、帽翅以及後山三部分。它是復古的產物，外觀與唐代樸頭很相似，只是

烏紗帽
明正統二年（1437年）謝環繪《杏園雅集圖》局部

低矮的烏紗帽
明，倪仁吉繪吳氏先祖容像（核桃蛋攝）

明後期的烏紗帽
參考萬曆皇帝賜日本大名上杉景勝冠服繪

隨著時間的推移，烏紗帽擁有了自己的風格。原本因模仿襆頭腳而彎曲向下的帽翅變得闊大而平直；低矮的後山也於嘉靖晚期拔高到一尺（三十四公分），戴著頗為雍容。

二、黑色紗扁金補子圓領

黑色紗扁金補子圓領是用黑紗裁製、胸背擦有織金補子的圓領袍。圓領袍是官員常服的重要組成部分，其形制為圓領右衽，袍身長及腳背，衣身兩側開衩並接擺。袍用紵絲、綾、羅、紗等面料裁製，所用顏色不拘，紅、藍、黃、綠、褐、玄等皆可。

大紅雲羅鶴補圓領袍（谷大建攝）

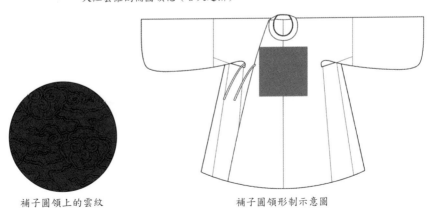

補子圓領上的雲紋

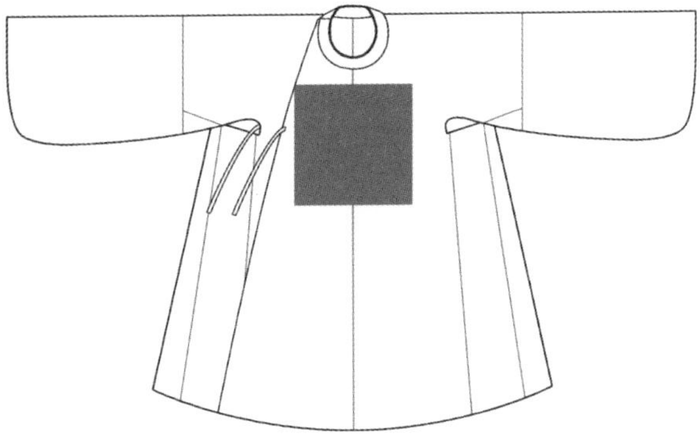

補子圓領形制示意圖

代表風憲官（即監察、執行法紀的官吏）的獬豸補

代表三品文官的孔雀補

代表六品、七品武官的彪補

三、補子

㈠何為補子？

補子是綴於圓領袍胸前和背部方形或圓形的裝飾區域，可以裝飾飛禽走獸、植物花卉等各種紋樣。它源於元代的胸背，於洪武二十四年（一三九一年）被賦予區別官員品階的職責。從此，織綴著不同紋樣的補子有了細分著裝者社會地位高低的功能。

既然補子象徵社會地位，男主人理應穿代表五品官員的熊羆補子。但受違制風潮的影響，三品以下武官僭用獅子補的情形自嘉靖朝起司空見慣。由於穿上代表一、二品的獅子補不會對仕途產生任何負面影響，男主人和同事紛紛隨波逐流。

㈡製作工藝的改進，從胸背到補子

早期的胸背不是獨立的存在。它透過織繡等方式附在整匹布料上。那時若想穿一件織金胸背袍，得將整匹袍料交給裁縫。嘉靖年間，胸背逐漸演變成可以單獨製作的補子，待完工後再摽在衣袍上。這意味著人們可以透過購買新補子而不是新衣袍來滿足需求。女主人爲二手皮襖換上新補子就是很好的例子。

工藝的改進帶來了便利。無須漫長的等待，也不用花更多錢購買衣料，只需在衣袍或襖衫上縫兩塊補子便能使之煥發出新的風采。這無疑帶動了補子的消費，也意味著更多僭越行爲的發生——低階官員的妻妾、富商的女眷本沒有資格使用鸞鳳、麒麟、錦雞等紋樣，但補子降低了她們體驗高層衣飾的門檻。

緙絲麒麟補
永樂皇帝曾賜長頸鹿名為麒麟，故明朝人也會用長頸鹿紋代表公、侯、駙馬、伯等勳貴

明代五彩灑線繡獅子補

一塊拆下來的補子，補子上還殘存著縫綴的線頭和衣衫的殘片

㈢扁金線，成就華服的工藝

漫長的歷史中，人們對黃金的狂熱從未消退過。唐詩〈麗人行〉描繪楊國忠兄妹出行的裝扮：「繡羅衣裳照暮春，蹙金孔雀銀麒麟。」用金銀線繡出的孔雀、麒麟在衣裙上交錯排列，是何等的富貴華麗。

明代人也愛黃金裝飾的衣裙，只是明代多用織金工藝，將金線織入布帛，與唐代用金線刺繡的「蹙金」大不相同，但兩者都得製作金線。先將黃金捶打成薄如蟬翼的金箔，然後將金箔黏貼在羊皮或竹製紙上，砑光後根據要求剪切，最終得到扁金線。再以扁金線做爲緯線織成補子，得到所謂的扁金補子（元、明古籍中有時會將「扁金」寫作「匾金」）。

另有一種撚金線，以絲線爲芯，在上面塗上黏膠，然後將扁金線均勻纏繞在芯線表面。它更多用在刺繡中，奢華耀眼程度不遜於織金工藝。

四、革帶

㈠革帶的形制

革帶是常服中必不可少的配飾，由帶鞓、帶銙、帶扣等幾部分組成。帶鞓是革帶的骨架，以皮革製作，內外兩側均裹帶顏色布帛，上面縫綴著三臺、圓桃等二十塊帶銙。與現在的時裝皮帶不同，革帶帶鞓共分三段，位於身前的左右兩段於「三臺」處合圍固定，又在此處各自綴連一段副帶。

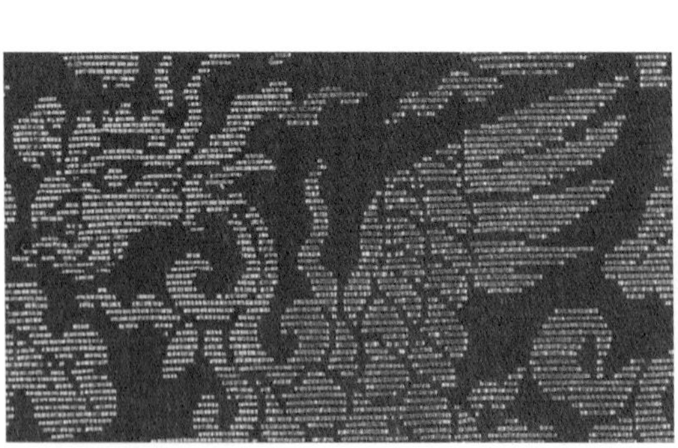

以扁金線織成的鳳穿花圖案

盤成花朵的撚金線

副帶兩端原本有穿孔，供帶扣的扣針插入，以便調節革帶的圍長。當革帶的穿戴方式從束在腰間變成懸掛後，帶扣也就失去存在的必要，最終被絲質套環取代。

(二) 虛束，革帶的穿戴方式

男主人的革帶圍長接近一百四十公分，長度早已超過實際腹圍，只能依靠縫綴在袍腋下的襻帶（縫在衣服上用來套住紐子、革帶的帶子）懸掛在腰腹間。過長的帶鞓使得革帶鬆鬆垮垮地在腰間晃蕩，毫無嚴正整飭之美。人們又在襻帶旁縫了一對細帶加以束縛，才使得革帶不再胡亂滑動。

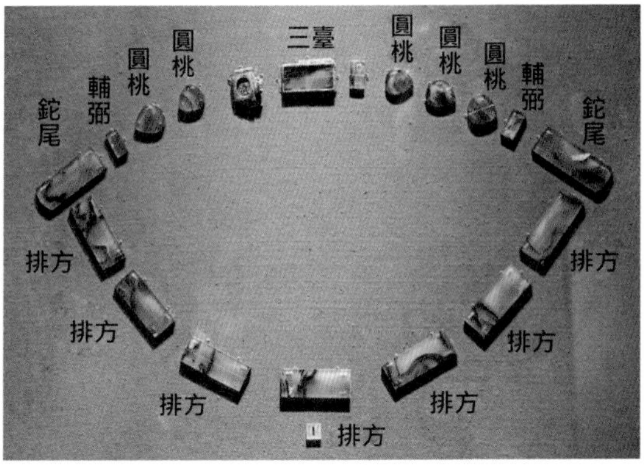

一副明代革帶的帶銙，缺一枚圓桃（作者攝於成都博物館）

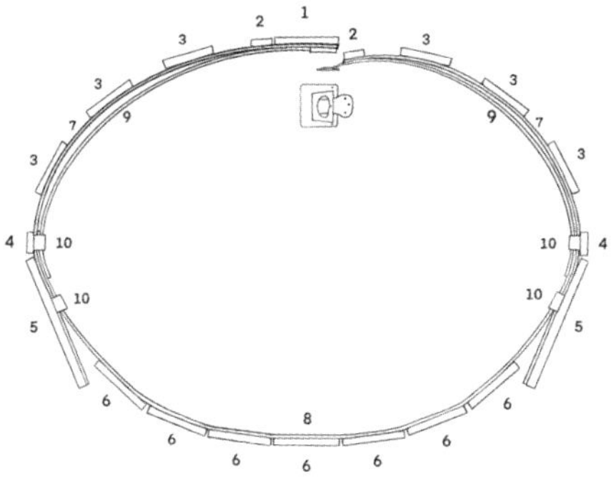

一副標準革帶的結構示意圖
1、2：革帶扣合處名為「三臺」的帶銙
3：六枚名為「圓桃」的帶銙
4：兩枚名為「輔弼」的帶銙
5：兩枚名為「鉈尾」或「魚尾」的帶銙
6：七枚名為「排方」的帶銙
7、8：三段帶鞓
9：兩段副帶
10：固定帶鞓的絲質套環

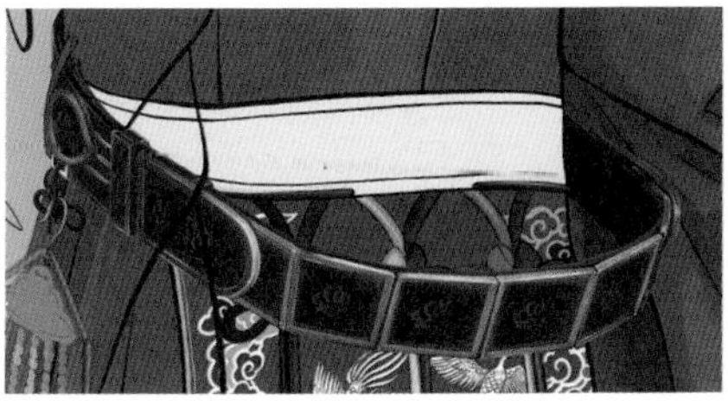

革帶的上身效果及固定方式

㈢四指大寬萌金茄楠香帶

若說蜜合色紗挑線穿花鳳縷金拖泥裙釋放了女性的絢麗，那麼四指大寬萌金茄楠香帶則展現出屬於男性的華麗特質。四指大寬是指帶鞓寬度，萌金即銀鍍金，茄楠香則是十分珍貴的頂級沉香香料。或許有人感到迷惑，萌金和茄楠香拆開講都能理解，可合在一起又是什麼意思呢？

這是帶銙的裝飾方式——銀鍍金的托座鑲嵌用茄楠香木雕琢的帶銙。如此搭配，茶褐色的茄楠香木因鍍金托座的色澤而染上些許富麗堂皇之氣，嫻雅又不刻板，莊重卻不沉悶。任誰看了都會讚嘆一句「眞高級」。

常服的穿著搭配層次

服飾若想得體，必定滿足三個條件：正確的形制，合理的搭配，富有質感的面料。三者融合，方能生成極具美感且富有辨識度的服飾輪廓。

與現在的時裝相比，常服的輪廓追求膨大。這就解釋了各式褶襉和擺在男裝中的普遍運用，以及爲何古人格外重視內、中、外三個層次搭配的原因。在他們看來，僅穿好最外一層的圓領袍遠遠不夠。

毋庸置疑，男主人仍然貼身穿汗衫或小襖，腰上繫一條肥大的褲子，褲子周邊一條漩子。它們會對圓領袍的下擺有一定支撐作用。

四指大寬萌金茄楠香帶，革帶扣合處的三枚帶銙即「三臺」，兩側的桃形帶銙即「圓桃」

衫襖外穿一件褶兒，褶兒腰間做無數細小的褶襉，加之衣料本身的挺括，使得褶兒下裳膨脹如半開的摺扇。

汗衫

褶兒

褶兒外穿黃色搭護，搭護外再穿圓領袍。搭護略短於圓領袍，樣式爲直領、大襟、右衽、禿袖，衣身兩側開衩，接結構和圓領袍極爲相似的擺。

圓領袍的襯衣：搭護

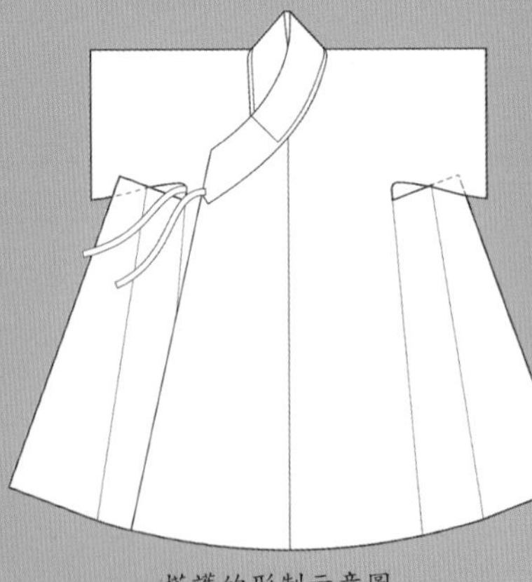

搭護的形制示意圖

正是這層層疊疊的著裝和諸多設計，方彰顯禮儀場合的隆重，撐起男主人的威儀。我們會覺得過於繁瑣，但古人不這麼認爲，他們將「方便」一詞拋諸腦後，一絲不苟地穿著。

官員的常服，烏紗帽、補子圓領、革帶

場景九　黃昏時分的一場臨時拜訪

因有一項棘手的公務需要處理，男主人的同事在黃昏時分再次造訪。聽完門房通報，男主人並未更換著裝，僅整理了一下身上的東坡巾和氅衣便到大門口迎接。

主隨客便，需要牢記的官場禮儀

男主人未換穿冠帶的舉動令現代人感到疑惑：在兩次拜訪中，雙方身分並未發生改變，但男主人的待客方式爲何發生了改變？因爲在一場拜訪中，如果一方穿了便服，那麼另一方得將禮衣脫下，換上相同規格的服飾後再進行交談。肯定有人抱怨來回更換衣衫帶來的麻煩，其實古人有方法能夠避免。他們會吩咐門房留意拜訪者的著裝，盡量讓自己的裝束和賓客保持一致顯然是再好不過的方式。

這套交際禮儀在地方官員拜訪京官時就不太適用。按慣例，京官可以身穿綴補氅衣、行衣等便服接待地方官員；只有當地方官員資深望重時，京官才需換上常服。那麼，行衣是一款怎樣的男裝呢？它的具體

青衣藍緣的行衣和大帶
石谷風編《徽州容像藝術》明代彥標朝奉像

青衣藍緣的行衣和大帶
1617 年，魯本斯繪尼古拉斯·特里戈像

形制不見於古籍，僅知是用青色布料裁剪，領子、衣襟、下擺等處鑲藍色緣邊。它帶有正裝的意味，除了用於官場交際，年過六十、德高望重、從未當過小吏和衙役的平民也能以它爲禮服。

男主人的便服

一、東坡巾

東坡巾是非常經典的頭巾，相傳爲蘇東坡所戴，故得其名。東坡巾的巾體爲方形，由四面內牆組成。內牆外有重牆，較內牆稍低。將頭巾戴好後，能看到稜角分明的內牆牆角正對眉心。許是爲了沖淡內牆牆角帶來的銳利氣息，同時增添幾分儒雅，巾後會垂一對飄帶。

東坡巾正視圖
明，佚名繪《著英盛會圖》局部

東坡巾側視圖
明，戴進繪《達摩祖圖卷》局部

男主人熱衷於戴東坡巾。他依靠捐納得了個武官官職，自然不像士大夫那般得到很多尊重，於是總想在著裝上效仿一二，彷彿這樣能抹去出身的卑微，獲得如同文人那般的超然地位。

二、氅衣

氅衣是一款男女皆宜的外套，直領、對襟、

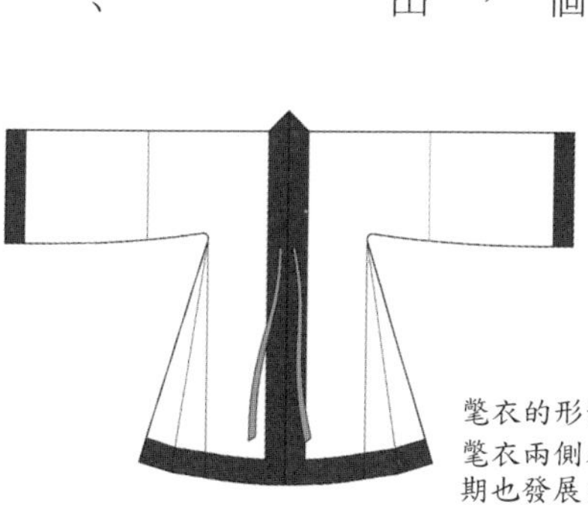

氅衣的形制示意圖
氅衣兩側本不開衩，但後期也發展出開衩的款式

袖不收口，領襟、袖口、下擺等處飾深色鑲邊。它樣式簡約，風格典雅，擁有很高的人氣。

與氅衣樣式和用途相似的是披風。它不像氅衣那般周身鑲緣邊，但衣身兩側開衩且作褶。披風不像氅衣那般一直保持樸素。有人崇尚奢麗，在領子處綴一枚玉扣花用以扣繫，又在領子、衣襟、袖口等處裝飾緣邊，成功提升了披風的精緻感。

兩側開衩的氅衣
明，佚名繪《于慎行宦跡圖》局部（王軒攝）

樸素的氅衣（若綴補則可升級為禮衣）
楊新主編《故宮博物院藏文物珍品大系：明清肖像畫》

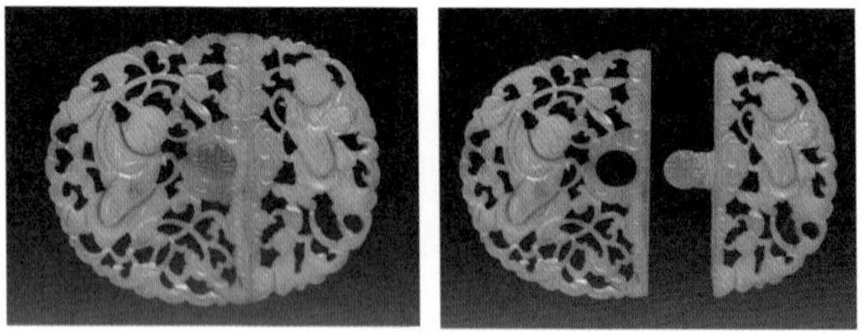
披風的玉扣花

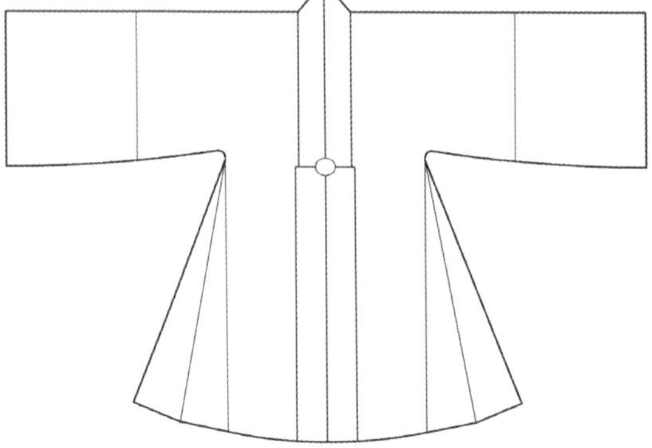
披風的形制示意圖

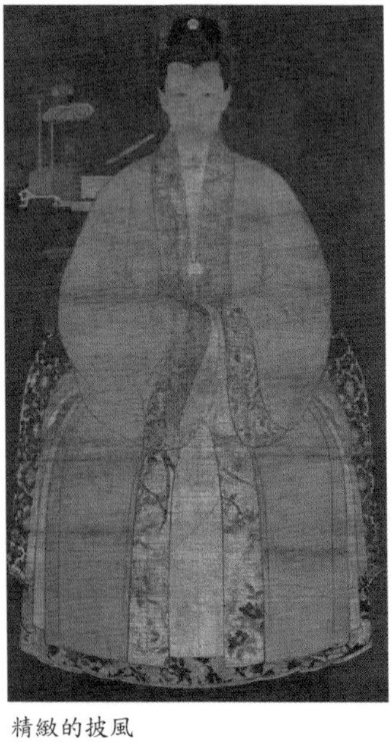
精緻的披風
明，佚名繪婦人容像

場景十　官員和儒生之間的正式拜訪

自從男主人做官之後，來往書簡多如流水。做爲職場新手，他頗有些手忙腳亂。一番思量之後，他產生了聘請秀才做西賓（古時候對幕僚或家塾教師的尊稱）的念頭。

九月某一天，門房送來拜帖。男主人一看，趕緊穿好冠帶到前廳外迎接。在小廝的引導下，穿著青衣的李秀才走過來。男主人看他豐神俊朗，心中很是歡喜。雙方談妥聘用事宜後，男主人親自將他送至大門。

尊重儒生，又一項名利場的交際禮儀

會不會有人受落魄秀才孔乙己的影響，不理解男主人對儒生的敬重？以接待同事的相似禮儀接待李秀才，到底是禮數周全？還是出於對讀書人的過分敬重呢？

官員身分雖尊貴，卻不能因尊卑有別而不給儒生體面，否則就是十分嚴重的羞辱。按慣例，做爲被接待的一方，儒生在正式拜訪中必須穿上最高規格的禮服以示尊重；做爲接待方，地方官員必須穿常服。

儒生拜見地方官員
明刊本《元曲選》插畫局部

儒生的禮服

一、儒巾、襴衫的形制

自唐代開始，襴衫便成爲讀書人最高規格的禮服。明代承襲傳統，仍令儒生以襴衫爲禮服。然而，沿襲並不意味著墨守成規，針對襴衫的改革從未停止：用儒巾替換軟巾，取消襴衫下擺拼接的橫襴，將不吉利的白色改爲藍色。正是這一系列舉措，儒巾、襴衫成爲生員（經本省各級考試進入府、州、縣學讀書的學生）的代名詞。

了解關鍵資訊，我們能給李秀才畫一幅速寫：他頭戴一頂儒巾，儒巾以黑縐紗製成，內襯漆藤絲或麻布，巾體前低後高，外形猶如屋脊。身穿一件青色襴衫，襴衫衣身兩側開衩，開衩處如圓領袍那般接外擺；腰上圍一條藍色條兒，條兒如革帶一般鬆鬆垮垮地掛在腋下的紐襻中，條兒末端繫穗子，慵懶地搭在身後。

南宋讀書人的襴衫

下擺拼接寬闊的橫襴（注意襴衫下擺處的橫向接縫），橫襴上作褶

南宋，周季常、林庭珪繪《五百羅漢圖》局部

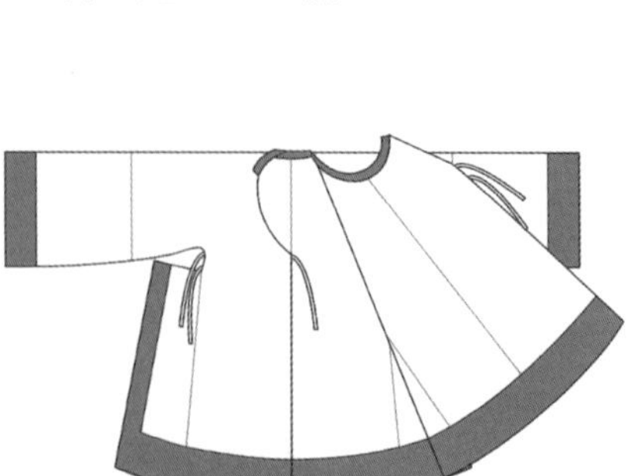

襴衫形制示意圖

儒生的禮衣：儒衣、襴衫、藍色絛兒

二、儒巾、襴衫的寓意

儒巾、襴衫之所以能有歷經千年風雨的底氣，與它們被塑造成道德符號分不開。

儒巾的巾頂像起司，如摁倒四方平定巾（又稱方巾，詳細介紹見第五章）一角，寓意「安民」，百姓安定即國家安定。後垂的一雙飄帶是期望儒生在享有較高社會地位的同時，仍然能保持謙和的姿態，不欺凌弱小。襴衫有皂色鑲邊，寓意行爲端正，爲人處世受道義規範。腰束絛兒，象徵遵循禮法，謹言慎行。並且「絛」又諧音「條」，寓意處理事務有條有理。

戴儒巾、穿襴衫的讀書人
明刊本《元曲選》插圖局部

戴儒巾、穿襴衫的讀書人
腰繫絛帶，絛帶末端繫穗子（王軒攝）

場景十一　名利場中的另類羞辱

一位身分體面的人會如何羞辱別人？用犀利的言辭進行人身攻擊？還是將之痛毆一頓？這些方式過於低級，他哪種都不會選。他會尋覓一個恰當的時機，利用繁瑣的禮儀狠狠反擊，讓對方顏面掃地。

譬如男主人在接待某位監生時，故意只穿便服迎接。待他離開，男主人再次以自己穿著「褻衣」爲由，僅送他至二門。

官員在正式社交場合中的「褻衣」

一、忠靜冠

男主人的「褻衣」並非貼身內衣，而是忠靜冠和日常穿的便服。若是日常交往，這身衣服倒也合乎禮節。只是用在與儒生交際的正式場合，未免太過輕慢。

忠靜冠又稱忠靜巾，以鐵絲爲框，以烏紗、烏緞、黑絨等織物爲表，冠頂中間微微隆起，冠體上飾金線（四品以下官員的忠靜冠改用淺色絲線）。

忠靜冠實物圖（谷大建攝）

忠靜冠
明，王圻、王思義撰寫《三才圖會》插圖

冠後列兩座山峰狀冠耳，亦鑲金邊。忠靜冠本爲七品以上在京常朝官員、八品以上翰林院及國子監等官員、各府堂官、州縣正官、儒學教官、都督以上武官的燕居服。在僭越風氣的影響下，急於標榜身分的男主人無視了這條規定。

二、直身

戴忠靜冠時本應穿忠靜服和深衣，奈何男主人總是隨意搭配。白綾襖子、絲絨鶴氅、綠絨補子貼裡，甚至頗具戎裝風格的青絨獅子補罩甲，他都有嘗試。接待監生時，他乾脆披了件柳綠絨直身。直身是明代男裝最基本的款式之一，樣式和道袍相似，只是在衣身兩側開衩處各接一對與圓領袍相似的擺。

綠暗花紗直身（谷大建攝）

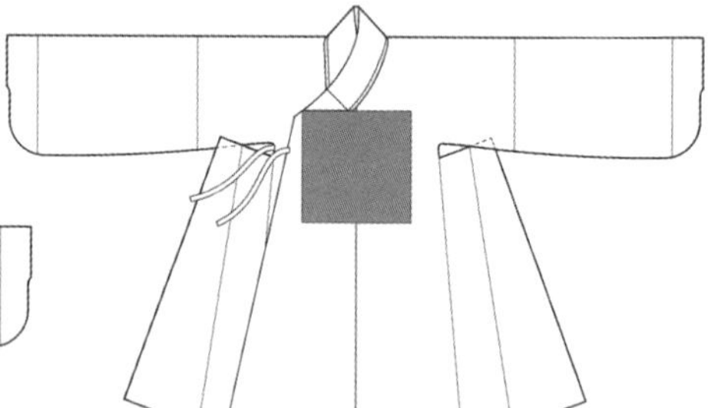
直身形制示意圖（正面）

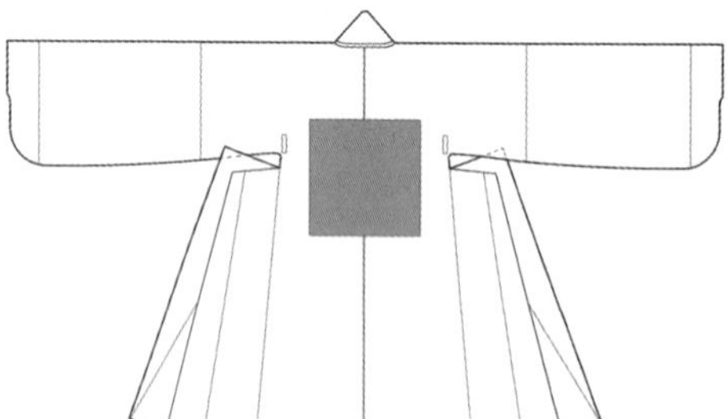
直身形制示意圖（背面），腋下的襻帶用來懸掛絛子、絛環

監生的青衣

一、青衣的形制

監生的青衣即青圓領，樣式與襴衫相仿，但無皂色鑲邊。它的搭配與襴衫略有不同，需內襯一件襯擺。然而實際情況與規定總有偏差。不知從何時起，襴衫開始接擺，也會內搭一件襯擺。

監生最高規格的禮衣本該是襴衫，只因明宣宗覺得青衣更襯人，才換了青圓領。大概覺得皇帝因外觀而改變服制不夠莊重，王夫之宣稱換穿青圓領是朝廷對舉人的破格褒獎。不過他堅持貢生、監生沒必要更換，因爲襴衫更符合禮制。

二、青色到底是什麼顏色？

荀子〈勸學〉中有一句名言：「青取之於藍而青於藍。」我們通常用它來比喻後人勝過今人，卻不曾細究「青」到底是什麼顏色。現代人篤定青色是綠色。然而古人卻推翻了這個觀點，他們規定青色是藍色，綠色則是青色與黃色的混合色。

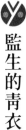

只有追溯到荀子生活的時代，才能了解青和藍的眞正含義。那時候的「藍」並非顏色，而是一種名叫「藍」的植物。《詩經》的「終朝采藍」便是採摘藍草的意思。古人爲何要收集藍草呢？當然是提取染料靛藍。

靛藍的顏色很是飽滿濃郁，但染一次僅能得到淡藍色的布料。爲了得到理想的顏色，人們必須多次疊染。隨著工序不斷重複，藍色愈來愈深。此時如果加入五倍子等染黑色的染料套染，能得到接近黑色的玄色（又稱黑青色）；倘若加入染黃色的黃櫨和染黑色的楊梅樹皮，亦能得到玄色。這便是青圓領的顏色總是遊走在深藍與黑色之間，有時甚至帶些綠的原因——染色配方不固定。

監生的禮衣：儒巾、青圓領、條兒

第五章

出席筵席的盛裝

場景十二　由官員妻子主持的高規格筵席

正月十五這日是女主人宴請仕宦人家女眷的日子。她特意起了個大早，安排僕人做最後的準備工作。待一切妥當後，才回臥室重新裝扮。

此次妝容比朝山時的盛裝更加隆重。只見她頭戴一頂珠翠冠，身穿著大紅五彩織金妝花四獸朝麒麟通袖緞袍、官綠百花裙，束一圍寶石鬧妝，裙邊禁步叮噹作響。賓客們也是盛裝打扮。最有權勢的一位老太太戴著疊翠寶珠冠，身穿大紅宮繡袍，客套而疏離地與女主人相互問候。

戴珠翠冠、穿大紅通袖袍的于慎行妻子秦氏（王軒攝）

高規格筵席流程圖

喜從天降，決定宴請賓客 → 確定筵席的規格，寫請帖 → 派僕人遞送請帖

↓

僕人從拜匣中取出請帖，遞給門房

↓

僕人討要賓客回帖，主人據此進行一系列準備

↓

酒筵當天，主人做好最後的準備，派僕人催邀賓客

↓

賓客地位不高，收到催邀後著盛服赴宴；
賓客身分尊貴，三番五次催邀後方出門，此時往往已是正午

↓

喝道聲漸近，門房稟報主人，樂工奏樂歡迎

↓

主人著盛服，率眾人到儀門外迎接

↙ 迎堂客（女賓）入後廳，相互行禮

↓ 依尊卑秩序入座，寒暄，請男主人著盛服出來拜見眾賓客

↓ 請眾人到女主人臥室或專門的房間寬盛服

↘ 迎官客（男賓）入前廳，相互行禮

↓ 在前廳或吃茶的場所寬盛服

↓

吃茶，去花園遊玩

↓

齊聚前廳，筵席正式開始。依尊卑秩序入座，遞安席酒

↓

主賓點戲，廚役上第一道湯飯、大割（又稱「大下飯」，主菜的意思）

↓

第三道大割上完，賓客勻臉、換衣

←

三湯五割獻完，明月初升，筵席進入尾聲

↓

主人復邀賓客到後廳、花園等地飲酒作樂，歌姬獻唱

↓

一更至三更間，主賓拜別，主人款留不住，起身相送

↓

主人送賓客到大門首，最後一次給賓客遞酒以表依依不捨，飲酒後眾人分別

↓

主人吩咐家人收拾餐具、陳設

↙ 女主人回後院卸妝，換便服與男主人講話↘ 男主人視時間，攢剩下餚饌，與親友夥計飲酒作樂

↓ 夥計、僕人攢剩下餚饌，飲酒作樂

官員妻子的盛裝

一、奢華，盛裝的主基調

肯定會有人痛心疾首：老太太把自己搞成「珠寶展示臺」尚能理解，女主人做爲時尚女青年，怎能放棄素淡的衣裙，拒絕「清水出芙蓉」的清純、柔美姿態？女主人耐心解釋：上流社會的盛裝講究奢華繁麗，若眞如古風小說裡女主那般稀疏地佩戴兩、三支首飾，定會招來恥笑。

什麼樣的衣飾才稱得上奢華？是在蓬鬆的高髻上簪一朵和盤子差不多大的牡丹？還是身後拖著七、八公尺長的大拖尾？這種衣飾只能出現在電視劇中，擱到明代實在太過寒酸。

二、盛裝的數量

得用衣衫的數量撕掉寒酸的標籤。爲了一整天光彩照人，赴宴的女眷會準備三套禮衣。只要手頭寬裕，沒有誰會用一套衣服應付整場筵席。

第一套是標榜社會地位的盛服。民間習慣稱之爲吉服、大衣裳，主要用在出行、敘禮等環節。第二和第三套亦爲吉服，但規格稍低，分別在吃茶前和筵席進入尾聲時換上，待返回家中才會脫去。一定有人想知道什麼是吉服。它是用於歲時節令、壽誕、婚嫁、嬰兒彌月、升遷、祭祖等場合的禮衣。

妝容淡雅的仕女（出席正式筵席的反面教材）
明，唐寅繪《班姬團扇圖軸》局部

借用便服、常服的形制，以豔麗的色彩及織金、妝花、刺繡等奢侈的工藝裝飾營造出一派喜盈盈的珠光寶氣。

三、盛裝的備辦

一般來講，富貴人家的盛裝是提前訂製的。而遇到光耀門楣的喜慶事時，他們也會不吝惜錢財特地趕製幾套。以此次筵席爲例，男主人爲了府上顏面，一次替妻妾幾人新裁製了十幾套吉服。無須擔心訂單的工期，一位技術高超的職業裁縫可以在一天內將二、三十件衣服裁剪完畢。然後雇十幾個裁縫上門服務，保證一、兩天內完工。

服飾耗費財資甚多，囊中羞澀的官員、士人妻子以及蓬門華戶又

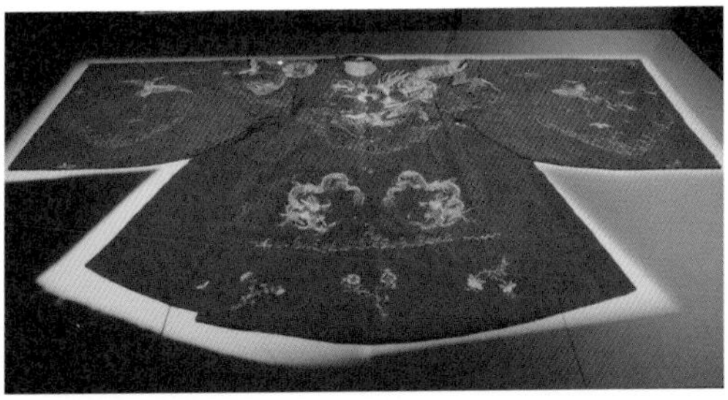

盤金繡（谷大建攝）

妝花（谷大建攝）

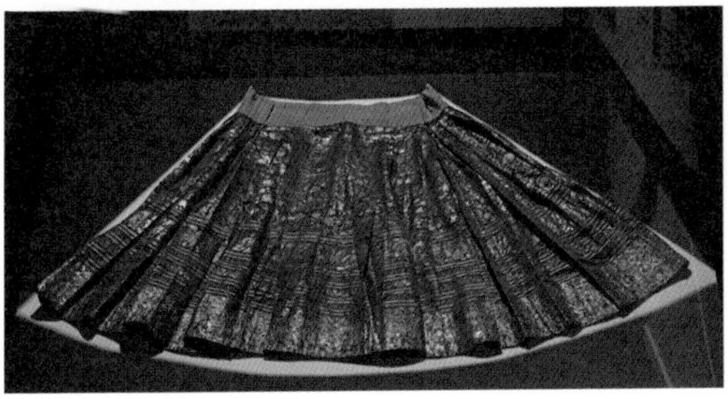

織金（谷大建攝）

該如何應付呢？如果只是不太重要的宴會、小集，挑衣櫥裡最好的衣服即可，它們通常用綢、絹、緞等貴重面料裁製；如果是與士人、官員同堂的大席，可以選擇向親友求助，也可以從專營租賃的商鋪租下兩、三套。

四、盛裝的收納和攜帶

娘子們如何收納、攜帶如此多衣飾？她們通常將衣飾和其他私人物品擱在衣箱中，由僕人搬運。更換衣飾之時，她們也不用親自動手收疊、翻看，而是由負責收疊衣裳的僕婦代勞。因此，判斷一位娘子到底什麼來頭，不能僅憑她的衣飾，因爲她可以咬咬牙，租一、兩套吉服，再掏五、六分銀子雇頂小轎。我們得看隨行僕人數量，即便當時人工較爲低廉，能一次帶幾名聰明伶俐的丫鬟和僕童出門也是相當不容易的。

五、盛裝的組成

㈠珠翠冠

(1)珠翠冠的形制

官員妻子的盛裝由珠翠冠、圓領袍以及革帶組成。珠翠冠又名珠冠、翟冠、鳳冠，是官員妻子規格最高的首飾，由冠胎、金飾件、珠翠飾件等構成。冠胎通常用細竹絲、銅絲等材料編成，呈圓框狀，下接口圈，表敷黑色絹帛，再用細金屬絲固定珠翠飾件，看著異常華美。

拿著包袱的小廝
如果衣飾較少，可用一方包袱裹好。
明萬曆年間陳昌錫著《湖山勝概》插畫局部

春遊歸來的隊伍
畫中的官員在出行時共帶了九名僕人，其中一人挑著盛有衣飾、遊具的提匣。宋，佚名繪《春遊晚歸圖》局部

珠翠冠的造型很容易受時尚潮流的影響。不同於明早期僅罩住髮髻、露出四鬢的樣式，女主人的這頂異常高大。它高約三十四公分，底部直徑約十九公分，如同男性巾帽那般戴在頭上，變大的冠身攏口圈同擴圍。爲了呈現更多巧思，工匠用翠雲（鳳冠上用翠羽裝飾的雲形飾件，詳見珠翠冠的解析圖）隔出寬十餘公分的區域，內飾各式珠花。遠遠看著像一塊裹在額頭上質感挺括的頭箍。

⑵金鳳簪

如果說珠翠飾件光彩奪目，那麼一對金鳳簪也毫不遜色。它的形體十分修長，通長約三十公分，堪稱簪中之最。和挑心、滿冠等大簪子一樣，鳳簪的簪腳扁平，於簪首連接處劃出一個優雅的弧度後向下延伸。這表明鳳簪的插戴位置——接近冠頂之處。

鳳簪是禮制的組成部分，設計必須遵循一定的方式。因此鳳簪簪首總擎著一片祥雲，托出一隻振翅的鳳。鳳鳥風姿秀美，高銜一掛珠結。

鳳簪也是唐代時尚在明代的延續。它源自唐代女性盛裝中口銜媚子（敦煌文書中稱鳳簪上懸墜的飾件爲「媚子」）的雀釵，奢美華貴自不必多說，五、六百年的滄桑又爲它增添了幾分歷史的厚重感。

女主人的珠翠冠
冠上珠翠飾件的數量和輿服制的規定有差異

髮髻上飾雀釵的盛裝佛教信徒

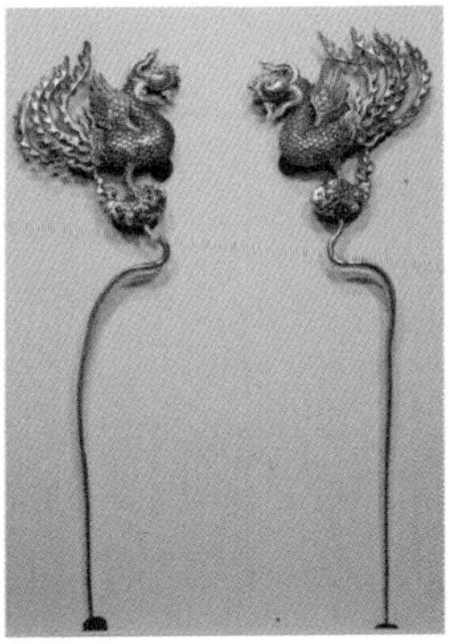
金鳳簪一對（川后攝）

不得不說，華人的骨子裡總藏著難以磨滅的復古情懷。

(3)珠翠冠的造價，貴婦也會心疼

簡單了解珠翠冠的構造後，不妨給它估個價。考慮到那對金鳳簪和鋪滿冠身的翠葉、翠雲，五、六十兩銀子大概足夠。黃金翠羽雖貴，但比頂級奢侈品珍珠也遜色許多。一粒上好的珍珠價值二十餘兩銀子；而優質南海珍珠，區區五十顆竟能開出五千兩銀子的天價。女主人沒有資格享用上好的南海珍珠，饒是如此，她的珠翠冠還是耗費了四百餘兩銀子。老太太的珠翠冠因選用更多上好珍珠，耗費竟高達一千餘兩銀子，相當於把整座豪宅頂在頭上，這就是男主人只給女主人攢造了一頂珠翠冠的緣故。他再怎麼有錢，也會心疼白花花的銀子啊！

(4)珠翠飾件的數量彰顯分明的社會地位

官員階層內部也存在金字塔。從九品到一品，可隔著好幾座「山頭」呢。如何凸顯不同品秩之間的區別呢？皇帝親自拍板：我們可以在金銀珠翠飾件上做文章。

制度規定：一品夫人的珠翠冠用珠結二個、珠翟五個、珠牡丹開頭（怒放的牡丹花裝飾）二個、珠半開三個、翠雲二十四片、翠牡丹葉十八片、翠口圈一副、裝飾口圈的金寶鈿花八個。二到九品命婦，翠葉、

孝潔肅皇后的鳳冠

嘉靖年間光祿正卿馮惟訥妻子的鳳冠

兩頂鳳冠表面均鋪數朵或藍或綠的翠雲，但皇后的鳳冠因裝飾了更多品質上乘的珍珠和寶石而更奢華

翠雲、寶鈿花、翠口圈等飾件的數量大致不變，但珠翟的數量依照品秩遞減。女主人這個五品官員的妻子，還能擁有三只珠翟；七至九品官員的妻子，便只配裝飾二只珠翟了。

透過在數字上大做文章，各個等級被安排得淸淸楚楚，一望即知。能夠做出如此簡潔又嚴密的設計，恐怕不會有第二個國度了。可爲何女主人的珠翠冠上用了五只珠翟呢？這是因爲在明代中晚期，崇尚奢華的世風令逾越規制的現象屢見不鮮。

僅罩住髮髻的珠翠冠
出自《故宮博物院藏文物珍品大系——明清肖像畫》

(二)金鑲玉葫蘆耳環

打開女主人的妝奩，裡面的耳環琳琅滿目。八珠、梅花、燈籠、壽字、喜字、樓閣、人物，種種構思層出不窮。但它們統統不如葫蘆耳環受歡迎，因爲葫蘆多籽又諧音「福祿」。爲了與珠結相映成趣，女主人挑了一對金鑲玉葫蘆耳環。它有著

金鑲珠玉葫蘆耳環佩戴示意圖

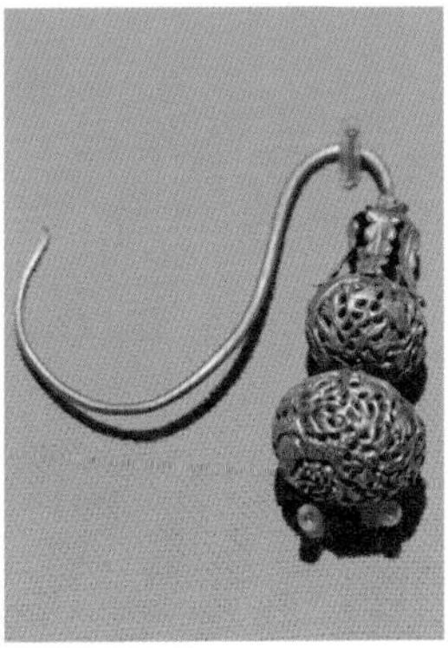
金玲瓏葫蘆耳環
（谷大建攝）

金葫蘆耳環
（松松發文物資料君攝）

異常誇張的S形環腳，以兩粒鏤雕白玉珠相綴成葫蘆，又有幾枚金葫蘆葉覆頂托底，兩粒白玉珠間再束一圈串成連珠的小金珠，造型大氣又不失雅致。

㈢大紅五彩織金妝花四獸朝麒麟通袖緞袍

(1)女袍的結構

女袍和男袍的結構相似，但是袍身兩側大相徑庭。男袍袍身兩側開衩後作褶，之後又發展出外擺。女袍袍身兩側原本直接開衩，直到明中葉才在腋下作褶。女袍的褶共兩對，從腋下一直延伸到袍底擺，它們均上深下淺，僅有上端被釘在衣襟上。透過這個結構，袍身自腋下開始外擴，如同半打開的摺扇。

(2)雲肩通袖膝襴

與影視劇妝造中隨意使用的花紋不同，圓領袍採用了雲肩通袖膝襴這種規整的框架對紋樣進行布局，提升了女主人雍容莊重的氣質。雲肩是

孔府舊藏綠紗女袍（谷大建攝）

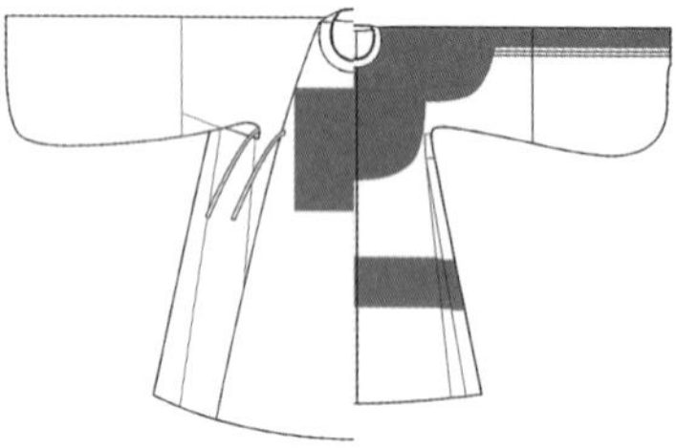

男女圓領袍的區別：左為男袍，右為女袍

大紅通袖袍（谷大建攝）

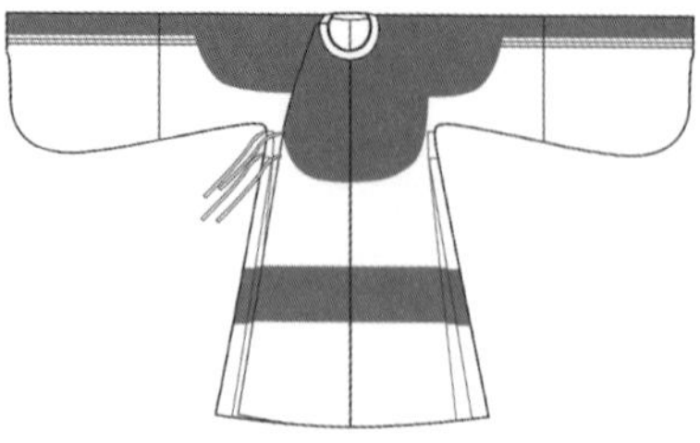

通袖袍形制示意圖，陰影部分即為雲肩、通袖、膝襴

環繞領口、覆蓋前胸後背以及雙肩的四瓣團窠，狀若柿蒂；通袖是位於袍兩袖的橫向帶狀裝飾區，內飾紋樣相對簡單且多與雲肩相呼應；膝襴亦爲橫襴，只是裝飾的位置從兩袖上方轉移到前後襟靠膝蓋處。

雲肩內的紋樣（谷大建攝）

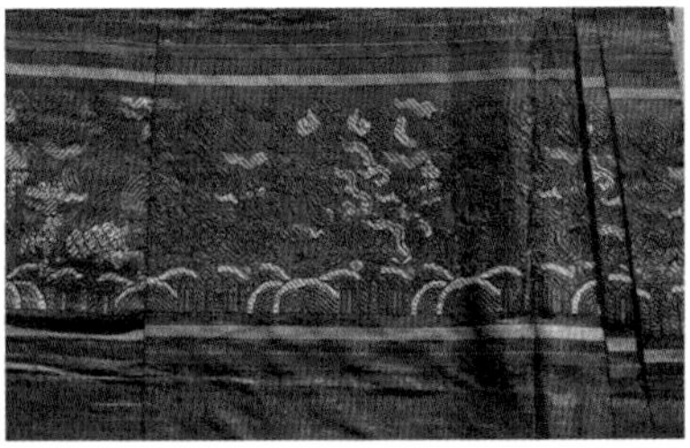

膝襴內相對簡潔的紋樣（谷大建攝）

(3)主題紋樣，四獸朝麒麟

確定了安放紋樣的框架，接下來要填入紋樣。透過袍的名字便可以猜出主題紋樣爲麒麟紋，只是按照基本構圖方式，麒麟紋不會單獨出現。先用輔助紋樣海浪勾勒雲肩，洶湧的海浪拍打在山峰上，包裹著古錢、金錠、花卉等雜寶，上方還翻滾著四色祥雲和錯落的繁花，顯得氣勢磅礡。經過一番鋪陳，四隻麒麟臥在前胸、後背、雙肩，它們均被小麒麟、老虎、獬豸、獅子四隻小獸拱衛，如同君王一般。

(四)金枝綠葉百花拖泥裙

搭配大紅通袖袍的是百花裙。此類裙子因裝飾各色花卉的裙拖而得名，是飾有橫豎纏枝花裙襴的長裙的延續。它以提花工藝織成的折枝梅花和牡丹爲底紋。花枝遒勁蜿蜒，花間蜜蜂飛舞，襯著緞子獨有的光澤，顯得十分清麗。裙子下方織兩道粗線，劃出帶狀裙拖區域，隔絕了花枝的蔓延。裙拖內以織金妝花工藝織成庭院小景。扁金線用來勾

百花裙的裙拖
紋樣為作者參考青州博物館藏房氏容像、龔鼎孳夫人容像等設計

邊，勾勒出太湖石和花鳥的輪廓；又以扁金線顯花，織出俯仰高下、疏密斜正的花枝。各色絲線則透過妝花工藝織出嶙峋怪石、繁花綠葉以及飛舞的孔雀，很是奢華。

㈤掏袖，精緻的裝飾

裝飾裙拖的庭院小景亦能在方寸間施展，不信可看掏袖。掏袖是袖子的緣邊，可裝飾或繁或簡的圖案。若單看繡在白色掏袖上的長安竹，設計感的確不強。但襯著百花裙，長安竹非但沒被湮沒，反而完美地演繹了那首〈織錦詞〉：「蝶使蜂媒無定棲，萬蕊千花動衣袖。」

㈥寶石鬧妝，不可或缺的配飾

「鬧妝」並非誇張的妝容，而是指鑲嵌了各式珠寶的革帶。它的樣式與男主人的革帶相同，佩戴方式也如出一轍。

㈦玎璫禁步

禁步是服飾中難得聲色俱全的配飾。因走動時飾件互

刺繡折枝長安竹

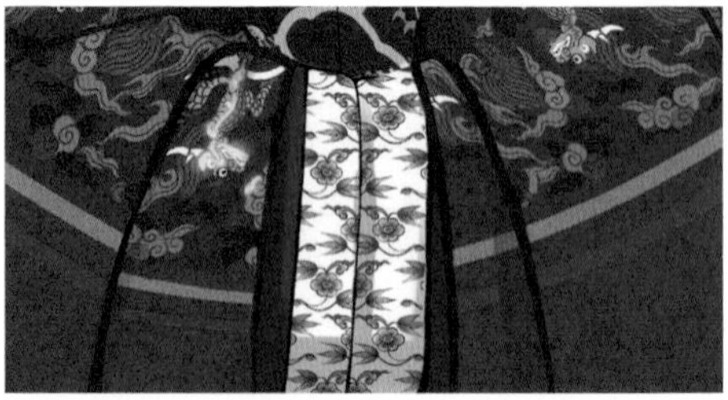

繡花掏袖

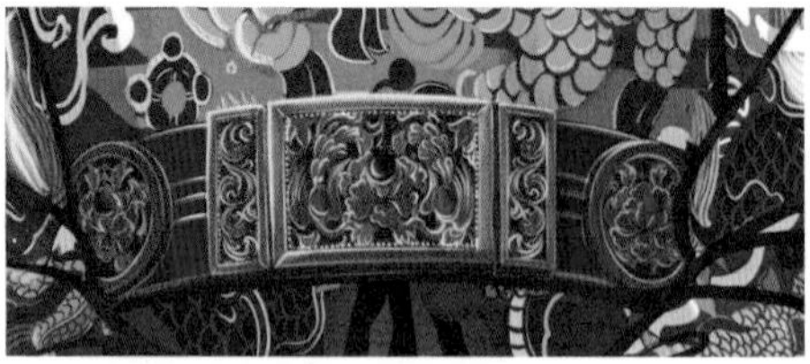

女主人的寶石鬧妝
帶上裝飾孔雀穿牡丹或折枝牡丹的紋樣

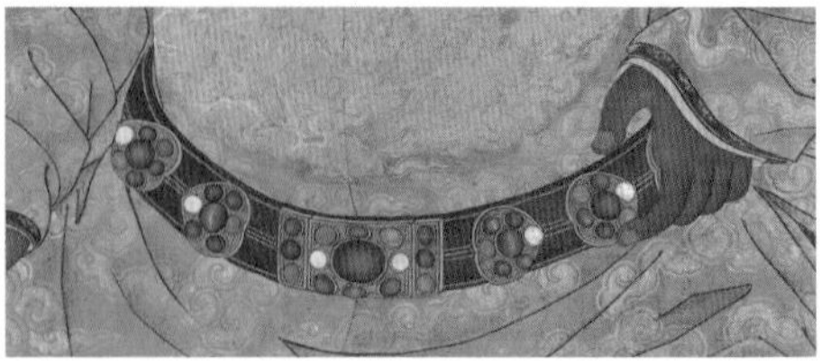

寶石鬧妝
明宣宗坐像局部

相碰撞，發出「叮噹」的清脆聲響，故又被稱爲「玎瑲禁步」。一副完整的禁步共計兩掛。頂端飾荷葉形提頭，提頭底部有四個鼻環，分別繫著四根絲線。每根絲線上均串綴著絲穗、盤長以及百物形飾件，它們可以是桃實、鴛鴦、慈姑葉、金魚和秋蟬等。

禁步的飾件雖種類繁多、用材不拘，但總以玉葉爲主要裝飾，估計是取「金枝玉葉」的寓意來凸顯佩戴者的高貴。既是彰顯尊貴的配飾，它便只能用於皇室宗藩、勳貴官員妻子的盛服。士庶女性哪怕腰纏萬貫，也只有眼饞的分兒。

六、盛裝到底該怎麼穿？

女性的盛服同官員常服一樣，也是層層疊疊、搭配有致。與日常裝束相同，先穿好抹胸、小襖、褲、裙、膝褲，然後在小襖外疊穿一、兩件比圓領袍短的襖衫。襖衫用色不拘，花樣不拘，但襯在圓領袍下的以青色襖衫居多。這種搭配程序可能是明早期女袍內襯青色褙子和緣襈襖的傳承。

那麼，襖衫到底是內穿還是外穿呢？襖衫是尋常日子裡外穿的基本款，怎麼又成了內衣？其實，除了貼身內衣以及外套，很多衣服在穿搭中的位置並不固定。到底內穿還是外穿，全看它在特定搭配中的

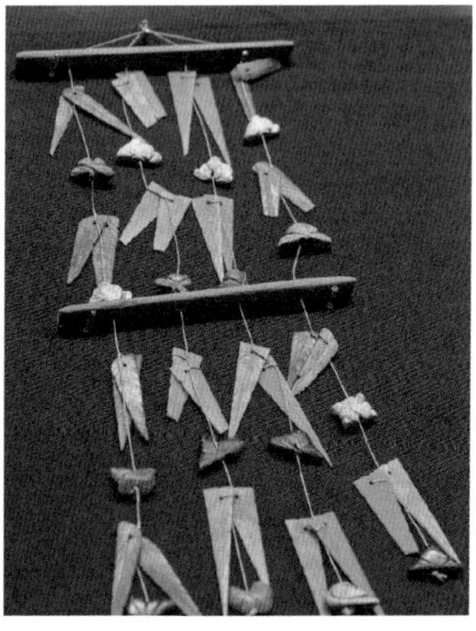

有殘缺的玉禁步（核桃蛋攝）

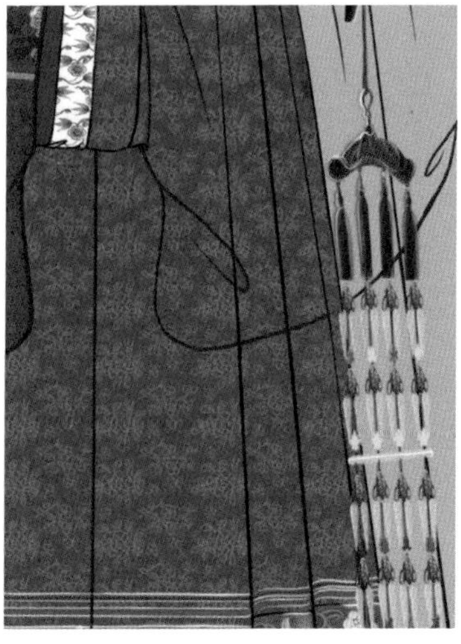

用絲線拴在鬧妝上的禁步（根據清宮舊藏、定陵出土的禁步繪製）

規格。毫無疑問，青色豎領襖的規格低於圓領袍，因此在盛服中只能做圓領袍的內襯，圓領袍雖在盛服中是外穿的，但規格又比大衫低，故在禮服中只能做大衫的內襯。

百花裙的底紋

青色豎領襖的底紋——萬古如意紋

襯在圓領袍下的青色豎領襖

大紅通袖袍的底紋——
纏枝西番蓮，在明中前
期一度禁止士庶使用

官員妻子的盛裝：珠翠冠、圓領袍、革帶、禁步

官員妻子的第二套吉服

一、寬衣，上廁所的雅稱？

行完見面禮後，眾娘子按尊卑依次入座。剛寒暄了幾句，坐了主位的老太太邀請冠帶整齊的男主人出來相見。禮畢後，女主人邀請眾人到房中寬衣。替女主人梳妝的插戴婆已在上房臥室內等候。她服侍女主人脫掉盛裝，又麻利地挑了一頂金梁冠、一副金鑲寶玉頭面和一套裙襖讓女主人過目。由此可知，「寬衣」並非現代人認爲的上廁所，而是脫掉盛裝，換上規格較低的吉服。

二、金梁冠

婦女戴冠的風氣可追溯至唐代，但在明代，女性的冠又發展出新的設計理念。婦女們會效仿男性戴蓮花冠、偃月冠。此類男女冠最大的區別在於冠的尺寸——相比男性的束髮冠，女冠通常是偏大的。

另一類則是女主人的金梁冠。冠體壓出五道梁，冠底部的前後、兩側及正中均留有小孔，供一整副金頭面插入。顯然，它還可以被稱爲金䯼髻。有人會有疑問：䯼髻不是用金銀絲、頭髮等材料編織的，外面再覆一、兩層皂紗的髮罩嗎？怎麼又改用金銀錘揲而成呢？

大小不及程氏金冠一半的琥珀偃月式束髮冠（核桃蛋攝）

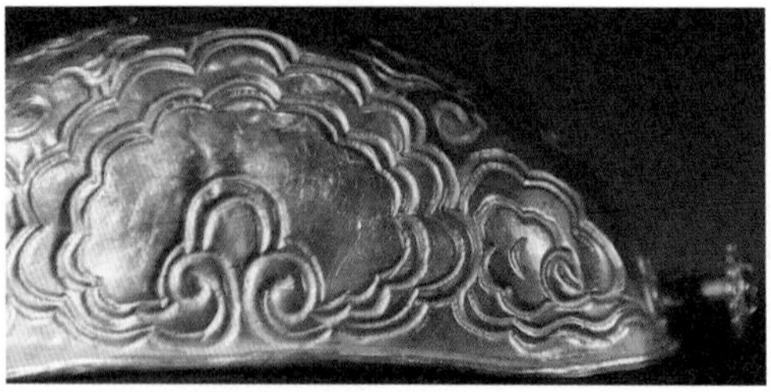

黔國公沐晟妻程氏墓出土的金冠
長 14.3 公分，寬 5.6 公分（核桃蛋攝）

打造金梁冠的銀匠可以滿足我們的求知欲。他面帶窘迫，磕磕巴巴地講述著往事：我學有所成的那年，追求奢靡的婦女們拋棄了鬃毛、篾絲，開始爭相用銀絲編織鬏髻；十年之後，有人爲了炫富，開始用金絲編織鬏髻；嘉靖三十五年（一五五六年）前後，追求時尚的人們厭倦了金銀絲，乾脆直接用金銀打造；如今，又有人嫌棄隆慶年間（一五六七～一五七二年）流行的三道梁太少，定要在髻上飾五道甚至七道梁。

金梁冠和金鑲寶觀音分心
冠體上的梁只是單純的裝飾，並不像梁冠的梁那般有辨明官員品秩高低的作用，嘉靖晚期開始流行

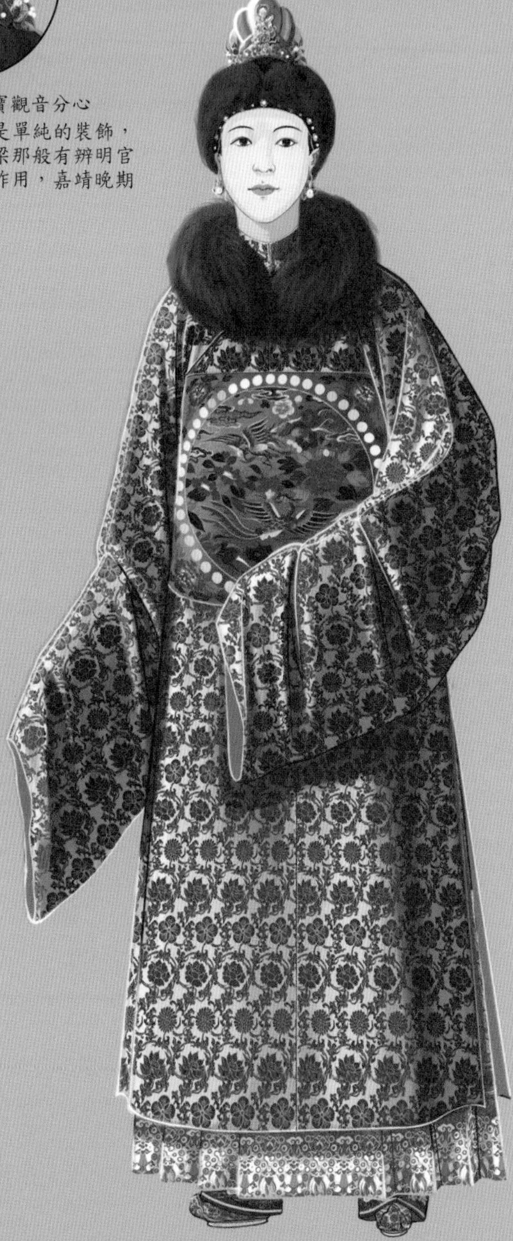

女主人寬衣後換上的吉服

三、大紅緞子遍地金喜相逢天圓地方補子襖

搭配金梁冠的是大紅緞子遍地金喜相逢天圓地方補子襖。相信不少人已發現襖子的不尋常之處——「喜相逢天圓地方」，它描述的其實是補子的構圖方式。按外形區分，補子大致分方形和圓形兩種，而「天圓地方」則是兩者的結合。不過它不是將兩塊補子摞在一起，而是用圓圈將一塊方形補子分割爲內、外兩個裝飾區域。

說起主題紋樣的構圖方式，我們得了解這樣的細節：瑞獸獨自蹲立，祥禽相伴而飛。前者可以參考男主人常服上的獅子補，此處不再贅述；後者是指禽鳥成對，呈迴旋飛舞之勢。這樣的布局方式有個好聽的名字，叫「喜相逢」。

天圓地方補子

「喜相逢」從陰陽魚太極圖中衍化而來，是一種兼具規矩和動感的圖案。它最大的特徵是用一道S形線條，將補子一分爲二。補子上方彩織徐徐降落的彩鸞，尾翎狀若卷草，拖著一縷綿延的雲氣；補子下方一隻鳳鳥乘風而起，尾翎呈火焰狀，剎那間照亮四周，光芒將碧波都染透。此番光景充滿吉祥、喜悅的歡樂情感，用「祥藹盈庭」來形容再恰當不過。

四、翠藍寬拖遍地金裙

㈠何為寬拖？

若想了解寬拖裙，得從明中期風靡一時的膝襴裙談起。裙子之所以以膝襴爲名，不過是在膝蓋附近裝飾一道橫襴。但膝襴並非是裙子唯一的修飾，裙子底部還有一道裙拖，只是相對細窄，花紋也較爲簡潔。

女裝步入長衣時代後，膝襴長時間隱藏在襖衫內，失去存在的必要。而位於底部的裙拖得到了人們的關注，慢慢踵事增華。它原不超過七公分寬，後來拓寬至十餘公分、二十餘公分，甚至創下寬至三十四公分的紀錄，被稱爲「寬拖」理所當然。

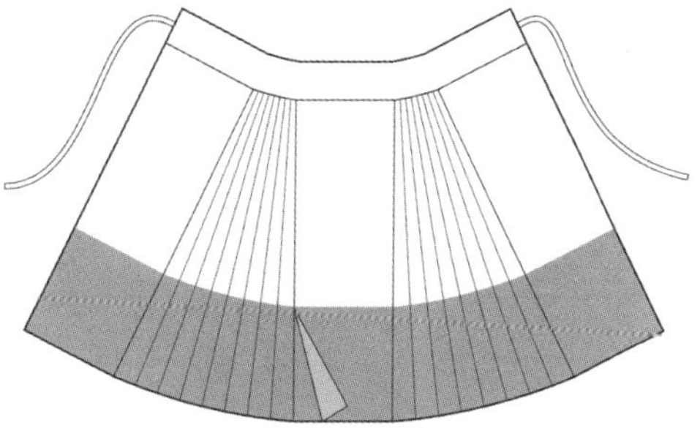

寬拖裙形制示意圖
裙拖幾乎占了整條裙子的三分之一

㈡華美的紋樣，瓔珞出珠碎八寶

寬闊的裙拖給予人們前所未有的裝飾空間。我們幾乎能在這裡看到所有能想到的紋樣，其中最經典的，當屬瓔珞出珠碎八寶。瓔珞原爲印度神佛和貴族身上的裝飾，隨佛教傳入中國後，又添入如意、方勝、珊瑚、萬卷書等雜寶，最終成爲華美的世俗裝飾。

相比嚴肅端莊的宮廷，民間不太講究節制和適度，緊跟潮流風向才是

膝襴裙
出自解縉等撰《古今列女傳》

身披瓔珞的水月觀音
北京法海寺壁畫局部

另一種瓔珞紋
在鈴鐸、羽葆、琉璃珠的基礎上組合了如意、古老錢、金錠、錦葵和梅花

裙拖上裝飾的瓔珞紋

一貫的做法。故一時的美麗並不意味著經典，承載吉祥的寓意才是紋樣長盛不衰的訣竅。正因如此，象徵事事如意的如意，暗示財富的古老錢，寓意富貴的牡丹，代表聖潔的蓮花，以及代表佛之說法廣被大眾的法螺等紋樣，才會在近千年的時光流逝中避免淪落爲明日黃花。

集四季花為一體的遍地金「一年景」

㈢遍地金，高調而奢侈的工藝

僅將裙拖裝點得精美還不夠。裙拖以外的大片素淨區域被扁金線鋪滿，只餘緞子原本的紋路在金光中呈現出「一年景」的輪廓，繁麗耀目到了極致。這種金底起暗花的工藝被稱爲「遍地金」，是萬曆時期最流行的裝飾。

官員妻子的第三套吉服

三更時分，老太太執意起身，穿著燈景（燈籠紋或燈籠組合其他題材的花紋均稱燈景）襖子的女主人只得送到大門首。遮了攔門酒後，她命小廝放起兩架煙火。

這件在筵席進入尾聲時換上的金地緙絲燈景對襟襖是男主人從京城帶回來的，頗具宮廷風範。襖子的風格很是富麗。清瘦嶙峋的太湖石矗立在繁花和雜寶中，勾勒出雲肩通袖的輪廓。雲肩內緙織五掛高高架起的燈籠，燈籠下妙人駐足。她們均梳墮馬髻，穿著圓領短衫和曳地長裙，臂挽披帛，或捧各式雜寶，或觀賞花燈，姿容分外嫻雅。這種花樣實在是太新穎了！就連挑剔慣了的老太太也緊盯著它，看似漫不經心，實則一直在打聽它的來頭，尋思著年節過後便命人也尋一件。

金地緙絲燈籠仕女對襟女衫衣料
出自《北京文物精粹大系》編委會、北京市文物局編《北京文物精粹大系．織繡卷》

金地緙絲燈籠仕女對襟女衫衣料局部之二

金地緙絲燈籠仕女對襟女衫衣料局部之一

場景十三　官場大會

在一番穿針引線之下，新上任的巡按決定屈尊蒞臨男主人的宅邸。男主人接到消息，卯足了勁做全套準備，唯恐禮數不周，怠慢了貴人，耽誤了前程。

插桌是點心鋪專爲高規格筵席製作的、插裝在桌邊的配桌。它分供食用的吃桌和供觀賞的看桌。製作者會在桌子上擺放漆架，將菜餚擺成高高的浮屠塔狀；也會將糖點製成山水人物，上面裝飾精美的絹帛花卉。這些食物被稱爲飣餖，發揮裝飾的作用。筵席結束後，主人通常會將插桌拆下來送給主賓。

明，于慎行繪《東閣衣冠年譜畫冊》局部（王軒攝）

官場大會流程圖

喜從天降，榮獲宴請達官貴人的機會 → 主人定插桌、搭彩棚，做其他一系列宴請準備

↓

開筵當日，主人五更天起身做最後的準備 → 主人著青衣冠帶，早早站在儀門外迎接

↓

貴人著盛服，於大門口下轎，被簇擁著進大廳 → 賓主雙方依尊卑相互行禮

↓

寬去盛服 → 主人向貴人、其餘賓客獻茶

↓

吃茶完畢，再次奏鼓樂，替貴人簪花，彼此遞酒安席

↓

廚役獻第一道湯飯和大割，教坊司伶官獻歌舞 → 戲子呈上戲文手本，貴人吩咐搬演

↓

一兩折戲之後，貴人便要起身，主人款留不住，眾人將其送出大門

↓

主人送下程（送別時的饋贈）以及記錄明細的手本至貴人宿處

↓

天色尚早，主人吩咐收拾餐具、陳設，將餚饌攢在一起與親朋繼續應酬

官場大會的服飾

一、官員的盛裝一定是吉服？

莫笑男主人一臉緊張，官場禮儀比女性的交際更加繁縟。女主人很不服氣：著裝規則都是相通的，吉慶場合穿吉服，喪葬場合穿凶服。宴請巡按，肯定得穿大紅補子圓領。按常理，女主人講得一點都沒錯。不單官場大會，地方官員升職、祭祖、生意開張、祝壽、拜節，常朝官員拜冬、南郊（京都南面的郊外築圜丘以祭天的地方）、省牲等場合均會如此穿著。

二、青衣冠帶，官場用來諂媚的「妙招」

爲了討好巡撫、巡按，地方官員不顧體面，選擇了青衣冠帶，令周全的規定最終走樣。這裡的「青衣」不是青色衣衫，而是不綴補子的青色圓領袍；與之搭配的革帶也不是男主人平日束的萌金茄楠香帶，而是烏角帶。

現代人感到疑惑，少了塊補子怎麼就不體面了？因爲圓領袍若少了補子，就成了觀政進士、庶吉士的制服。原來地方官員是透過服飾來貶低自己，以博取巡

地方官員的吉服——大紅補子圓領

穿青色圓領袍、束黑角帶的庶吉士和小吏
明，于慎行繪《東閣衣冠年譜畫冊》局部（王軒攝）

撫、巡按的歡心。不過他們始終無法回避這樣的尷尬：青衣又稱青素服，與黑角帶一道，是用於國喪、忌辰、重大自然災害期間修省的凶服。喜慶場合穿凶服，到底是什麼意思呢？

三、鼓樂聲中簪金花

有一樣飾品在官場大會中必不可少，那是一對花枝。這可把現代人嚇了一跳：男人居然會在眾目睽睽之下戴花？而且可以戴不止一朵？是要凸顯少年郎的美貌嗎？男主人樂了：這花壓根不是給小少年戴的，而是新巡按享受的殊榮。到底是誰想出來的奇怪禮儀？答曰：宋人。宋代官吏一般將花朵插在襆頭巾帽兩側。這種簪花方式叫簪戴。因是國家禮儀的重要組成部分，所戴花朵的外觀、品種、材質、多寡均會圍繞尊卑做出細緻的規定。到了明代，人們對簪戴的狂熱削減了很多。它的適用場合收縮到慶典和高規格筵席，專門用來表達人們內心的喜悅。

穿大紅補子圓領袍、簪花的官員
明，于慎行繪《東閣衣冠年譜畫冊》局部（王軒攝）

難倒新人的官場禮儀

官場大會中，寬衣是士人、士大夫在筵席上躲不開的禮儀環節。不同於女性被引至臥室寬衣，男人們通常在大廳上完成這一禮儀。出身庶民的職場新人往往不知道穿脫常服要遵循特定的順序，也不知道如何佩戴革帶。明代官場可沒有現代職場那般和善，弄錯了定要承受鋪天蓋地的嘲諷。以下便是正確的脫常服順序：

第一步，解下革帶，脫掉補子圓領，換上便服。

第二步，摘掉烏紗帽，換上冠巾。

第三步，脫下粉底皂靴，換上鞋履。

那麼，穿常服的順序又是怎樣的呢？爲了不鬧笑話，請務必記住穿常服正好和脫常服的順序相反，依次爲穿靴、戴烏紗帽、穿圓領袍、繫革帶。

男主人一臉愁容：倘若忘掉了該怎麼辦呢？不用擔心，學官場老油條那般氣定神閒地伸手，理所當然地享受長班（官員身邊隨時聽使喚的僕人，又稱長隨）的伺候。身爲特權階層中的一員，哪裡需要記這些瑣碎的事情。

不要以爲弄懂寬衣順序就能安安穩穩地吃完酒席了。還需要牢記更換衣服的次數，抑制住炫耀衣飾的欲望。通常來講，男人在筵席中換一次衣服就足夠了，超出約定俗成可是要被嘲諷的：一個男人怎麼可以比女子還愛美呢？現代人半信半疑：多換幾次衣服也會遭到攻擊？你別不信，南方士林爲了攻擊張居正窮奢極欲，曾散布他在一次筵席中更換了四套衣服的謠言。

正在穿常服的官員
萬曆二十五年（1597 年）汪光華玩虎軒刊《琵琶記》插圖

場景十四　市井庶民舉辦的盛宴

十一月某一天，商人張某爲感謝男主人的關照，特地擺酒答謝。席間，男主人戴忠靜冠、穿紫絨獅補直身、白綾道袍，獨自坐了首座；他的西席李秀才戴方巾，穿綠緞道袍，坐了另一張桌席；而張某則戴一頂新盔（新盔即新做的意思）的大帽，穿沉香色衣撒，繫一柄鍍金嵌寶龍首條鉤，陪坐末座。

寬衣，被省略的筵席禮儀

與縉紳的筵席相比，市井庶民的正式宴飲最明顯的不同是省略了寬去禮衣的環節。這意味著市井庶民無法享受菁英階層的禮節，也沒有資格擁有常服以及襴衫，只能將時裝充作吉服。這就是「禮不下庶人」。由此可見，受規矩約束並不都是壞事，它有時象徵著絕大多數人難以觸及的權利和榮耀。

官員的吉服

一、紫絨獅補直身

勳貴官員蒞臨某些吉慶場合，尤其是其他參與者僅爲庶民的場合時，穿常服過於隆重，穿便服又太過輕慢。具有半正式意味的吉服，恰能化解處於模糊地帶的尷尬。說到吉服，不少人會將它和雲肩通袖膝襴畫等號，其實補子也是吉服的常用裝飾。男主人穿獅子補直身，不僅能體現尊貴的身分，還能爲筵席增添幾分喜慶和熱鬧的氛圍。

二、紫絨獅補直身的搭配

前文曾提過許多衣服的穿搭位置並不固定，豎領襖衫如此，道袍亦如此。道袍和直身都是便服，本沒有什麼高下之分。可道袍遇到了紫絨獅補直身竟然低了一頭，做了它的襯衣。這種變化源自直身上的獅子補。它和現代軍人的領章、肩章有相似之處，能彰顯著裝者的社會地位。將官員的身分地位凌駕於士庶之上的現實延伸到服裝上，便成了綴補直身的規格高於不綴補的道袍、直身以及襖衫了。

貼身穿小襖

襯以白綾道袍

士人的便服

一、方巾

按照社交禮儀，士人與士大夫、武官或佐雜官、小吏進行日常交際時，可以只穿便服。士人最經典的首服（泛指冠、巾、帽）當屬方巾。方巾又稱四方平定巾、四角方巾，其頂平整，略大於底部，巾體呈倒梯形，整體風格老成持重。方巾是士人身分的象徵。民間一直都有「蔭襲巾」的說法，即一人金榜

最後穿官員的吉服：黑絨忠靜冠，紫絨獅補直身

題名，宗族姻親都跟著擠進了文人階層，紛紛脫掉小帽改戴方巾。

透過民間傳說，不難看出士、庶兩個階層之間難以逾越的鴻溝。士人有很強的優越感，不屑於和庶人同伍，服飾也與庶人涇渭分明。倘若父兄並無功名，自己也不是醫生、星士、相士，硬要僭越戴方巾，就爲世俗所不容了。

二、綠緞道袍

道袍流行於隆萬年間，其制交領右衽，領口常綴白色護領，衣身兩側開衩接擺。擺透過作褶、拼接等方式製成，折回後固定在後襟內側。這樣的結構使得裡衣不輕易外露，便於行動的同時，爲著裝者平添幾分儒雅。道袍獨一無二的美征服了男人的心，在很短的時間內，道袍取代了貼裡，成爲最風雅的男裝。

對角戴的方巾
元末明初，謝環繪《香山九老圖》局部

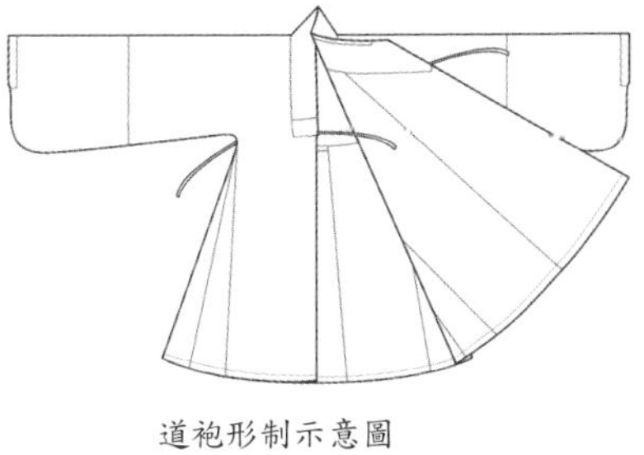

道袍形制示意圖

葛紗道袍（谷大建攝）

庶民的盛服

一、大帽

大帽是一款很常見的首服，它的結構和竹編斗笠有些相似。只因古人在頭頂梳髻，所以帽體比斗笠更加高聳。大帽的歷史十分悠久，可以追溯至秦、漢。那時，它還叫席帽，用來遮陽擋雨。中唐憲宗時期（八〇六～八二〇年），席帽以氈代藤，變換了長安城貴族和普通市民的頭上景觀；太和（八二七～八三五年）末年，厚重的氈帽過了氣，以絲綢做的輕巧疊綃帽流行起來。與席帽相

巨大的黑色席帽，可用於遮風擋雨
明，戴進繪《達摩祖圖卷》局部

戴席帽的唐代騎馬女子

裁帽和席帽
明，佚名繪《七子度關圖》局部

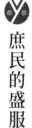

關的時尚絕非只此兩例。北宋朝廷爲彰顯官員地位，頒布了「重戴」的規定：中丞、御史、六曹郎中等高官戴裁帽，員外郎及以下的低階官員戴帽檐周遭不掛黑紗的席帽。然而，不管席帽如何變化，都不脫遮蔽風塵的功能。

直到元代，大帽的用途才出現根本性變化。達官貴人、鐘鼎人家爲了炫耀，會在帽子上裝飾華麗的帽頂和帽珠。到了明代，除繼承實用性功能，大帽還成爲中下階層的禮服。舉人會穿戴大帽與州縣長官應酬，武官、校尉以及捕快等戴大帽見上峰；市井庶民亦將它做爲正式的首服，廣泛用於拜訪尊長、迎娶、祭祀、宴飲等場合。

飾寶石帽頂的纏棕大帽
鑲嵌寶石的底座與明中前期相比更加高聳秀氣

梁莊王的寶石帽頂
靠底座上的小孔縫在大帽頂部
（圖片由松松發文物資料君提供）

裝飾帽子的寶石帽頂和帽珠
元文宗太子雅克特古思像局部

二、衣撒

衣撒又名一撒、曳撒，繼承自元代。其腰間作襞積，下半身前方狀如女裙，正中形成馬面；後身則上下通裁，兩側接雙擺。

衣撒原是上流社會的燕閒之服，到了明中期才以更正式的身分——吉服出現。這種服飾的地位突然提升和皇帝的離經叛道分不開。正德十三年（一五一八年），武宗自宣府車駕還京。他在途中賜下衣料，令文武百官穿新裁的衣撒、大帽、鸞帶接駕。皇帝的一時任性意外獲得了士大夫們的支持。他們設宴聚飲，無不以衣撒爲時尚，儒服反而受到冷落。

正所謂「上有所好，下必甚焉」，不具備獨立審美能力的市井庶民接觸到新風尚之後竭力模仿，從而形成了新潮流。不過萬曆中期以後，穿衣風格刪繁就簡，愈來愈多人懶得折騰，他們通常挑幾匹上好衣料，做一、兩身時裝應付了事。

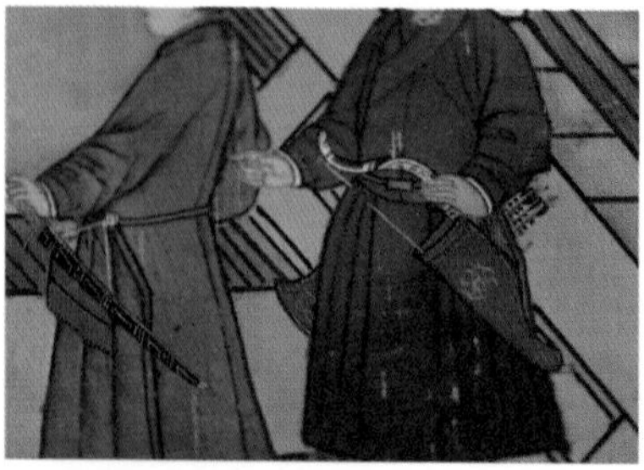

穿衣撒的內侍
明，佚名繪《四季賞玩圖》局部（圖片由松松發文物資料君提供）

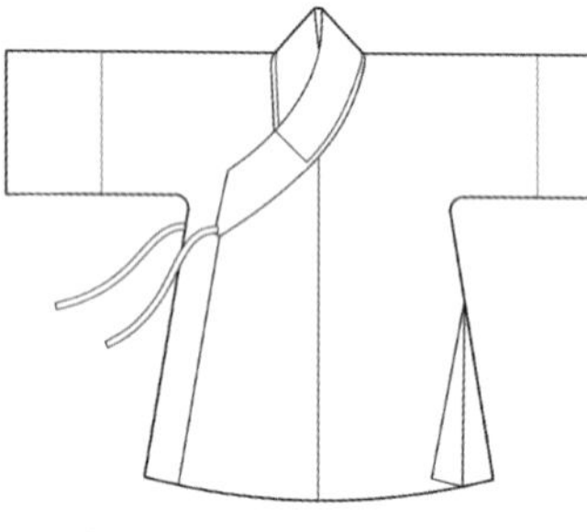

穿在衣撒內的汗衫形制示意圖

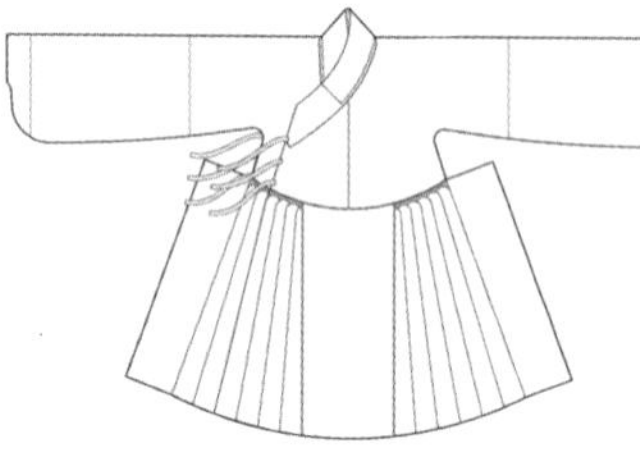

衣撒形制示意圖（正面）

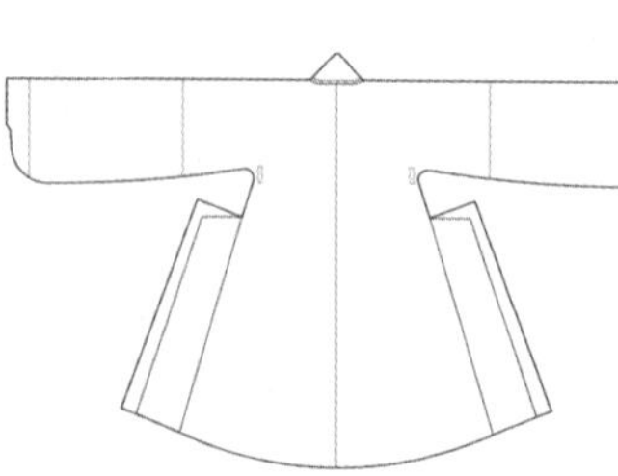

衣撒形制示意圖（背面）
（作者根據明代佚名繪《出警圖》等古畫猜測繪製）

三、鍍金嵌寶龍首條鉤

條鉤繫於腰間，是獨屬於男人的飾品。它一端彎曲爲鉤，將條兒牢牢鉤在彎曲的細頸處；另一端在背面隱藏圓紐，纏著條兒的另一頭。由此看來，條鉤繫上和解下的訣竅在於套在鉤首的條兒，條鉤的流行與條兒的廣泛使用分不開。

若不是嫌棄以花結爲飾的條兒太過簡樸，富貴人家也不會用一枚鉤子來勾繫，他們不講求風雅，多挑選黃金、珠玉和寶石來製作，以奢華爲第一要務。一番裝飾後，身形小巧的條鉤散發著富貴閒人的闊綽氣息，爲市井小民深深渴望。究其價值，它至少能租來大街上的一處二進小院落了。

市井庶民的盛裝

衣撒的底紋，方勝螭虎紋

明，金鑲寶龍首條鉤
萬貴夫婦合葬墓出土（圖片由松松發文物資料君提供）

場景十五　市井婦女主持的盛宴

就在男主人外出這天，女主人被邀請去吃滿月酒。我們才有了細細打量體面市井婦女盛裝的機會。只見邀請者，姑且稱她爲杜氏吧，頭上墊出一絲香雲，戴著新編的銀絲䯼髻，周圍插碎金草蟲啄針，額上勒羊皮金沿邊的銷金箍，耳邊戴一對金丁香。她身上穿著綠閃紅緞子對襟襖和黑色緞子披襖，披襖飾歲寒三友泥金眉子，織金掏袖，腰繫一條白杭絹點翠畫拖裙，胸前擦帶銀三事擦領兒，格外精緻明麗。原來城鎮中也有不少過得還算體面的小市民，她們的盛裝雖只是女主人的日常裝扮，但也不是我們想像中的寒酸模樣。

體面市井婦女的盛裝

市井體面婦女的盛裝

一、金草蟲啄針

因家中生意大有起色，杜氏特意毀掉了老舊的扁圓䯼髻，新編了一頂銀絲扭心䯼髻。遺憾的是她不能再購買華麗的頭面，只能挑選幾對金草蟲啄針戴著。

啄針是頭面中的配角，簪腳狀若銀針，尤爲纖細。將簪子呼作草蟲，不過是因爲取用了螽斯、蝴蝶、魚蝦等蟲類動物形象裝飾簪首（在明代，魚蝦被歸於蟲類）。它們是最具生活情趣的題材，雖爲小件，卻雕琢得栩栩如生。

杜氏插戴的啄针
包括一對螽斯（蝈蝈）啄针、一對螃蟹啄针、一支蝴蝶啄针

狀若饅頭的扁圓銀絲䯼髻
武進王洛家族墓徐氏墓出土
（圖片由松松發文物資料君提供）

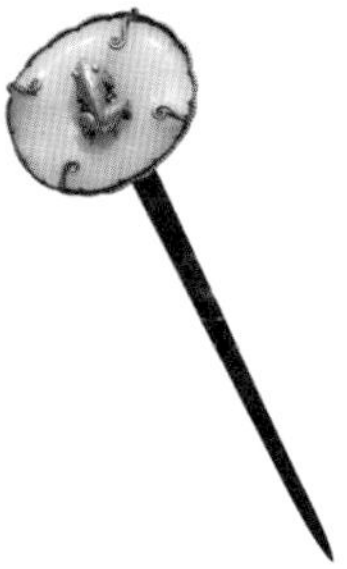

金鑲玉草蟲簪（川后攝）

織金掏袖，裝飾紋樣是朵雲和朵梅

二、草蟲與吉祥物語

草蟲簪點綴在頭上並非只圖精巧別致，討個吉祥也很重要。螽斯繁殖力很強，象徵多子多孫，杜氏插一對合情合理。而螃蟹圖案又該做何解釋呢？螃蟹和科舉考試有關。單隻螃蟹象徵「一甲」，懷抱蘆葦，寓意「一甲傳臚」。傳臚是在皇極殿舉行的殿試放榜儀式。殿試列第一甲者，即狀元、榜眼、探花，進士及第對於絕大多數家庭而言是至高無上的榮耀。由此可見首飾題材的意義。它的運用往往與特定場合相呼應，用蘊含約定俗成含義的圖案表達對美好未來的憧憬。

三、銀三事搽領兒

搽領又稱墜領，與禁步、七事一樣同屬雜佩。它搽帶在胸前，尺寸較其他雜佩略小，風格有繁有簡，選用哪種由所配服飾決定。倘若搭配吉服，紛繁靡麗不輸七事；倘若只是搭配便服，可以去掉浮華。杜氏這掛三事搽領兒是式樣簡潔的一種，不過設計依然講究。它的頂端打個銀如意雲頭做花題，依靠繫在花題上的絲繩套在紐扣上。花題上伏一隻橫行介士（螃蟹），底部附環三枚，左右兩枚用銀鏈各繫一只紫琉璃天生茄兒，當中繫一枚古老錢，下方掛一根鏈子，底部拴著挑牙和耳挖。

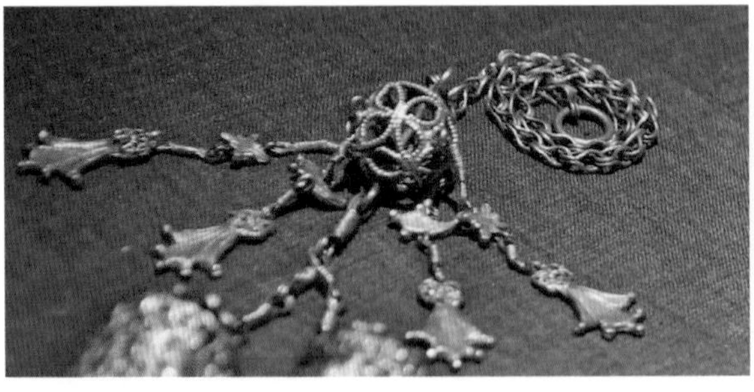

明，金累絲燈籠墜領

墜領上方用金鏈拴著一枚圓環，推測有紐扣時將它拴在紐扣上，無紐扣時則將圓環縫綴在衣衫上

金累絲嵌寶螃蟹飾件

出自《北京文物精粹大系》編委會、北京市文物局編《北京文物精粹大系·金銀器卷》

女主人的金鑲玉擦領兒

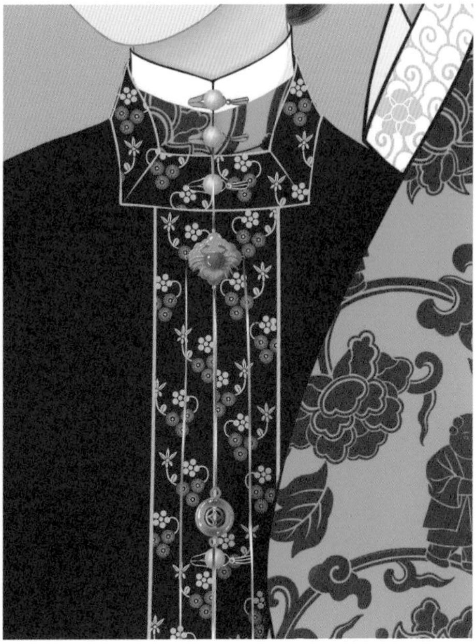

杜氏的銀三事擦領兒

綠閃紅緞子對襟襖的底紋——攀枝耍娃娃

四、綠閃紅緞子對襟襖

閃色緞是市井庶民裁製春、秋、冬三季禮衣的上選。它採用色彩對比強烈的經緯線織成，因能煥發柔和的光澤而稍顯特殊。雖不及織金花紋那般富麗堂皇，倒也能稍稍安撫望織金而興嘆的小市民之心。

五、白杭絹點翠畫拖裙

與翠藍寬拖遍地金裙相比，女主人贈送的白杭絹點翠畫拖裙另有一番風情。它大膽拋棄瓔珞紋等高度程序化的規整紋樣，以文人畫中的花鳥小品為範本，在裙拖上描畫幾枝海棠。給杜氏帶來驚喜的還有點綴裙拖的翠葉。原來不只首飾，絲織品也可以裝點翠羽啊！

如果想見證歲月的足跡，裙拖將是很好的觀察對象。從緙絲到描畫再到插繡、堆紗，變化的是時尚潮流和裝飾工藝，不變的是對美的追求。哪怕是一朵花、一枚葉，杭州匠人均會專心致志地對待。正因如此，白杭絹點翠畫拖裙才能在愛美的女性們心中占有一席之地吧。

時尚流行那些事

一、袖子寬度與服飾規格

不少人將服飾規格的高低與袖子的寬度聯繫在一起，他們篤定若袖子窄，都不好意思踏入禮儀場合。然而，決定服飾規格的是服飾大類。譬如大袖衫，規格之所以很高，因為是外命婦受冊、參與朝會和祭祀的禮服；襖衫的規格之所以低，因為是社會各階層用於日常生活的便服。這種秩序不會因

點翠畫拖裙上的花紋

爲袖子的寬窄而有半分動搖。

二、時尚是袖子寬度的風向標

便服對主流社會的時尚最爲敏感，使得它在不同時期呈現出不同的輪廓。杜氏的綠閃紅緞襖，豎領對襟，衣長至膝下，袖闊六十餘公分，袖口寬十五公分，穿在身上十分肥大，風格甚是端莊持重。女主人的沉香遍地金妝花補子襖，豎領大襟，僅露裙八公分，袖子寬約二十五公分，上身後輪廓頎長，風格娉婷婉約。兩人住宅僅隔幾條大街，著裝風格相去甚遠，到底爲何？

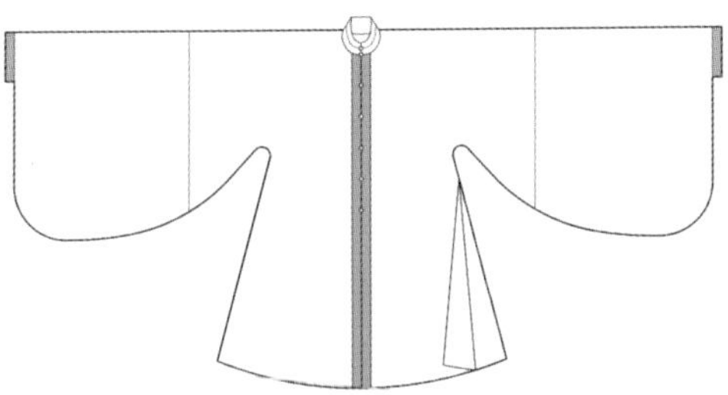

綠閃紅緞子對襟襖形制示意圖

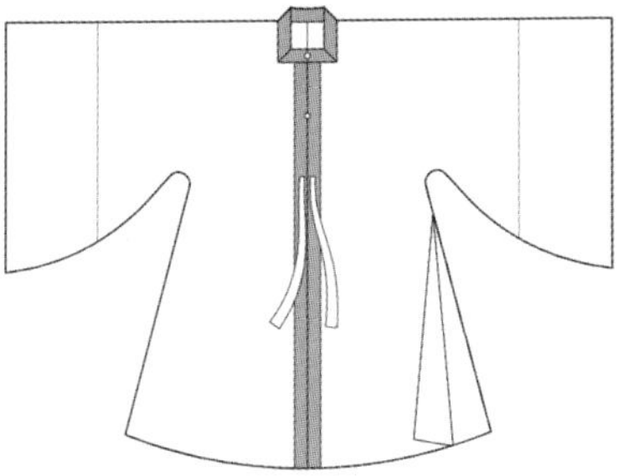

黑色緞子披襖形制示意圖

女主人的服飾均出自江南，是全國最時興的樣式；杜氏的襖子不過是正德末年帝京女裝潮流的延續，生生比女主人落後了三十餘年。就好比讓二十世紀末興起的視覺系與當下最新高級成衣同臺，能不落伍嗎？

三、典衣行，杜氏的聖地

杜氏對女主人的沉香遍地金妝花補子讚不絕口，然而新編的銀絲䯼髻幾乎花光了她所有的積蓄，令她實在挪不出多餘的

市井中的典衣行
明，仇英繪《清明上河圖》局部

錢購置新衣裙。不過不用替她惋惜。即便明代的成衣鋪不允許普通市民賒帳，他們仍然可以穿上最炫的單品。

讓普通市民得償所願的是典衣行。眼下是冬季，杜氏可以將紗羅衣服拿去典當了，用換得的錢去做一身最潮的綢緞裙襖；等夏日臨近，她不僅不用去贖回當掉的紗羅衣服，還可將冬天新做的綢緞衣服當掉，再做新衣。如此一來，杜氏總能穿到新衣，避免在追求時尚的道路上對女主人望塵莫及。

第六章 婚禮盛裝

場景十六　富貴人家的婚禮

七月某一天是一對新人的大喜之日。新郎頭戴幅巾，穿著紫紗深衣、粉底皂靴，騎著高大的白馬迎娶新娘。新娘則在插戴婆的伺候下，穿上從聘禮中挑出來的金絲冠、大紅五彩通袖袍、金枝線葉沙綠百花裙、碧玉女帶和玎璫七事，只等著迎親隊伍上門後拜別父母。

納妾流程圖

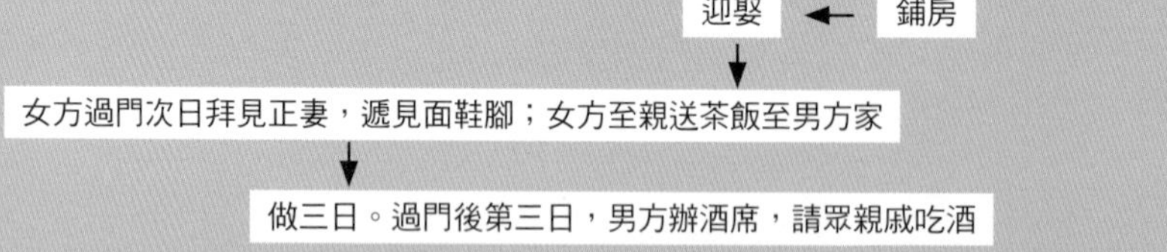
男方有了納妾的想法
媒人聞風而動，四處打探
相看，下插定。男方帶媒人上門相看，滿意後留下簪釵、手帕、戒指等定禮
男方請陰陽生擇定吉日，告知女方下茶禮與過門吉時
男方下茶

納妾的流程比娶妻簡化不少。從相看到迎娶，這幾個環節可在一日之內完成，如演戲一般。

娶妻流程圖

1. 男方釋放想娶妻的訊息 → 媒人根據男方門第、財力、前途、樣貌等提供女方訊息，便於男方形成初步意向
2. 男方託媒人上門打探，向女方討婚帖。此時的婚帖很可能是一截大紅緞子，上面寫著女方的生辰八字、家庭背景、樣貌才藝等訊息 → 合婚。媒人將男女生辰八字交予算命先生
3. 男方看婚帖，權衡之後確定結婚對象 → 下插定。男方與媒人一道去女方家相看，倘若滿意會留下簪釵、巾帕、戒指等定禮；女方收下則表示接受這樁婚事
4. 挑選吉日。男方請陰陽生擇定行茶禮的吉時、娶婦過門的吉時，然後與女方商量
5. 行茶禮。男方按商量好的吉日到女方家下茶（送聘禮），女方受茶（接受聘禮）
6. 鋪房。在出嫁前四、五天到一天這段時間，女方將嫁妝搬到男方家
7. 催妝。男方在迎娶前一日送一張桌席、兩隻雄雞及其他禮物到女方家
8. 娶婦過門。男方著盛服親迎 → 戴蓋袱、抱寶瓶的新婦上轎，女方親人送親到男方家
9. 新婦入門。在某些地方，新婦必須跨過男方放在大門口的馬鞍，以求平安吉祥
10. 新人由陰陽生引入畫堂，拜家堂，入洞房 → 新人坐帳，陰陽生撒帳
11. 坐帳畢，新郎到岳家謝親、吃酒
12. 過門次日，新婦拜見舅姑，新婦至親送茶飯至男方家
13. 做三日。過門後第三日，男方大辦酒席，請眾親戚吃酒。至此，民間殷實人家的婚事才算結束

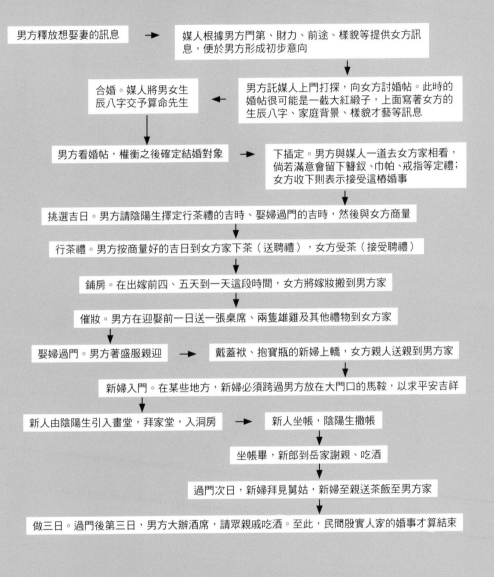

明代的彩禮與嫁妝

一、明代的茶禮

茶禮即彩禮，通常包括以下內容：

㈠首飾

仕宦之家送珠翠冠，殷實人家送金銀鬏髻、整副頭面，以及各式花翠、耳環、手鐲等。勳戚富貴家往往還會添上不少金珠玉石等頂級奢侈品，一次耗費幾百甚至上千兩銀子。倘若不夠寬裕，男方會送一頂用頭髮、篾絲等編製的鬏髻和幾支簪釵。

可做為插定禮物的金鑲寶葫蘆戒指（松松發文物資料君攝）

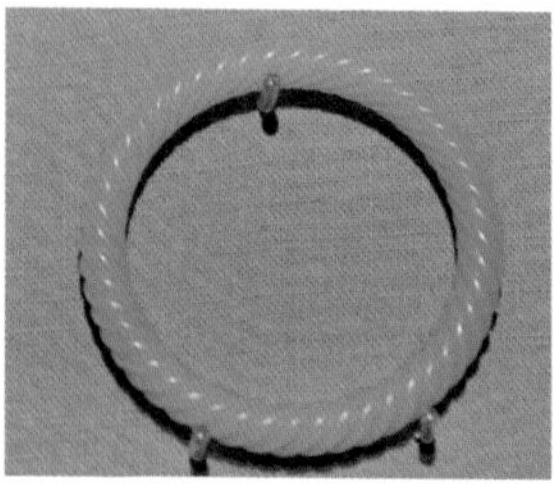

可做為插定禮物的玉手鐲（谷大建攝）

㈡數匹各色絲帛和數套禮衣，包括通袖袍、通袖襖衫等

倘若不夠寬裕，男方會準備一、兩套羅緞襖衫。

㈢若干羹果茶餅以及數量不等的現銀

明代的茶禮不包括婚房。那麼收到茶禮前，女方透過什麼評判男方的家庭狀況？媒人會把新郎的家庭背景、財產、宅院、經營狀況、容貌體態等情況全部告訴女方，女方會根據以上訊息加以權衡。

二、明代的嫁妝

新娘的出身和財產是婚嫁的重頭戲。如果沒有好的出身，沒有令人眼紅的嫁奩，就算才貌雙全也難覓一樁好婚事。媒人會將女方的嫁奩分爲好幾個指標。四季衣服、頭面首飾、現銀、房產、大宗貨物，甚至是陪嫁丫鬟，皆是她家中是否殷實的證明。若再有兩張南京描金彩漆拔步床，那就錦上添花了。

這些巨額資財會在「鋪房」這個環節，也就是女方去男方宅院布置房間的時候隆重展示。

除了大宗財物，新娘還需置辦新的生活用品，譬如描金箱籠、揀妝、鏡架、盒罐、銅錫盆、淨桶、火架以及櫃子等。雙方似乎沒有因錢財而發生爭執。光是那兩張床就值百兩銀子，整副嫁奩的價值不比茶禮低，實在沒有必要爲仨瓜倆棗撕破臉皮。

用於婚禮的盛裝

一、古人結婚不穿婚服

在後面的內容開始之前，先提出一個看似簡單的問題：古人嫁娶時到底穿什麼？很多人脫口而出：這還用問？肯定是婚服（婚紗）啊。在

1886 年出現在巴黎時尚雜誌中的婚紗

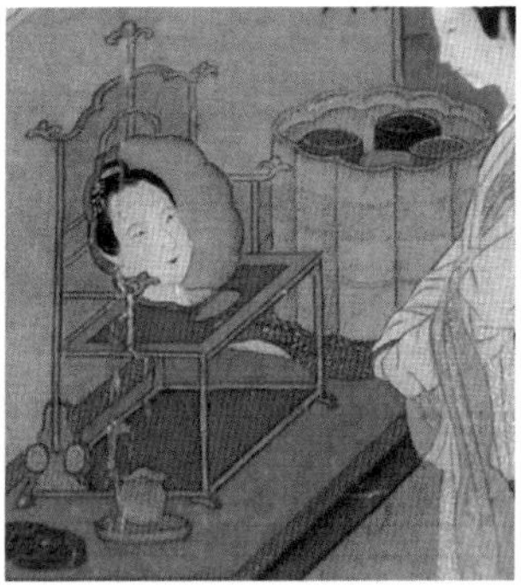

可做嫁妝的全幅妝奩，包括鏡架、鏡子、妝具等（核桃蛋攝）

可做嫁妝的黃花梨硬木架子床

明隴西恭獻王李貞冕服像（王軒攝）

相當長的時間內，東西方均未特意開闢名爲「婚服」的服飾大類，這個空缺一直由代表著裝者社會地位的盛服兼任。直至十九世紀中葉，維多利亞女王引領了新潮流，由白色頭紗、帶拖尾的白色蕾絲長裙以及捧花組成的婚服才慢慢取代了舊禮服，成爲東西方通用的新傳統。

由此看來，盛服的用途並不單一。它通常會出現於筵席、祭祖、歲時節令等諸多隆重場合。久而久之，便分化成單獨的大類，並得了個「吉服」的統稱。

二、婚嫁吉服的色彩並非只有大紅

倘若對同一款禮衣可應對多個場合感到迷惑，肯定也會被吉服的色彩所困擾。我們需要盤點一下，才能對它有正確的認識。

㈠帝王

皇帝和太子著冕服。此爲明代男性衣冠體系中最高規格的禮服，主

明代皇帝的皮弁，皮弁服的重要組成

明代皇帝的絳紗袍，皮弁服的重要組成

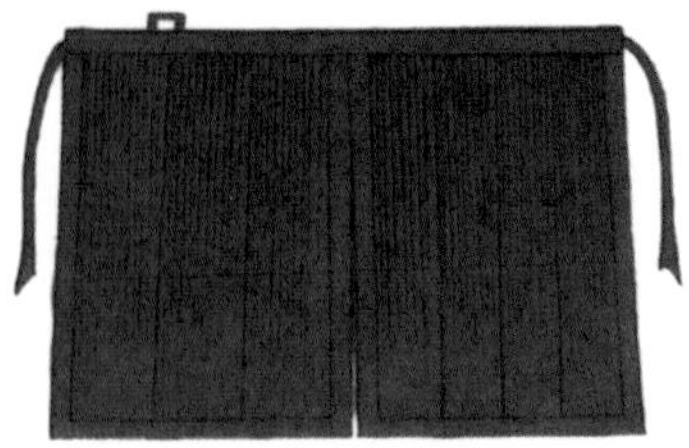

明代皇帝的紅裳，皮弁服的重要組成

以上三幅圖均出自北京市文物局圖書資料中心編纂《明宮冠服儀仗圖》卷二

要色彩爲玄色、纁色以及深青色。玄是泛著些許紅色的黑色；纁則是黃色與紅色的複合色，宛如落日餘暉。

親王、親王世子以及郡王仍著冕服。裳的色彩不變，仍爲纁色，衣的顏色改用深青色以示區別。青並非綠色而是藍色，因此深青即深藍。

與他人不同，帝王的婚嫁沿用復古的「六禮」禮儀，異常繁複。他們會在婚儀的不同環節換上規格僅次於冕服的通天冠服、皮弁服。這些禮服由通天冠、皮弁、絳紗袍、紅裳等組成，主色調爲紅色。

㈡皇后和太子妃

皇后和太子妃均著深青翟衣。翟衣爲皇后、太子妃禮服，僅用於受冊、謁宗廟、中宮朝會等場合。需要注意的是，這裡的禮服並非用於各類禮儀場合的服飾統稱，而是名爲「禮服」的服飾大類，爲女性冠服之首。明代，只有內外命婦才有

宋，佚名繪宋神宗皇后翟衣像

明，佚名繪孝貞純皇后燕居冠服像
皇后頭戴雙鳳翊龍冠，身穿柘黃色大衫，內襯紅色鞠衣

明，佚名繪孝定皇后禮服像
明代禮服承接宋制，但出現了某些改變。比如皇后身穿近乎黑色的翟衣，外搭霞帔，可能為明晚期宮廷的新規定

資格穿禮服，其餘女性最多穿常服。

皇后和太子妃會在婚儀的不同環節換上燕居冠服。我們不能因爲「燕居」有閒居之意而誤認爲是日常生活裝束。它仍然是特權階層用來標榜身分的服飾，規格僅次於翟衣。爲了突出皇后的至高無上，其燕居冠服的主色調爲黃色或柘黃色；太子妃的則爲紅色。

㈢除皇后、太子妃以外的內外命婦

除皇后、太子妃，內外命婦著眞紅大袖衫，內襯一件青色鞠衣。對她們來講，紅色算半個主色調吧！

著鳳冠、大紅補子圓領的官員妻子
明，佚名繪《吳江周氏四代家堂像》局部，出自山西博物院、南京博物院《形妙神合：明清消像畫》

㈣勳貴官員

勳貴官員或依品秩選擇緋色、青色、綠色的公服，或穿大紅補子圓領，但後者在實際生活中運用更多。對官員妻子不再贅述，穿大紅圓領袍、各色百花裙。

㈤士庶

明代傳承周禮，允許社會中下層的男性在婚嫁時攝盛。所謂攝盛，即新人在舉行婚禮時使用超越自己身分的儀制，體現在服飾上則是

穿大紅補子圓領的官員（王軒攝）

臨淮侯夫人史氏畫像（擷芳主人攝）

戴大帽、穿青圓領的舉人
明，佚名繪《吳江周氏四代家堂像》局部，出自山西博物院、南京博物院編《形妙神合：明清肖像畫》

士庶、官員子弟穿九品官員的公服。然而在實際生活中，這個規定並未得到廣泛實踐，根據社會地位挑選盛裝才是主流。因此舉人、監生穿青圓領，生員穿襴衫，普通百姓穿新裁的衣撒、貼裡等時裝。

民間婦人游離於政治之外，著裝相對自由。她們可以依仗財力肆無忌憚地效仿官員妻子穿圓領袍，也可以恪守規矩穿襖衫。無論選擇哪種，上半身都穿紅色。

不難發現，紅色僅是婚儀盛服的主色調之一，與當代全部變爲大紅色的秀禾服、裙褂、長衫等完全不同。這足以說明看似有深厚歷史底蘊的文化傳統未必那麼古老，甚至可能是近些年的新流行。

富貴人家女眷的吉服

婚嫁是女子盡情閃耀的場合。即使夫婿的身分不夠高貴，只要有足夠的財力，士人、商人甚至大戶人家奴僕的妻子，也能裝扮得如同命婦一般。儘管如此，服飾細節還是能投射出社會地位的差異。金絲冠和玎璫七事便道破新娘的身分。

一、新娘的金絲鳳冠

新娘的金絲冠即䯼髻，用細金絲編成。除去本身的裝飾性，能夠插戴一整副華麗的頭面是新人挑選它的最大理由。

新娘的首飾中，最爲奪目的是一對金鑲寶累絲鳳簪。它口銜珠結，樣式與珠翠冠所用鳳簪相差無幾。只因金絲冠比珠翠冠小巧許多，鳳簪的簪腳相對平直，插戴位置下移，變成在金絲冠左右兩側翩躚。

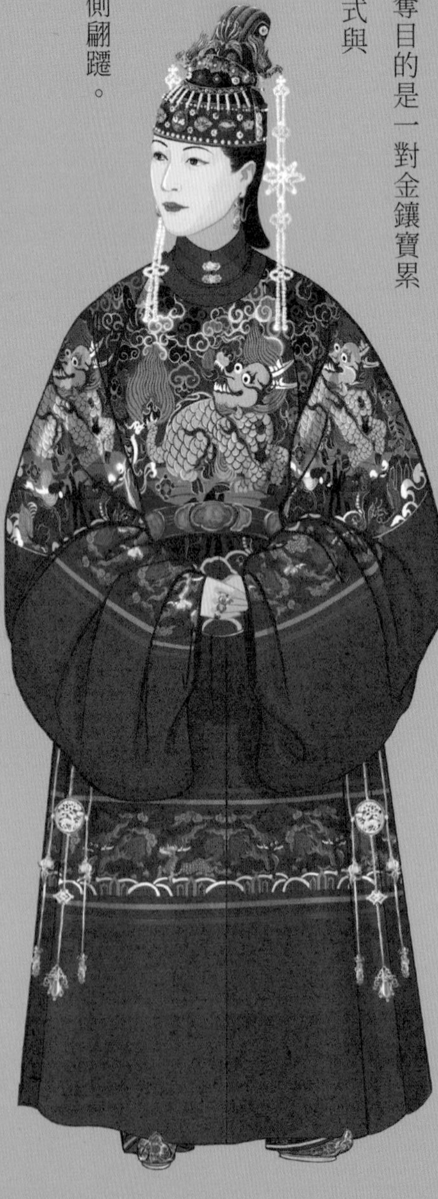

新娘的裝束

頭戴金絲冠和整幅頭面，身穿大紅通袖袍、碧玉窄帶，帶上繫金鑲寶七事

二、新娘的頭面

金鑲寶累絲鳳簪固然奢華，但因強調場合的隆重而顯得中規中矩，無法帶給人驚喜。從這個角度來講，它遠不如頭面那般值得期待。頭面是插戴在鬏髻上的一整副簪釵。它們有著專屬的名稱以及固定的形態和插戴位置，很能體現古人依章程辦事的風格。挑心、分心、鈿兒、滿冠、掩鬢、鬢釵，哪怕你對首飾一無所知，也能猜到它們各自負責的區域。

㈠如何挑選插戴首飾？

一整副頭面少則五件簪釵，多則二十餘件，簪釵種類相當龐雜，選擇哪些插戴也是女性的必修課。專替富貴人家服務的插戴婆給出建議：不能只看簪釵的材質，挑選與使用場合有千絲萬縷關聯的裝飾題材也很重要。雖未必如同皇室宗藩、勳貴女眷那般嚴苛，但也應該做到衣飾與場景相互映襯，方能營造

金梁冠與銜挑牌（又名珠結）的金鳳簪
明，佚名繪《綦明夫婦像軸》局部

金鑲寶累絲鳳簪（川后攝）

銀絲鬏髻和一副頭面
出自吳鳳珍論文《嘉興地區明代墓葬及相關問題研究》

和諧有序的美。

我們不妨以新娘的首飾爲例，一探究竟。

㈡蝶戀花，最流行的裝飾題材

「蝶戀花」是最流行的裝飾題材，新娘很難將其排除在外。我們完全可以憑它的名稱勾勒出簪首的造型。它一定是被打造成花卉、蜂蝶的模樣。哪怕採用較爲廉價的材質都無損浪漫和纏綿，令人忍不住一探究竟。

㈢翠梅鈿兒

金絲冠正面的底部插了一支翠梅鈿兒。它宛如新月，以一根細窄的金條爲彎梁，彎梁背後焊接一支向後平伸的簪腳，平直插入位於金絲冠口沿正中的小孔中。

做爲金絲冠底部最重要的裝飾，鈿兒上有七朵以珍珠爲花蕊的點翠梅花。只見花蕊處探出極細的金絲，它們的一端將點翠梅花拴在彎梁上；另一端被盤成螺旋狀，頂端挑出七隻形態各異的蜂蝶，或是斂翅欲落，或是忙於採蜜，或是振翅欲飛。所有蜂蝶均能隨人的行走坐臥輕顫。這種設計頗有古代步搖冠、花樹冠之意趣，比靜默的花朵更能爲女性增添幾分楚楚的風韻。

簪於金絲冠前方的金鑲寶大鳳銜珠分心和翠梅鈿兒

金鑲珠寶鈿兒（核桃蛋攝）

(四) 金鑲珠寶圍髻

新娘在髮髻前方戴了一件圍髻。它的樣式和珠子瓔珞略有不同，以一道鏨出折枝牡丹的金彎梁代替串珠網的絲線。圍髻據測是宋代時興的首飾簾梳在明代的延續。哪怕省去嵌合在內的梳背，也能發現兩者蘊含的相同匠意。它的佩戴方式與簾梳有相似之處，彎梁內側與墊出的香雲貼合，然後將穿繫於兩端小孔中的線圈套在一對「一點油」上。與精心裝飾的簪釵相比，圍髻彎梁上的牡丹花樣式於富貴人家很是尋常。之所以生出懶於設計的底氣，大抵因爲綴繫其上的十五掛珠串太過驚豔。

綴繫著十五掛珠串的圍髻
益宣王繼妃孫氏墓出土（熊汪波攝）

(五) 金玉珠寶頭箍

頭箍是裹在額頭上的一塊絹布。單看樣式，它沒有多少值得稱道的設計。之所以自有一番意趣，很大程度依仗了細巧的飾件。爲了追隨隆慶（明穆宗年號）以來的風潮，飾件被雕琢成團花狀。它們以金片爲托，內嵌珠玉寶石，將女性的額頭裝點得分外嬌媚。

因著翠梅鈿兒，插戴婆挑了件飾有「滿

珠寶圍髻和金玉珠寶頭箍
（根據陸深妻梅氏墓出土文物繪）

金玉珠寶頭箍後側示意圖
（根據陸深妻梅氏墓出土文物繪）

池嬌」題材的頭箍。頭箍正中縫綴金鑲玉鴛鴦戲碧苔，兩側依次點綴游魚、蝴蝶。最有趣的當屬兩樣草蟲，薄薄的玉片被雕琢成舒展開來的蓮葉，其上或趴伏著螃蟹，或蹲坐著青蛙，充滿活潑靈動的生趣。

㈥「蝶戀花」與「滿池嬌」的吉祥寓意

「蝶戀花」本是詞牌名，又名「魚水同歡」、「鵲踏枝」，出自南朝梁簡文帝蕭綱的「翻階蛺蝶戀花情」。自唐代開始，「蝶戀花」被民間用來歌詠愛情。以它爲首飾題材，明顯爲了表達男女情深的寓意。

萬曆時期的蒜頭瓶
瓶頸上飾「蝶戀花」，瓶腹上飾「滿池嬌」

鴛鴦戲碧苔是「滿池嬌」中不可或缺的元素。它的寓意與「蝶戀花」相似，象徵夫婦長相廝守。慈姑也非只用來給池塘小景增添生機。古人認爲它「一根歲生十二子，如慈姑之乳諸子」，寄託著對子孫興旺的祝福。

㈦金鑲寶玉歲寒三友梳背兒

梳子本是整理頭髮的工具，早在中華文明初具雛形之時，便被用來裝點髮髻。做爲

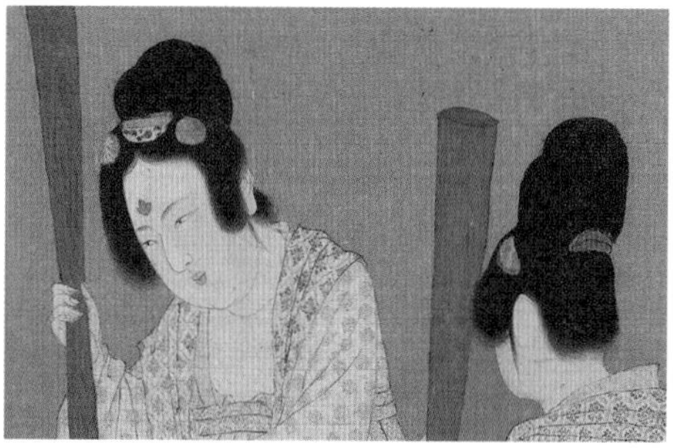

插在貴婦人髮髻上的梳子
宋人摹《搗練圖》局部

東漢金包背玉梳

首飾，這類梳子的梳背兒很高。插戴時，總是將梳齒直插或斜著插入髮髻，梳背兒露在外面。時間一長，梳背兒成爲裝飾的重點，人們在上面竭盡所能地點綴美麗的圖案。

明代婦女延續了插戴梳子的傳統。但因鬏髻和頭面大行其道，梳背兒受到冷落，女性自然不會如過去那般毫無節制地插戴，只消用一、兩個點綴髮髻就好。可髮髻上罩著鬏髻，哪裡有梳背兒的立錐之地？爲了把鬏髻墊得高高的，女性習慣在底部挽出超出鬏髻口徑的髮髻。如此一來，髮髻底部成爲關注對象，梳背兒也有了容身之所。

此時的梳子平直插入髮髻底部。在梳背兒變得異常低矮的情況下，人們選擇增厚梳脊，挖空心思裝點這個區域。女主人的梳背兒見證了由髮型促成的演變。只見木梳梳脊包金，中間打一個條狀托座，內嵌鏤雕白玉歲寒三友，兩側鑲嵌青鴉鶻。與唐、宋時期的髮梳相比，倒也別有一番風味。

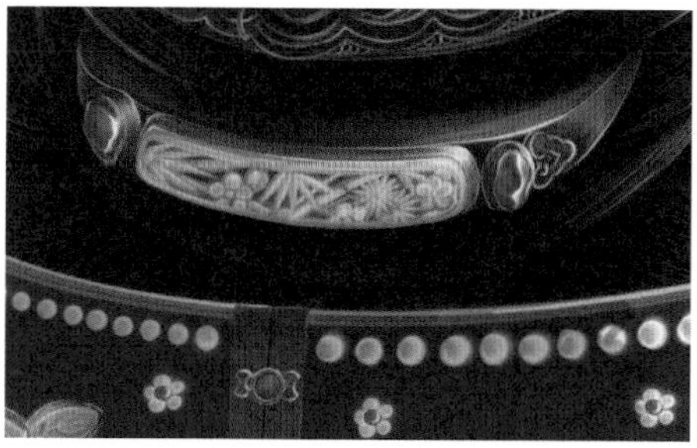

金鑲寶玉歲寒三友梳背兒
（參考無錫安鎮出土文物繪）

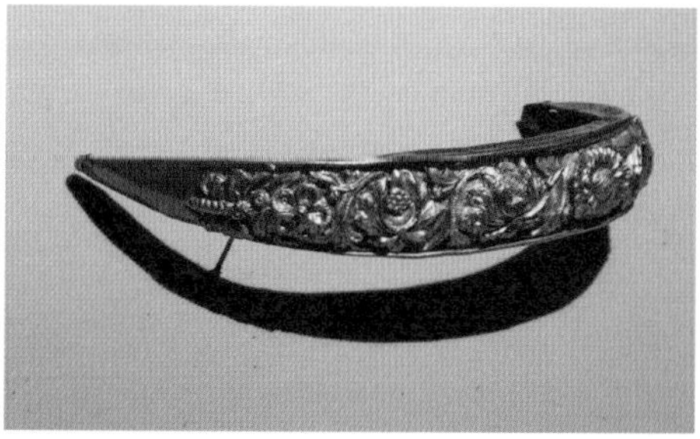

包裹木梳梳脊的蝶戀花金梳背（無劫緣攝）

玉飾上的螭虎紋

金鑲寶玉螭虎紋鬢釵

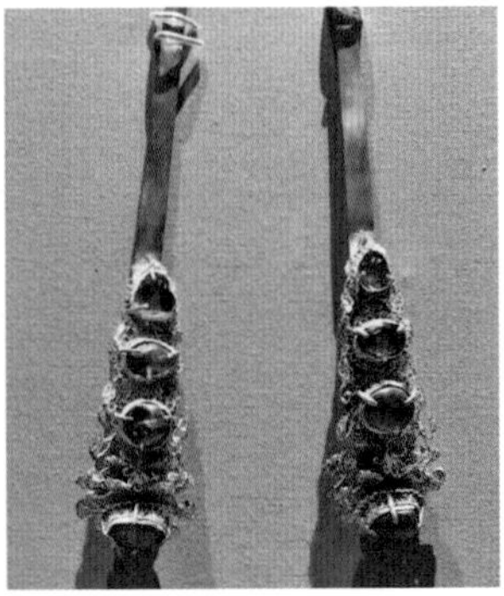

金鑲寶龍首鬢釵（核桃蛋攝）

㈧鬢畔寶釵半卸

這是頭面中唯一以「釵」爲名的一對簪子。它有著扁平修長且有隆起弧度的簪腳，自下而上、一左一右倒插在髮髻兩側，宛如遊走在簪首的螭虎那般慵懶而隨意。

㈨金鑲寶大鳳銜珠分心

金絲冠口沿上方的小孔中插著一支金鑲珠寶大鳳銜珠分心。分心的輪廓宛如剛從花瓣上滾落的露珠，完整映出一隻展翅翱翔的鳳鳥。鳳鳥的頭部由金片打造，鳳身、鳳翅、鳳尾則用細金絲堆累、填滿，最後做幾個圓形底座，內嵌幾顆寶石。古代中國境內寶石資源匱乏，雲南金齒衛（今保山市）以及抹谷（今在緬甸）礦區所產根本無法滿足需求。限制了寶石

明代金鑲寶挑心上未經打磨的寶石
南京將軍山梅氏墓出土（圖片由松松發文物資料君提供）

江陰鄒令人墓出土的金鑲寶分心（核桃蛋攝）

切割、打磨、鑲嵌等工藝的發展，使得它不得不以未經雕琢的形態出現。好在金累絲能營造細膩精美的視覺效果，將寶石襯托得古樸可愛，竟比精心加工的多出幾分情趣。

㈩滿冠

鬏髻背面的裝飾不像正面那般花樣百出，通常僅插一支滿冠。爲了不使鬏髻的背面顯得過於單一，滿冠不僅體形碩大，狀若山峰，且簪首向外拱出，以便覆蓋鬏髻的背面和兩側。

倘若足夠仔細會發現滿冠的簪戴方式和鬢釵、掩鬢不同。它與挑心、分心、鈿兒一樣，可以不再依賴簪腳，而是效仿珠翠冠上的飾件，透過細金屬絲緊緊纏繞在鬏髻上。

㈩一「樓閣人物」裝飾題材的寓意

毋庸置疑，滿冠異常華美，但它的裝飾題材似乎與鈿兒和分心的風馬牛不相及。傳說中，鸞鳳是神仙的坐騎。倘若乘鸞跨鳳，自然可以登上仙境，望到滿冠上依勢雕出的恢宏樓閣。待樓閣前流雲散去，長滿玉樹瓊花的庭院映入眼簾。一位仙子攜龐大的儀仗迎面走來，似在等候我們共赴欄杆盡頭的一場盛宴。

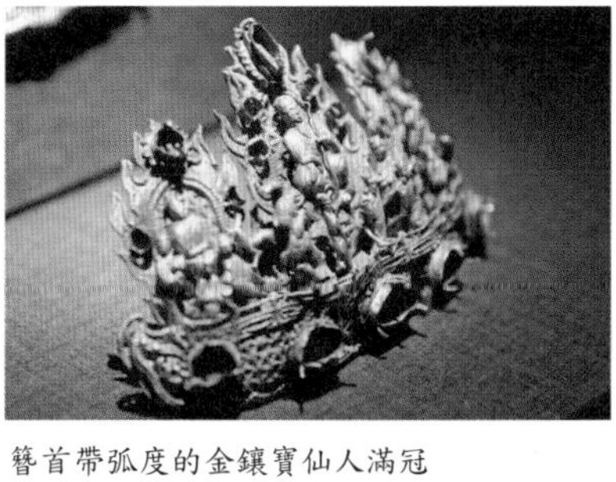

簪首帶弧度的金鑲寶仙人滿冠
王文淵妻朱氏墓出土（作者攝於物·色——明代女子的生活藝術展）

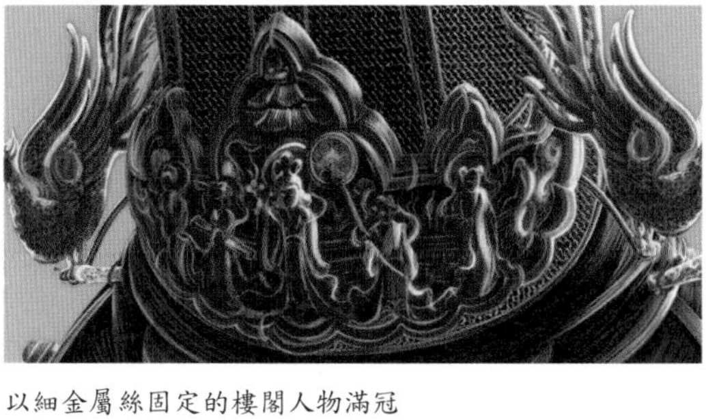

以細金屬絲固定的樓閣人物滿冠

或許沒有必要剝繭抽絲去探尋這一題材到底出自哪段神話，只需記住，所有簪釵共同營造出一派美麗富足的無憂之境。它足以令人忘卻塵世間的苦楚和煩惱，非常適合憧憬美好生活的新娘佩戴。

樓閣人物滿冠（作者攝於物・色——明代女子的生活藝術展）

三、碧玉女帶

革帶的結構和穿戴方式都給著裝者製造了不小的麻煩。爲了方便穿戴，人們做出改良設計，新娘的碧玉女帶即爲典型。它不再選用皮革，而是以硬紙殼爲骨架，表裡包裹兩層青色素緞。爲了將減重做到極致，工匠大膽摒棄了副帶，將所有帶銙全部縫綴在一段帶鞓上。碧玉女帶長一百三十六公分，遠遠超出人體實際腰圍，說明做爲體現禮儀和氣度的配飾，它在最大限度提供便利的情況下，仍然保留了傳統的穿著方式——圍而不繫。

四、金鑲寶玉玎璫七事

㈠七事的形制

市井婦女並無佩戴玎璫禁步的資格。她們羨慕搖曳在命婦裙裾上的珠光寶氣，遂吸取白玉雲樣玎璫禁步的精髓，鍛造成裝點裙裾的雜佩。這種雜佩又被

碧玉女帶局部

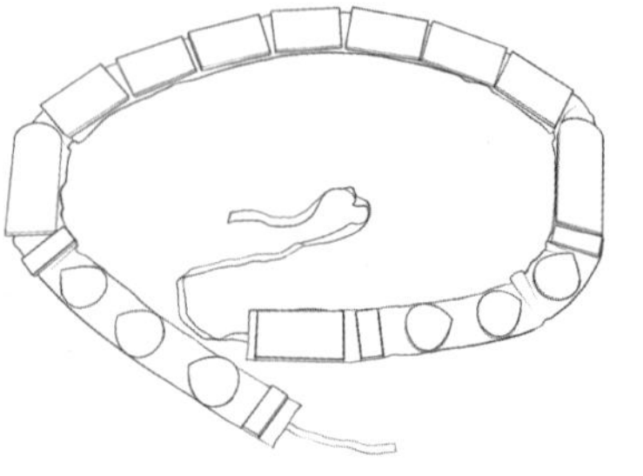

碧玉女帶形制示意圖

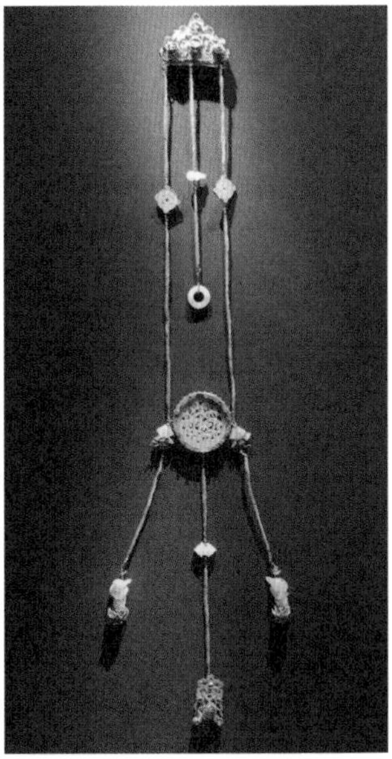

金鑲寶玉玎瑲七事（無劫緣攝）

稱爲七事，與禁步相比，它無半點炫耀權勢的意思，只憑藉華貴的材質和精湛的做工炫耀著裝者的財富。

新郎準備的聘禮中有一副金鑲寶玉玎瑲七事，它和禁步一樣，有著雲形題頭，穿戴時只需將穿繫於題頭頂部的絲繩拴在革帶兩側。題頭底部總攬三根金繩，分別繫葫蘆、靈芝、蝴蝶、疊勝、童子攀蓮等飾件。

(二)金鑲紫瑛童子攀蓮飾件

如果有幸夢回北宋，一定會在七夕那晚看到節物「魔合羅」（或稱「磨喝樂」）。這是一種用於祝禱生育男孩的玩具，以泥、木、蠟、玉、象牙、金銀等材料塑成，十分精巧，常引得兒童模仿它的姿態。

魔合羅手裡的蓮葉或蓮花並不是隨意安排的。佛經中，蓮花與生育有莫大的關係。傳說波羅奈國中有一鹿女，行走時留在地上的足跡總會生出盛開的蓮花。國王被神跡吸引，遂立她爲夫人。鹿女很快有孕，生下一朵

七事上的金鑲紫瑛（即紫水晶）童子攀蓮飾件

明代絲織品上的「連生貴子」圖案

宋代的童子攀蓮玉飾（川后攝）

千葉蓮花。待蓮花綻放，每一片花瓣上都站著一個小男孩，這些小男孩成年後，全成爲保護國家的大力士。由於蓮花化生的含義，人們很快將魔合羅與「連生貴子」的吉祥寓意聯繫在一起。嬰戲蓮圖案遂成爲長盛不衰的紋樣，備受新娘青睞。

殷實之家男性的吉服

一、幅巾和紫紗深衣

官員士人看重身分，蓬門華戶苦於吉服的花費，反倒是富貴人家倚仗財富，在條條框框中爭取到一點選擇空間。這不，新郎另闢蹊徑，選擇了幅巾深衣做爲吉服。

深衣是復古的產物，被宋代士大夫塑造成象徵禮制和人文精神的物質符號。將它與渾身上下散發著「銅臭味」的商人聯繫起來，似乎充滿了附庸風雅的諷刺意味。然而，新郎沒有半點在結婚時搞行爲藝術的心思，他倚

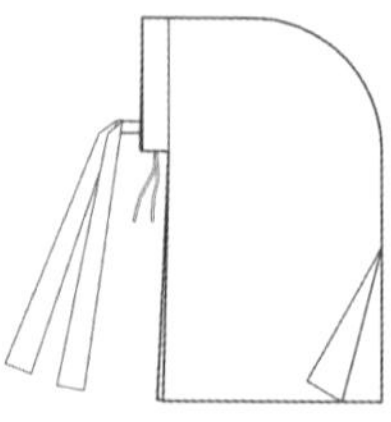

幅巾形制示意圖

幅巾側視圖
明，戴進繪《達摩六代祖師圖》局部

幅巾正視圖
1621 年繪《抑齋曾叔祖八十五齡壽像軸》局部

深衣形制示意圖

深衣的底紋，仙鶴與雜寶

富商娶親時的吉服：幅巾、深衣

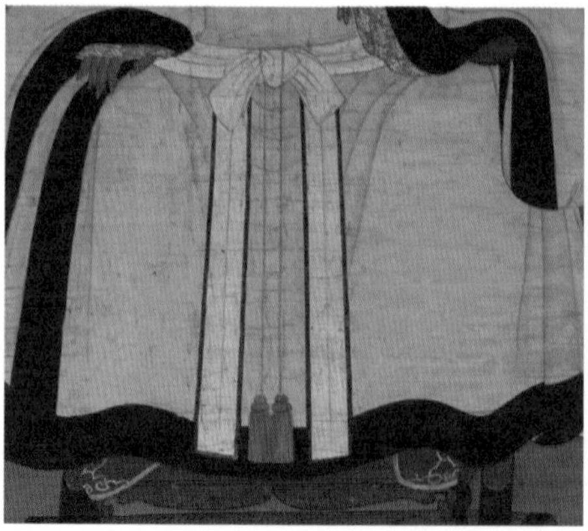

搭配玉色深衣的大帶和纏繞在帶結上的組紐

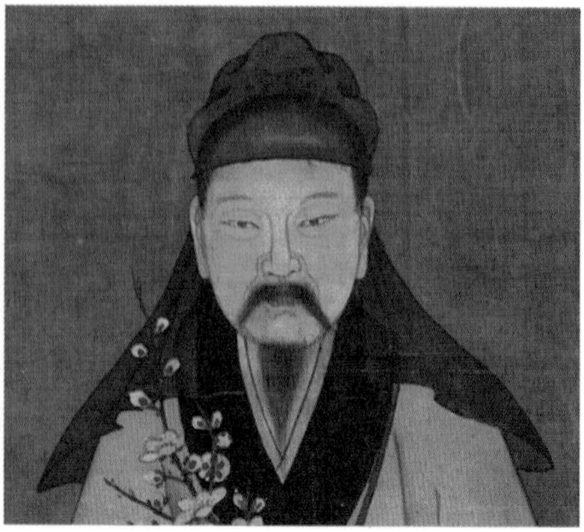

幅巾
明・方梅厓題贊《渡唐天神像》局部

仗財富賦予的傲氣，不肯在隆重場合屈就於普通百姓的正裝。但苦於身分受到限制，只能退而求其次，以士人的幅巾和深衣彰顯自己的與眾不同，以求獲得世人的尊重。

二、幾個必須注意的小細節

㈠首服的搭配

新郎先戴束髮冠，再戴幅巾。

㈡大帶的形制

大帶以白色布帛製成，穿戴時於前身打結。下垂的部分叫「紳」，紳以黑色布帛緣邊。

㈢如何固定大帶？

大帶原本是直接束在腰間，到了明代中後期，受褒衣博帶的時尚潮流影響，大家在衣身兩側釘上帶袢，將大帶鬆鬆地圍在腰間。也有人嫌麻煩，乾脆直接把大帶釘在衣服上。

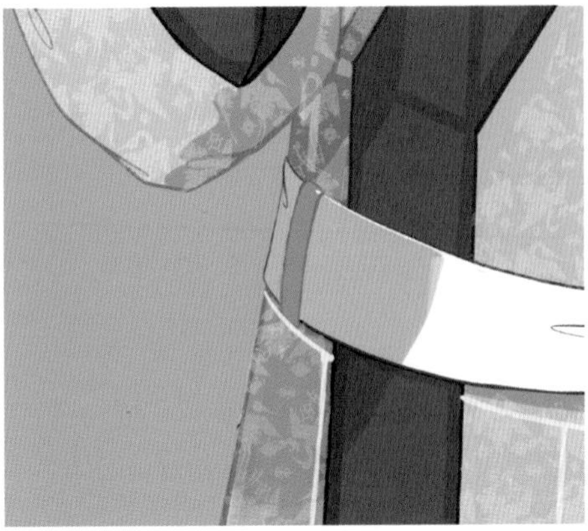

穿過帶袢的大帶

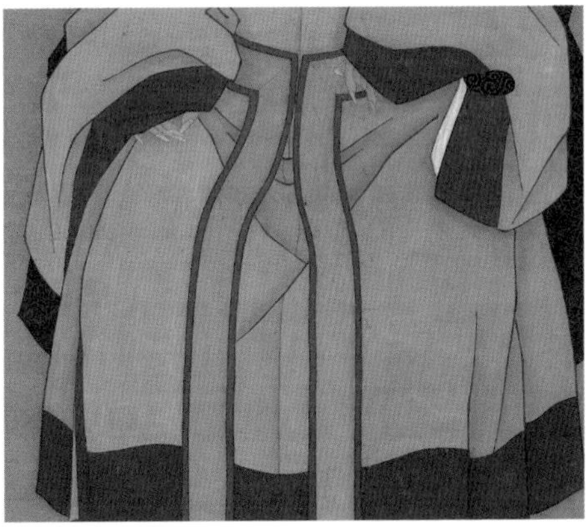

被直接釘在衣服上的大帶

㈣ 組紐

大帶必須和組紐一起使用。組紐即手工編織的彩色繩結，繫在大帶打結之處，如前圖所示。也有將組紐和大帶分開繫在腰間的情況。不過不管採用哪種方法，組紐的末端和紳大致在一條水平線上。

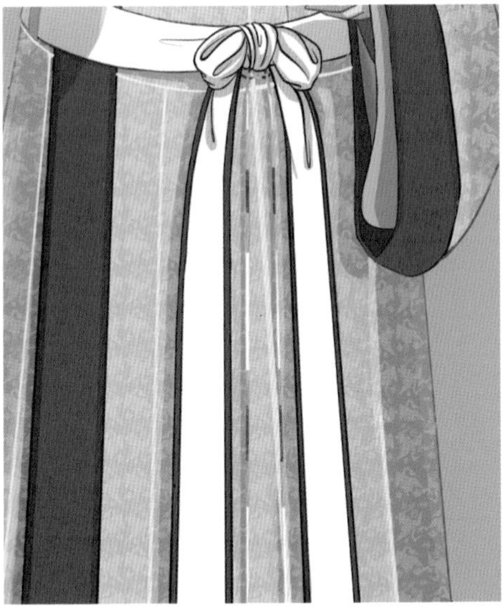

分開繫的大帶和組紐

㈤ 深衣的色彩

深衣通常爲白色或玉色。自嘉靖開始，深衣成爲時尚男裝，突破了儒家禮制塑造的意象，隨世人喜好使用豔麗的色彩。這便是新郎的深衣以丁香色仙鶴紋紗裁剪的緣故。

蓬門華戶的婚嫁服飾

蓬門華戶的婚嫁服飾黯淡許多。

女子出嫁往往裁一、兩套豔麗的緞子襖衫，編一頂新的鬏髻，打幾件金銀首飾。金銀首飾無非就是兩、三對金頭銀腳簪、壽字分心、梳背兒、耳環、戒指之類。男子娶親會做兩床新鋪蓋、一身新衣服和新靴袜。新衣服可以是衣撒，亦可以是日常便服，即小帽、網巾、褶兒、直裰等。

新娘蓋著蓋袱，身著時興的裙衫
崇禎五年（1632 年）尚友堂刊《二刻拍案驚奇》書前插畫

第七章 喪服

場景十七　男女主人參與弔喪

九月下旬某一天，男主人接到報喪，得知同僚的妻子趙二娘已於當日清晨病逝。他連忙請女主人過來，商量有關弔喪的各項事宜。第二日，男主人換上素服，與女主人一同前去上祭。出乎我們的意料，女主人的裝扮雖素淡卻精緻。她頭上搭著白挑線汗巾，額上勒著羊皮金滾邊的珠子箍，耳上戴著金鑲玉石榴耳墜，身穿白雲絹對襟襖，腰繫一條藍綢裙。這就是俗話說的「想要俏，帶點孝」吧。

女主人的弔服
除做為弔服之外，還可做為「斷七」後到百日除靈期間，替尊長守孝時穿的吉服

喪禮流程圖

九月下旬某天凌晨，趙二娘去世

↓

穿衣。趁死者身體尚未僵硬，女眷為其梳頭、穿衣

↓

停靈。穿好衣服，停屍於大廳

↓

點隨身燈。安放几筵香案，在死者靈前點一盞隨身燈

↓

寫殃榜。請陰陽先生看時批書，確定入殮時辰、出殯和安葬日期以及避煞等事宜

↓

報喪，趕製孝服，購買孝絹，搭彩棚

↓

揭白（又叫傳影，即為死者畫像），題銘旌（靈柩前書寫死者名諱、官銜的旗幡）

↓

小斂。仵作驗屍，隨後開光明（子女揩拭死者的眼睛），抿目（為死者合攏眼睛），行含飯禮（在死者口中放銅錢、玉石、珠寶等）

↓

次日，開始弔喪

↓

大斂。死後第三日，抬屍入棺，再放入幾套奢華的衣服，棺內四角各放銀錠一枚

↓

「頭七」，做水陸道場

↓

「二七」至「六七」，念經做法事

↓

辭靈。出殯前一日，親戚來死者靈前燒紙

↓

出殯。出殯安排在「二七」至「六七」之間的某個黃道吉日

↓

回靈、伴靈。掩埋棺木後，將死者靈位送回家中供奉，死者的丈夫夜晚還要在靈前歇宿做伴

↓

暖墓。出殯後第三日再到墳前祭奠死者

↓

「斷七」。念經，做法事，遠親除服

↓

百日燒靈。直系親屬、近親除服

壽衣，獻給時尚人士最後的「戰袍」

現代壽衣多爲唐裝，它的樣式十分老舊，設計也不美觀，彷彿從其他維度穿越過來。明代人不習慣用這種方式表達生與死的距離，他們會替逝者穿上生前心愛或意義非凡的服飾。

以趙二娘爲例，她的壽衣是三套裙襖。這些衣服可不是隨便尋來的，它們承載著她一生中最風光的幾幕：大紅妝花織金通袖袍、玄錦百花裙是彰顯社會地位的吉服；丁香色雲綢妝花衫、翠藍寬拖子裙亦爲吉服，只因趙二娘穿著這套吉服結親，意義格外與眾不同；新裁的松江闊機尖素白綾襖是元宵節應景服飾，是令市井庶民羨慕的奢侈品。除此之外，還有貼身穿的內衣、膝褲、高底鞋等。三套裙襖和在大殮時的陪葬衣物一樣，均是當時最時尚的款式。它們生動地詮釋了壽衣的風貌，附著其上的時尚與奢華不因事關死亡而有任何改變。

弔服

一、官員弔服，素服金帶

趙姓同僚陪弔喪的親朋吃酒時，穿著白唐巾、白直裰的僕童慌慌張張進來稟告，原來是男主人前

官員的素服金帶（根據明末衍慶堂刊《喻世明言》第十二卷〈眾名姬春風弔柳七〉中的插圖繪）

金鑲玉石榴耳墜

白挑線汗巾

來祭弔。

明代，喪禮會辦得比高規格筵席更隆重，與服飾相關的禮儀也十分繁瑣。如果不是刻意翻出百科全書查閱，男主人未必能準確找出與身分匹配的弔服。做爲官員，男主人的弔服是「素服金帶」。它借用了常服的形制，烏紗帽、革帶以及皂靴等均與常服並無二致，僅將補子圓領換成不綴補的白絹袍。

二、女性的弔服

㈠破孝，與孝絹有關的民間喪俗

見女主人抬了八盤餅饊、三牲湯飯前來祭奠，趙二娘的婆母趕緊拿出整匹孝絹並頭鬚、繫腰回禮。喪主爲何要送女主人孝絹呢？這是明代的喪俗，被稱爲「破孝」。喪主接受親友弔唁時，會將孝絹、孝服、孝帽、經帶等物分送給弔喪者，以便出殯時穿戴。爲了炫富擺闊，喪主往往會挑上好的白絹。有些人貪圖精美的白絹，便把主意打到喪禮上。他們哪怕和死者素不相識，也要買點冥紙、炷香，裝模作樣跪在靈前哀號一番。

㈡羊皮金滾邊的珠子箍

白挑線汗巾、白雲絹對襟襖、藍綢裙，不得不說女主人的弔服與元宵節走百病時的服飾好相似。這裡值得探討的是時尚單品珠子箍。珠子箍即頭箍，因裝綴各式珠花而得名。它是女性盛裝的陪襯，也是日常妝容的醒目點綴，還可以是弔服的主角。正因爲有了它，女主人的妝容別有一番韻味。

珠子箍不會因喪事而變得簡樸，因此還可以用羊皮金滾邊。羊皮金是一種皮金紙，將金箔貼在鞣製好的極薄羊皮上，切成細條以備裝點服飾用。別看只是邊緣上細細的一條，卻營造出精緻且富麗的視覺效果，是備受青睞的裝飾。

羊皮金滾邊的珠子箍，正中裝飾一枚疊勝，兩側各飾幾朵珠花，中間散落數朵小巧的花翠

喪服

一、喪服是自製還是購買？

一切喪葬用品都能在市場上購買。搭彩棚有搭彩匠，捧盆巾盥櫛的毛女兒（毛女字玉姜，傳說是得道於華陰山的仙女，明人常將其做成紙紮，供奉在靈前），冥紙、炷香等有冥衣鋪，揭白有畫師，銘旌會請有威望的名流題寫，就連帷幕、帳子、桌圍、入殮時用的衣衾纏帶以及孝服，也會雇傭幾位裁縫趕製。孝服會在親人去世後三日內趕製完畢。屆時，全家人披麻戴孝，在靈前回禮舉哀。

二、民間男性的重孝

不同於往常，趙姓同僚無須遵守一般官場交際禮儀換裝，只需穿著孝服和兒子一起在靈前還禮。

趙姓同僚出身武職，家裡不比書香世家有深厚的底蘊，因此沒有效仿文人穿傳統的喪服。大家依照和逝者關係的親疏分別穿「重孝」和「輕孝」。他爲妻子穿了重孝，又令兒子爲母親穿重孝。雙方父母亦穿重孝，其餘親戚都穿輕孝。無論是重孝還是輕孝，款式均取自便服。

㈠白唐巾

趙姓同僚的重孝孝服是白唐巾、孝衣、白絨袜、白履鞋和經帶。

唐巾是嘉靖以來備受士人青睞的頭巾，是慕古風潮催生的新款。它的外觀和烏紗帽相似，前低後高，後山微微向前傾斜，巾後垂一對軟脚，甚是斯文俊逸。唐巾充作孝服並不意味著它已經退出日常生活，反而恰能印證其流行。不過重孝的首服不是非唐巾莫屬，其餘時樣如白小帽、白大帽、白方巾、白四明巾、白周子巾等均可。

老婦人的孝髻（白鬏髻），老者的白方巾
金陵書坊富春堂刊本《新刻出像音注商輅三元記》書中插畫局部

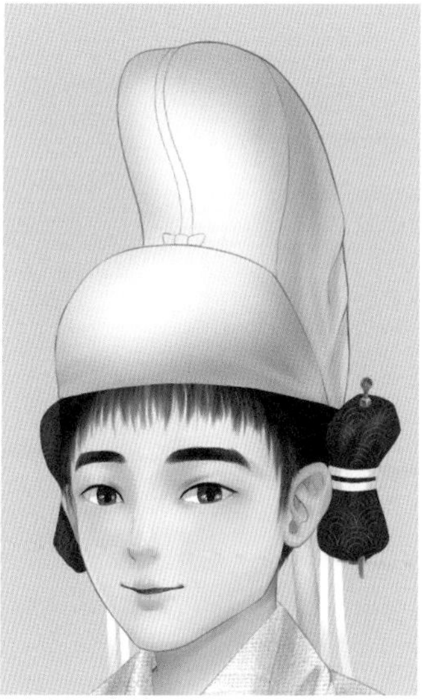

白唐巾

㈡ 孝衣

傳統喪服共有五等，最重的一等名爲斬衰，用最粗的麻布裁製，袖口、衣擺等處不緝邊；次一等爲齊衰，用次等粗麻布裁製，緝邊；然後是大功和小功，分別用熟粗麻布和稍粗熟麻布裁製；最輕一等的爲緦麻，用稍細的熟麻布裁製。

在冠巾緊跟潮流之時，民間開始捨棄繁縟的喪服，穿用新式孝衣。新式孝衣的「新」體現在借用了便服的款式，但透過質地和裁製工藝來區分重孝與輕孝的傳統特徵依然保留。不僅如此，束腰的麻經帶，代表替父親守喪的苴杖、竹杖，替母親守喪的桐杖，亦得到傳承。

市井男子的重孝：白唐巾、粗麻布道袍、經帶、麻履

講到這裡，我們應該可以勾勒出男性的重孝孝衣。那應該是一件用粗麻布裁成的道袍，袖口、衣擺等處不緝邊，呈現出毛毛糙糙的視覺效果。當然，道袍不是唯一的選擇，直身、氅衣、褶兒、襖衫等均可。

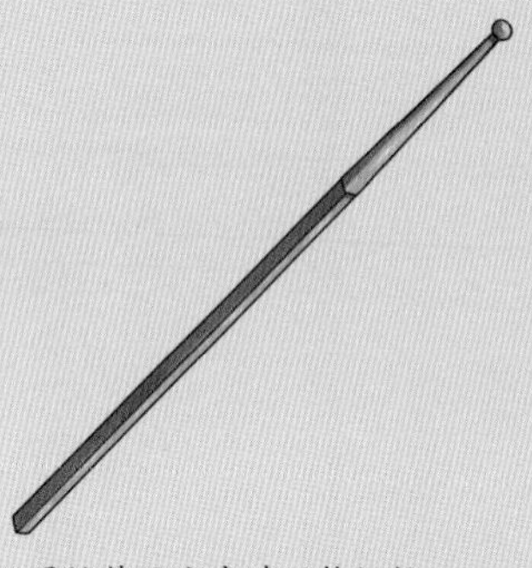

男性替母守喪時所執桐杖

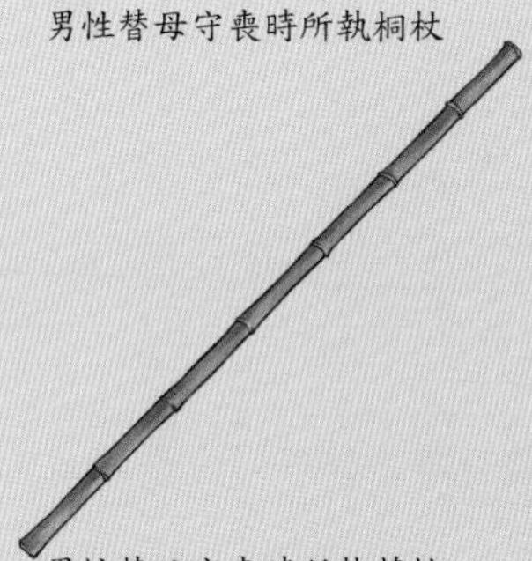

男性替父守喪時所執苴杖

為主人穿孝服的僕童

三、民間女性的孝服

同來弔喪的女主人行至靈前，見到幾位正在交際的婦人。穿重孝的婦人是趙二娘的婆母、母親以及幾位小妾。她們都用白絲繩束髮，髮髻外罩一頂白紵布鬏髻，身穿不緝邊的粗麻布衫裙，腰繫一條麻繩。穿輕孝的可能是趙二娘的嫂嫂等親戚，她們的裝束和重孝相仿，只是衫裙用漂白細麻布裁製，看上去沒有那麼粗糲。

男女均穿重孝，著不緝邊的粗麻布衣衫，腰束麻經帶，頭戴孝巾或白汗巾
明萬曆二十五年（1597年）汪光華玩虎軒刻本《琵琶記》書中插畫

場景十八　「斷七」後到百日除靈期間的筵席

剛過「六七」，有人邀請趙二娘的婆母去吃酒。考慮到一家尚在熱孝，老太太穿了素服，獨自一人去了。「斷七」之後，趙府刻意縮小的交際圈才漸漸恢復正常。某日，女眷們盛裝打扮，一同赴友人長孫的彌月宴（爲慶祝嬰兒出生一個月而設立的酒宴）。老太太正要梳妝，女眷們遣丫鬟過來問穿什麼顏色的衣裳。老太太稍加思索，讓各房戴孝，穿白綾襖。

女性守孝期間參加活動的吉服

若遇必須參加的高規格筵席、官場迎送，不論男女，必須穿著與身分相匹配的禮服。官員穿補子圓領，官員妻子穿戴珠翠冠、補袍或通袖袍。若遇燕樂、小集（低規格筵席），或者賓主雙方均爲庶民，穿白綾襖（衫）任誰都挑不出錯。白綾襖（衫）樣式不拘，可以飾妝花眉子、遍地金掏袖。搭配襖衫的裙子無須刻意保持樸素，可依財力選擇最光彩奪目的款式。若替尊長守孝，首飾、配飾應當簡約，稀疏地插幾件金翠首飾，挑一雙淺色鞋子搭配即可。若替不太重要的親戚守孝，便可走奢華路線，除了必須穿戴白鬏髻、淺色衣衫，首飾可盡情簪戴，直至插滿整個鬏髻。

女性從「斷七」到百日除靈期間，替不太重要的親戚戴孝戴白縐紗金梁冠及頭面，著銀紅遍地金妝花補子襖、藍色妝花織金裙、丁香色膝褲、老鴉色遍地金平底鞋

男性守孝期間參加活動的吉服

明中期以後，很多人都經不起世間繁華的誘惑，尚在喪期便頻繁現身於聲色犬馬場所，甚至出身門風嚴謹的大家族子弟也是如此，只是在百日除靈前，他們仍需戴孝，用冠服訴說家裡發生的變故。他們不會直接穿煞風景的麻布服飾出去應酬。在不太隆重的場合，男性按照身分戴質地不同的白色巾帽，穿尋常日子穿的衣衫即可，衣衫甚至可以是最時興的款式。

「斷七」後官員出席筵席的服飾，戴白絨忠靜冠，穿紫絨獅子補直身

第八章
應景服飾

場景十九　女主人的生日宴

八月中旬某一天是女主人的生日。爲了替她慶祝，家裡張燈結綵，連續兩天大擺筵席，邀請親朋好友同樂。我們看來，女主人太鋪張，然而對於高官勳貴，兩場筵席著實不夠風光。他們的生日筵席會占用四天甚至更長的時間，以便按身分高低招待不同階層的賓客。

值得注意的是，兩次筵席各有側重：生日當天擺的筵席叫「做生日」，是親朋好友與女主人一同娛樂；生日前一天擺的筵席稱爲「上壽」，透過下級、奴僕的磕頭展現女主人的地位，體現的是禮法。因此不能把明代人的生日簡單理解成吃飯、喝酒。

正面戴的仙子

一、什麼是正面戴的仙子？

送走一眾賓客，女主人喜滋滋地盤點壽禮。絕大多數壽禮和往常一樣毫無新意，唯有一件正面戴的仙子充滿新鮮感。正面戴的仙子是戴在鬏髻正中的分心，之所以以「仙子」命名，是因以仙人爲裝飾題材。

把仙人戴在頭上並非明代首創，至少在隋代，花釵冠就採用了同類裝飾題材。不過明代的仙人題材包羅萬象，大黑天、摩利支天、佛陀、魚籃觀音、西王母、南極仙翁以及麻姑等。

蔚然成風，倒也算得上是極大的拓展。大黑天和摩利支天是密宗的神，祂們能端坐於皇族頭上，與皇帝出於政治考量而推崇密宗分不開。雖然最初只在上層推廣，但是宗教信仰也能憑藉皇室的影響力點燃民間的好奇心，進而影響民間裝飾藝術。於是，「十相自在」及「唵」、「吽」等六字真言趁機改變了女性頭上的風景。

明成化金鑲寶「吽」字分心
北京右安門外明墓出土，出自《北京文物精粹大系》編委會、北京市文物局編《北京文物精粹大系·金銀器卷》

明金「唵」字分心
武進前黃的明代夫婦墓出土
（核桃蛋攝）

二、簪釵的用途，只是單純的裝飾嗎？

民間審美宛如流水般沒有固定模式，待新鮮勁一過，大眾很快對外來宗教感到厭倦。本土傳說瞄準時機捲土重來，從富貴、長壽、平安等多個世俗化的角度與人們共情，女主人的分心就能體現出這種轉變。它於簪首底部聚攏幾團繚繞的祥雲，祥雲捧出「壽」、「心」二字，字前立著手持金蟾的劉海，巧妙地將「壽星」的諧音和劉海戲金蟾的傳說結合起來。再聯繫饋贈的時機，便能明白它最重要的功能並非裝飾，而是做為吉祥符號，迎合人們追求祥瑞的心理需要。

金鑲寶劉海戲蟾分心
（松松發文物資料君攝）

應景紋樣

一、什麼是「應景」？

假如我們穿越成爲一位銀匠，千萬不要暗自竊喜，以爲隨便甩出現在國際大牌的設計就能鎭住幾百年前的老古董，古人可沒那麼好糊弄。

和專注於展示珠寶本身的現代設計相比，古人更重視裝飾題材的象徵意義。銀匠自由穿梭在浩如煙海的歷史傳說和文人高雅的意趣中，利用諧音、象徵的手法設計出妙趣橫生的紋樣，力求和喜慶景象相映成趣，這種設計理念叫作「應景」。

二、應景紋樣的獨特性

劉海戲蟾分心的魅力來自從細微之處努力融入場景，凸顯主題，這也是應景紋樣的設計理念。我們可能會產生疑慮，擔心這樣的理念與時尚潮流相悖，令簪戴者失去個性。無須擔心，富有美感的設計總能輕易攫取人們的目光，令壽星脫穎而出。更何況應景服飾本身也是獨闢蹊徑的存在。哪怕都以祝壽爲主題，銀匠也可以擷取不同的元素，不斷翻新樣式和設計，進而營造不同的美感。要知道，戴著腳鐐跳出的舞蹈往往比不受約束的創作更具感染力。

風格迥異的金鑲寶玉「壽」字分心
出自北京市昌平區十三陵特區辦事處編《定陵出土文物圖典》卷一

用於祝壽的「鹿鶴（六合）同春」團花

用於祝壽的「壽」字和壽桃紋樣

三、應景紋樣的設計

㈠攢聚寓意相同的素材

設計應景紋樣是一門學問。首先要攢聚寓意相同的素材，它們是得到主流社會共同認可的物質符號，透過這些符號，整個社會能立刻將其與被賦予的象徵意義聯繫起來。哪些傳統元素可以用來表達「壽」之意？答案有「壽」字、表示程度的「萬」字，還有仙鶴、蝙蝠、海水、江崖、佛手、仙桃、靈芝、蒼松、鹿等圖案。

㈡基礎設計程序

光有符號還遠遠不夠，還要按照某種程序組合後才能達到理想效果，採用諧音或擇取物品的形象構成吉祥寓意是設計應景紋

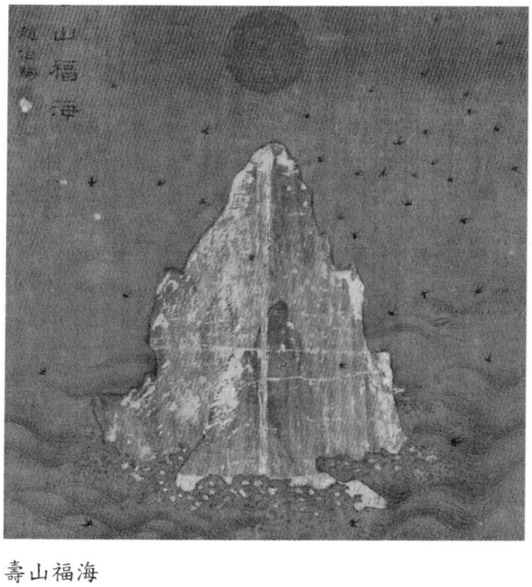

壽山福海
佚名繪《壽山福海圖》局部

「萬壽洪福」錦（羊麒狼根據明代文物繪）
該紋樣組合了表達萬字的卍，諧音「洪福」的蝙蝠，表達長壽的壽字即五色祥雲

樣的慣用手法。

我們來看這樣一塊圓補：一條巨蟒自海水中躍起，前肢捧出梅花、牡丹、菊花，位於犄角上的蓮花花瓣徐徐打開，吐出「聖壽」二字；巨龍左右兩側各有三條子孫蟒，每條蟒或托壽桃或捧靈芝，壽桃和靈芝上有「萬」、「年」、「洪」、「福」、「齊」、「天」幾個字，合起來就是「聖壽萬年，洪福齊天」。補子的構圖並不複雜，難得的是每一部分都能用不同的元素來演繹主題。譬如屈居配角的壽桃、靈芝象徵長壽，海水、江崖亦取其形象寓意，象徵壽山福海；而梅花、牡丹、蓮花和菊花一同綻放被稱爲「一年景」，它們湊在一起有「歲歲有今朝」之意。

不難看出古人爲何要將主題相同的元素組合在一起，它們能夠讓人產生「喜上加喜」的感覺，喜慶氛圍因此愈發濃烈。出於這種心理，明代人圍繞福、祿、壽、喜、財等主題創立一套吉祥密碼，不僅寄託對美好生活的嚮往，而且體現了他們對美的追求。

㈢ 進階設計，穿在身上的史詩

如果你熟悉現在國際大牌珠寶的設計，會發現其中不少創

花瓶上懸飾蝙蝠、壽桃香囊、盤長，寓意福壽綿長；花瓶下擺柏樹枝、柿子、蘋果、佛手、靈芝細頸瓶，寓意百事大吉、福壽平安
清，佚名繪《歲朝清供圖》局部

明中期剔紅荔枝盒
荔枝諧音「利子」、「利市」，寓意人丁興旺、生意興隆，是宋代就開始流行的吉祥紋樣，常用來裝點服飾、器具

意來自古代傳說。將傳說中個性鮮明的人物、波瀾起伏的情節轉化爲可以觸摸的視覺形象，也是明代應景紋樣的設計思路。下面就來聊一聊一套因明代傳奇《瑤池會八仙慶壽》而衍生的頭面。

(1)龍鳳，並不只代表高貴

「乘鸞跨鳳任翱翔，飄飄兩袖拂天香」（出自明代雜劇《瑤池會八仙慶壽》第三折），神仙赴會，少不了乘鸞騎鳳，於是工匠打造了一支挑心，簪首飾穿過繁花的鳳鳥。鳳鳥精雕細琢，又依祥雲的輪廓勾勒出尾翎。祥雲上浮著一粒大珍珠，珍珠外盤桓著兩條頭尾交纏、以戲珠爲樂的龍。

設計的確十分巧妙，但鳳和龍並不是長壽的象徵，它們的存在是否多餘甚至弱化了祝壽的主題？

雖然應景紋樣以渲染喜慶的氛圍爲第一要務，但並不代表只能在逼仄的眞實空間中施展。用來插戴頭面的鬏髻在此時略大於成年人的拳頭，完全可以用「方寸之地」來形容，用來譜寫一部史詩簡直就是痴人說夢。由此，必須構建一個與現實場景緊

緙絲萬壽圖局部

臣子為恭賀皇帝生日而獻上的萬壽圖，圖中的兩條升龍彰顯受饋贈者的身分

金鑲寶龍鳳呈祥挑心

明代益宣王繼妃孫氏墓出土（熊汪波攝）

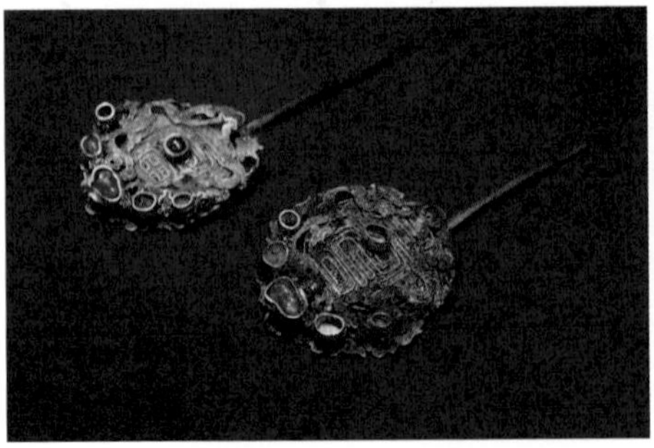

一對金累絲鑲寶雙龍「福」、「壽」掩鬢簪
（熊汪波攝）

金嵌寶西王母騎青鸞分心
明代益宣王繼妃孫氏墓出土（熊汪波攝）

密相連但更加豐滿的獨立意境。一隻破空而出的鳳鳥徹底擺脫了空間上的限制，讓工匠的思緒能夠天馬行空。

工匠用鳳鳥創造如詩如畫的意境，那麼龍的作用呢？相比攢聚吉祥寓意，彰顯皇家的威嚴和尊貴也同樣重要。

(2)神祕的乘鳳女神

正面的分心飾一位乘青鳳的女神。她盤膝坐於青鳳背上，手持如意，衣袂翻飛，當是歷經一段時間的疾馳後正徐徐降落。此時太陽高掛，日光傾瀉而下，鳳鳥青色的羽毛被染成了金色，泛出炫目的光彩，富貴氣象不輸鑲嵌在翅膀和尾羽的寶石。

我們不由得猜測女神的身分。喜慶的景象中，銀匠不可能讓人看到半分淒涼蕭瑟，因此她不可能是常出現在紈扇上的乘鸞女。因〈團扇歌〉「上有乘鸞女，蒼蒼蟲網遍。明年入懷袖，別是機中練」的詩句會令人潸然淚下，與喜慶的氛圍不符。一對金累絲鑲寶雙龍「福」、「壽」掩鬢揭開了女神的身分：她正是西王母，因贈予后羿不死藥、送漢武帝仙桃的傳說而成爲長壽的化身。

(3)祥瑞大使，壽星和八仙

熱鬧喜慶離不開眾仙拜壽，壽星和八仙遂登上舞臺。

壽星又稱南極仙翁，是一位身材矮小、鬚髮飄逸的老者，因象徵健康長壽而在皇室和民間享有極高的聲譽。八仙在明代指鐵拐李、徐神翁（明朝中期，何仙姑慢慢替代了徐神翁）、呂洞賓、藍采和、鐘離權、張果老、曹國舅、韓湘子八位仙人。他們各自有一個象徵祥瑞的道具：鐵拐李的是剛強如松柏、堅硬如鐵石的拐杖；徐神翁的是包藏大地山河、貯滿靈丹妙藥的葫蘆；呂洞賓的是移種在蓬萊閬苑盛開不敗的花；韓湘子的是篆福壽字樣的花籃。

赴蟠桃宴不能只帶一張嘴，眾仙人也有任務在身。鐘離權負責獻紫瓊鉤，張果老獻千歲韭菜，藍采和輕歌曼舞，曹國舅拿著笊籬去撈壽麵。這九位神仙聚在一起，最終湊成個「壽比南山增喜氣，福如東海永波濤」（出自《瑤池會八仙慶壽》第三折）。

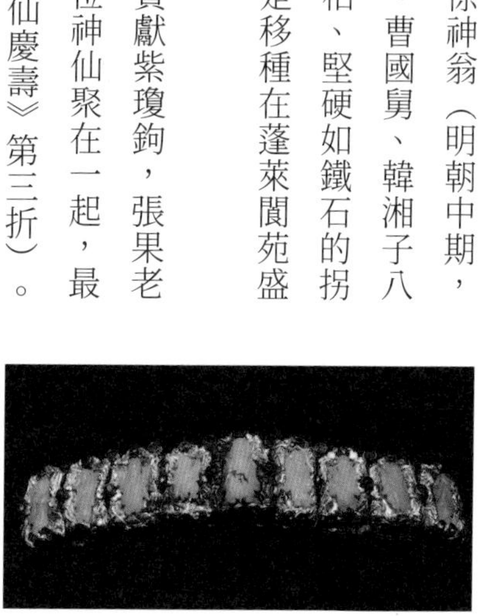

金鑲玉寶八仙慶壽鈿兒（熊汪波攝）

場景二十　元宵節（上元節）出遊

正月十五日那場由女主人主持的筵席一直持續到三更（當晚二十三點至第二天凌晨一點），最後在幾架煙火中落幕。當時大街上遊人如織，見煙火璀璨多姿，紛紛擁過來觀看。人潮中，一位手擎摩羯燈的少女格外引人矚目。她戴著銀絲雲髻，圍一條珠子瓔珞，頭上勒著羊皮金沿邊的珠翠頭箍，耳邊低垂金燈籠耳墜；身穿一件白綾襖、大紅織金比甲，繫一條織金瓔珞出珠碎八寶寬襴裙，一雙月下白海馬潮雲膝褲；腳上一雙大紅織金歲寒三友平底鞋。

少女的元宵節裝束

一、銀絲雲髻

雲髻可用作少女日常裝束，亦可成爲盛裝的基本組成。它以金銀銅絲等材料編成環形底座，於底座前後兩端架一座虹橋。此爲尋常做法，是樣式簡潔的一種。還可趕個時髦，在底座上用金屬絲掐出幾朵卷雲或靈芝，在虹橋後端兩側各列一座山子。這兩種流行元素的運用使得雲髻頗像一頂縮小的梁冠。

二、金鑲琉璃花簪

固定銀絲雲髻的是金鑲琉璃花簪，女性以琉璃爲首飾的歷史很悠久，至少可追溯至漢代。漢樂府有「腰若流紈素，耳著明月璫」之句，道出了琉璃耳璫如明月一般晶瑩剔透。

琉璃首飾雖美，但在文人眼中卻是「流離」之兆。有此擔憂緣於南宋咸淳五年（一二六九年），朝廷提倡節儉，禁止婦女佩戴珠翠，宮中

另一種樣式的雲髻

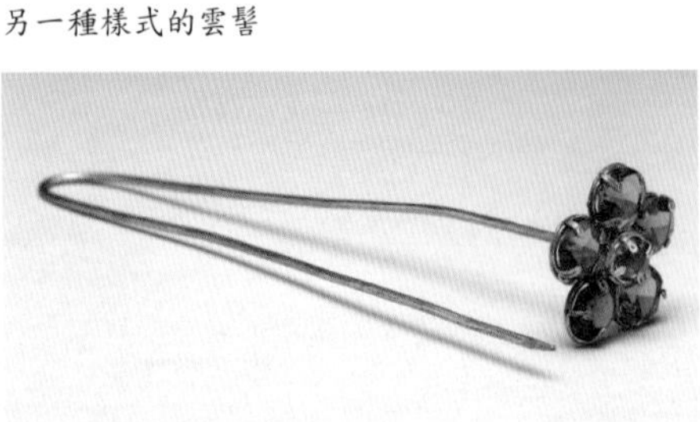

清同治時期的金鑲琉璃花簪

少女的盛裝
明，佚名繪張濟民夫婦容像局部

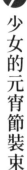

女眷遂以藍色琉璃簪釵爲替代品，民間女性紛紛效仿，待「天下盡琉璃」時，南宋即告滅亡。這場殘酷的浪漫上演前，宋人已經徹底弄清琉璃製作的原理：它竟然是用鉛、硝等廉價石頭燒成的。如此一來，琉璃做爲佛家七寶之一的神祕色彩消失殆盡，稱呼也漸漸被「料石」代替。琉璃首飾從此走下神壇，變得比天然珠寶玉石更親民了。

三、金燈籠耳墜，傳統元宵節節物

明代，耳墜和耳環有著嚴格的區分界線。耳墜略去了誇張的S形環腳，在粗金屬絲彎成的圓環下懸繫可搖曳的飾件。雖不及耳環典雅莊重，但勝在風流嫵媚。

得益於流行的燈景，耳墜的裝飾題材中收入了燈毬。少女的這副耳墜用金絲編結而成，長不過一寸，最上方掛著懸繫鈴鐸的六角燈蓋，燈毬上點綴鑲嵌細碎珠寶的梅花，分外精緻玲瓏。

明代嵌寶石珍珠累絲耳墜（松松發文物資料君攝）

元宵節少女的首飾

金累絲燈籠耳墜（松松發文物資料君攝）

四、白色衣裙，又一樣傳統元宵節節物

㈠白色，元宵節的流行色

一道朱紅色大門將吃酒筵的眾堂客和走百病的仕女隔成了兩個世界。高規格的筵席上，再流行的時裝都難登大雅之堂。娘子們依身分裝扮得花團錦簇，跟著伺候的婢女也插金戴銀、披紅垂綠。門外的觀燈仕女卻走了另一個極端，她們用裝束表明，白色才是元宵夜當之無愧的寵兒。然而，時尚流行常飽受詬病，白色亦不例外。它適用於喪事，又暗含兵戈之象，在文人眼中是不祥的顏色。之所以備受青睞，無非是因在覽不盡的燈火前，再豔麗的色彩也黯淡無光，不加修飾的白色反而能散發出令人痴迷的色澤，襯得人愈發俏麗。這個特點使得白色衣飾蔓延到整個年節，甚至有向日常著裝擴散的趨勢。

㈡奢侈的白綾襖

裁製白色衣衫的面料種類不少，綾最受男女老幼青睞。白綾又以松江府產的輕薄白綾爲最佳，是少數人才消費得起的奢侈品。即便是小有資產的市井婦女，也未必置辦得起一件白綾襖。她們多半只能穿紫潞綢襖、玄色披襖，繫一條挑線絹裙走百病。普通溫飽之家的婦女更負擔不起元宵應景服飾的花費，只能撿自己最光鮮的衣服湊數。一方銷金汗巾、一領紅襖、一件玄緞比甲、一條玉色絹裙已是她們竭盡所能湊出的行頭。

㈢白碾光絹五色線挑寬襴裙

若看膩了織金裙，少女還可以換一條白碾光絹五色線挑寬襴裙。什麼是碾光絹？即經過砑光處理的

白羅繡花裙（谷大建攝）

絹。當時的工匠會用磨光滑的大蚌殼代替石塊，竭盡全力將煮練過的絹刮磨一遍，以增加光澤度。在燈火之下，白絹微微泛著白光，溫柔得彷彿掬了一捧月光。

這樣的裙子只適合走雅麗風格，若如妝花織金裙那般聲勢奪人反倒破壞了意境。雅麗並不是素淡，它工於修飾，底部裝飾著寬約三十四公分的裙拖。裙拖上面用五色絲線繡出風光秀麗的庭院景色，庭院中鑿開池子，引來一池春水，水上架起一座回廊，池邊點綴嶙峋太湖石，又廣植翠竹、蓮花、牡丹、薔薇等植物，引得春燕、喜鵲、鴛鴦、鳳凰等百鳥流連忘返。

五、元宵節裝束的風格

看到這裡，大家會認爲元宵節的裝扮都無比淡雅，然而事實並非如此。搭配白綾襖的，通常是各色遍地金比甲和紅、黃、藍等豔色裙子。這樣的對比使得白綾襖愈發素淨清冷，比甲、裙子以及滿頭珠翠愈發豔麗奢華。用素淨清冷去碰撞明豔華麗，比當代色彩飽和度高得可怕的紅配綠高級多了。

膝褲拖上的紋樣：織銀海馬潮雲

比甲和白綾襖緣邊的紋樣：彩繡折枝花

大紅織金比甲上的紋樣：
賓雁銜蘆
四合如意雲紋為底紋，雲紋中以金線勾邊，內織賓雁銜蘆紋樣（紋樣為作者參考費城博物館藏經皮設計）

平底鞋上的紋樣：織金歲寒三友

少女的元宵夜盛裝：銀絲雲髻、珠子瓔珞、白綾襖、大紅織金比甲、藍緞織金裙

由宮廷流入民間的新樣

一、什麼是新樣？

或許你還記得女主人的燈景襖子。它是宮廷服飾的典範，值得我們花費時間傾聽它的故事。如果要用一個詞來形容宮廷服飾的風格，女主人多半會選「分裂」。相對於民間，宮廷女裝的樣式雖過於老舊，但紋樣異常新穎，這些新穎的紋樣被統稱爲「萬曆新樣」，至少承載了宮中歲時節令一半的樂趣。

紋樣之所以敢稱「新」，是因爲參與創作的宮眷、宮人長於擷取歲時節令中獨有的景物，以擬物、象形的設計手法提煉出精美的紋樣，最終形成完整的應景紋樣體系和按歲時節令轉換的方式。其中的意趣遠勝民間傳統的燈毬、艾虎、雲月和「一年景」。

二、新樣的擴散途徑

新樣的創作由宮廷主導，透過賞賜緩緩流入民間。當然，內務府向地方織染局派發宮廷日用等用途的織染任務也促成了新樣在民間的擴散。待工匠熟練掌握新樣的織造後，蘇杭、松江等城市憑藉高度發達的

金鑲寶祥雲托日月裝飾
（核桃蛋攝）

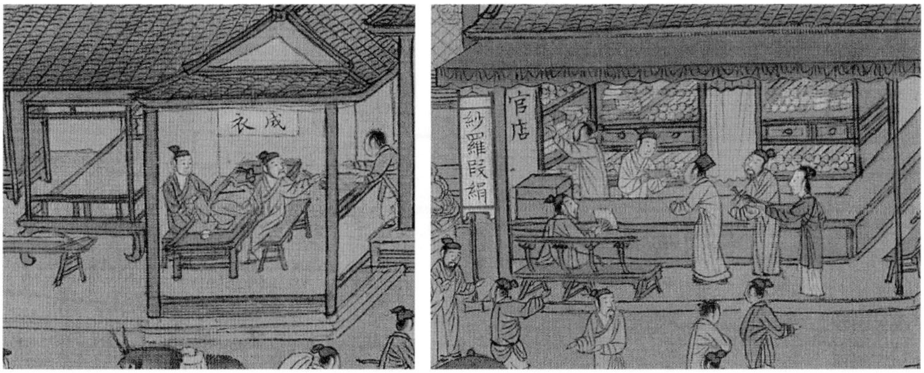

綢緞鋪、成衣鋪

百姓可以在市場上買到綢緞等高級面料，然後請裁縫加工，也可以選擇去成衣鋪消費。倘若衣裙樣式稍顯老舊，還可以去典衣行當掉，所得錢財又用於追逐新的時尚。自己織布、製衣並非時尚男女的首選模式。明，仇英繪《清明上河圖》局部

手工業將原本帶著濃重皇權色彩的物品轉化爲可在市場交易的商品，爲民間服飾時尚留下了濃墨重彩的一筆。這從側面解釋了爲何服飾僭越屢禁不止，成熟的產業鏈替明代的僭越提供了物質基礎，令朝廷的禁令多次鎩羽而歸。

三、各個歲時節令的節物和新樣

(一)正旦

時間：正月初一，即現代人的「春節」。

定位：在明代和現代都異常隆重的節日。

朝廷儀典：正旦朝賀。

民俗活動：闔家用三牲祭祖，用糕點、乾鮮果祭佛；放炮仗，吃匾食，吃驢頭肉，吃裝著柿餅、荔枝、龍眼、栗子、熟棗等乾果的「百事大吉盒」，飲屠蘇酒；互相拜祝，恭賀新年等。

宮中新樣：穿葫蘆景補子及蟒衣，戴用豌豆大小的葫蘆製成的首飾——草裡金，宦官會在官帽上飾大吉葫蘆鐔針、枝個。

民間新樣：無。

傳統節物：「鬧嚷嚷」。

所用服飾：正旦朝賀時，皇帝穿袞冕，文武百官穿朝服；地方官員上表稱賀，穿朝服在衙門行望闕禮。皇后穿由九龍四鳳冠、翟

換上華麗新衣燃放爆竹的少女

頭年臘月二十四到第二年正旦使用的「大吉」葫蘆紋樣

衣組成的禮服接受命婦朝賀，朝賀時命婦亦穿禮服。行完國禮，宮廷上下換穿綴有葫蘆景補子的吉服。民間富貴之家亦換穿吉服，家境一般的普通人換穿新衣服。

㈡立春

時間：立春是二十四節氣之一，具體時間不定。

定位：在明代的重要性遠超現代。

民俗活動：立春前一日，官府組織盛大的迎春儀式。立春當日，塑土牛（春牛）和芒神，官員鞭打春牛以示催耕；順天府府尹將春牛和句芒抬入宮中，向皇帝、皇后、皇子進春；杭州等地在鞭打春牛前還會舉行盛大的社火，人們擠在大街兩側，將麻、麥、米、豆奮力拋打在春牛身上。這天會食用蔥、蒜、韭、蓼蒿、芥菜等製成的春盤（又稱五辛盤），也會吃新鮮蘿蔔（被稱爲「咬春」）。

「太平安樂」春幡（核桃蛋攝）

宮中新樣：無。

民間新樣：無。

傳統節物：春燕、春雞、春幡等。

所用服飾：迎春儀式中，官員簪花，按品級穿大紅補子圓領袍；儒生穿襴衫、青圓領。立春當日，官員按品級穿公服鞭打春牛，禮拜芒神；向皇帝進春時，文武百官穿朝服朝賀。婦女無論是否參加社火，都會在立春當日簪戴春幡、春燕等節物。

㈢元宵

時間：正月十五。

定位：大多數現代人只吃湯圓應景，但在明代是空前繁盛的節日。

民俗活動：正月初十開始，各地會陸續舉辦燈市。燈市最繁盛時當屬正月十六日，但也是燈市結束之日。只有福建是個例外，燈市一直延續到正月二十日。除了觀燈，還有放煙火、走百病、跳百索、擊太平鼓、唱儺戲等民俗。人們也會去三官廟祭拜，請求天官賜福。

宮中新樣：燈景補子及彩色蟒衣。

民間新樣：無。

所用服飾：民間婦女戴鬧蛾、玉梅、燈毬等首飾，穿白色衣裙；時髦男青年效仿婦女，開始穿白色衣服。

㈣清明

時間：冬至後第一百零八日。

定位：現代人想像中淒慘悲戚實際卻充滿明媚色彩的明代嘉年華。

民俗活動：墓祭，春遊，觀看藝人表演吞刀、吐火、高空走索等雜技，打秋千，鬥百草，賞牡丹和海棠。宮眷內侍在鬢邊簪楊柳，在後宮各宮院安秋千一架。

宮中新樣：秋千紋樣。

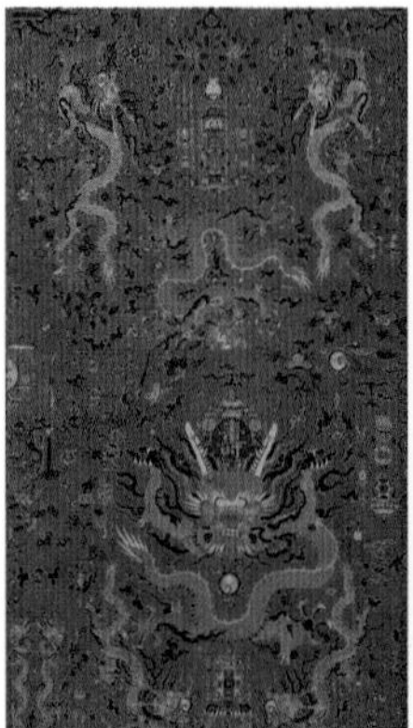

明代燈景織物

明代燈景經皮

民間新樣：無。

傳統節物：無。

民間墓祭、春遊服飾：依身分著盛服。官員著大紅補子圓領，官員妻著大紅通袖袍；儒生著青圓領、襴衫，儒生妻著大紅通袖袍；普通百姓著綾羅等高級面料裁製的道袍、直身、褶兒，他們的妻子依財力著大紅通袖衫或綾羅等高級面料裁製的裙衫。

(五)端午

時間：五月初五。

定位：現代簡化許多，但明代異常多彩的節日。

民俗活動：繫端午索，戴艾葉、五毒靈符；飲雄黃酒，吃粽子；懸五雷符，門上插菖蒲、艾葉，掛畫有天師馭虎、仙女執劍降五毒的弔屏；踏青；宮中、楚地、蜀地、閩地爭相競渡；端午節也是北京等地的女兒節，

打秋千
明，仇英繪《清明上河圖》局部

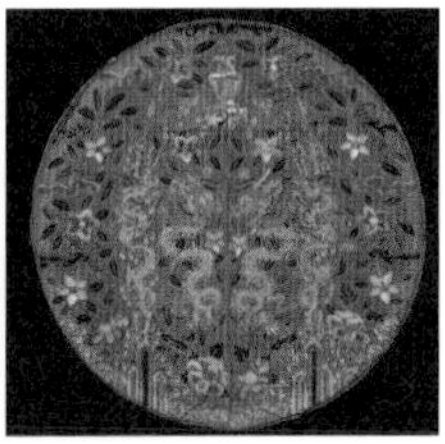

秋千補子

鬥百草
明，仇英繪《漢宮春曉圖》局部

五毒艾虎補子（羊麒狼根據明代補子繪）

五毒紗

榴花下懸掛的艾葉、方勝、艾虎、艾人、小粽子等節物
佚名繪《天中佳景圖》局部

各家用石榴花裝扮未嫁女，出嫁女則回娘家團聚。

宮中新樣：五月初一日至十三日，宮眷、內臣皆穿五毒艾虎補子蟒衣。

民間新樣：無。

傳統節物：釵符、艾虎、艾人、小粽子、長命縷。

㈥七夕

時間：七月初七。

定位：現代被商家為促銷商品而捧成情人節，但明代是和愛情沒有半點關係的乞巧節。

民俗活動：女性乞巧。北京等地的女性投針驗巧，她們將一根針投入盛滿水的碗中，倘若針影像雲朵、鮮花、鳥獸或剪刀等物，便是得了巧。有的地方的女性穿針乞巧，她們在庭院或樓臺擺上酒餚瓜果，一邊講牛郎、織女的傳說，一邊對月穿針乞巧。還有蜘蛛乞巧，七夕當天將蜘蛛裝在小盒中，第二天早上觀察盒中蛛網，倘若蛛網稠密則乞巧成功。

金鑲寶喜珠簪（川后攝）

宮中新樣：鵲橋補子。

民間新樣：喜蛛簪。

傳統節物：宋代有魔合羅，但明、清時期已不甚時興。

(七) 中秋節

時間：八月十五。

定位：明代和現代都很受重視的節日。

民俗活動：食月餅，闔家祭月，飲酒作樂。明代的祭月很是講究，人們將祭桌安放在月亮升起的方位，桌上供奉一張月光紙，月光紙尺寸不一，小至十公分長，大至三公尺長。紙上繪月宮，月宮中有一隻站立的兔子正在搗藥。祭桌上還要擺放圓形的月餅和時令瓜果，西瓜須切成蓮花狀。

宮中新樣：玉兔補。

民間新樣：無。

傳統節物：無。

(八) 重陽節

時間：九月初九。

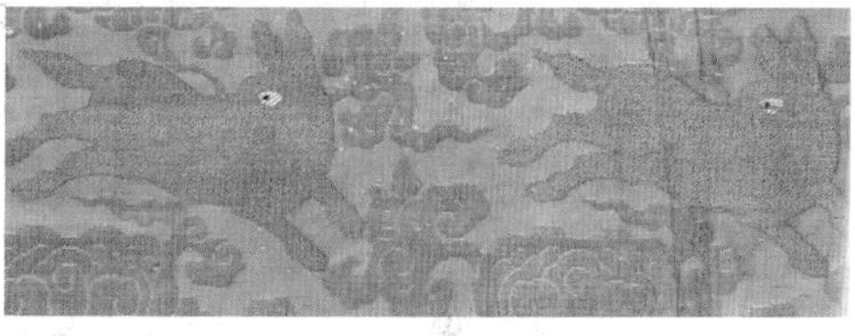

玉兔紋飾紗（圖片由大都會博物館提供）

仙女玉兔紋裙襴

清末民初的月光紙

定位：現代被包裝成敬老節，但明代實則爲登高賞花的節日。

民俗活動：食花糕、螃蟹，飲菊花酒，賞菊花，登高。

宮中新樣：自初四開始換穿重陽景菊花補子蟒衣。

民間新樣：無。

傳統節物：無。

(九) 頒曆

時間：十月初一。

定位：被大多數現代人遺忘，但明代很受重視的節日。

民俗活動：送寒衣。和清明、中元節一樣，十月初一是祭祀先祖的日子。人們紛紛到冥衣鋪購買彩色紙衣、靴、袜於當晚燒給先祖。倘若親人新喪，則只能送白紙做成的寒衣。

宮中新樣：八寶、荔枝、萬字、鯰魚等構成「寶曆萬年」。

民間新樣：無。

傳統節物：無。

(十) 冬至

時間：十一月某一天。

纏枝菊花紋（圖片由大都會博物館提供）

定位：現代大多數人只知道在這一節氣吃餃子（臺灣習俗爲吃湯圓），但備受明代朝廷重視，與正旦、萬壽聖節一道合稱「三大節」。

朝廷禮儀：冬至當天，皇帝到南郊祀天，祭祀結束後，接受文武百官朝賀，各地宗藩、官員上朝賀表箋、行望闕禮。

民俗活動：常朝官員著吉服相互拜冬；民間婦女贈送尊長鞋履；民間、宮中俱或繪或印「九九消寒」詩圖，每日塗一片梅花花瓣；宮中還會裝飾綿羊引子畫貼，以求吉祥。

宮中新樣：陽生補子蟒衣，綿羊太子紋樣。

民間新樣：無。

傳統節物：無。

所用服飾：皇帝在祀天和接受朝賀時著袞冕，陪祀官員著由梁冠、青羅衣、紅裳組成的祭服，其餘官員著朝服在承天門迎接祭祀歸來的皇帝，然後仍穿朝服朝賀。待國禮結束，宮廷上下換穿吉服，文武百官換穿大紅補子圓領相互拜冬。

(十) 祭灶

時間：十二月二十四。

定位：逐漸湮沒在歲月中，但備受明代人重視的節令。

金鑲寶綿羊引子掩鬢（綿羊太子騎羊，戴狐帽，穿裘皮罩甲，肩扛一枝梅花，枝上懸掛鵪籠）

北京海澱區青龍橋董四村明墓出土，出自《北京文物精粹大系》編委會、北京市文物事業管理局編《北京文物精粹大系·金銀器卷》

陽生紋樣（羊口吐清氣即「陽生」）

民俗活動：宮裡蒸點心，辦年貨，競買時興綢緞製衣；民間以糖餅、黍糕、棗栗、胡桃、炒豆祭灶，焚燒購買的灶馬以示送灶君朝天，同時用加黑豆的草料「賄賂」灶神的坐騎——灶馬，希望灶君述職時多替自己美言，以此收穫玉帝降下更多福氣。

宮中新樣：葫蘆景補子及蟒衣。

民間新樣：無。

傳統節物：無。

㈩除夕

時間：臘月三十。

定位：明代和現代都很隆重的節日。

民俗活動：宮中和民間俱換新桃符，貼門神，室內懸掛鍾馗、判官等畫像，在屋簷下插芝麻稈，希望日子愈過愈興旺；燃放爆竹，架松柴，有些人家甚至將松柴堆得和房屋一樣高，入夜後焚燒，謂之「熰歲」、「燒松盆」；闔家祭祖，守歲，大吃大喝，分食類似中秋節月餅的「團圓餅」。

宮中新樣：葫蘆景補子及蟒衣。

民間新樣：無。

傳統節物：無。

換上華麗新衣，張貼鍾馗年畫的少女

第九章 用於朝覲的服飾

場景二十一　朝覲考察前的閒聊

得知男主人會參加來年正月舉行的朝覲考察後，府中上下頗爲興奮。大家湊在一塊兒，圍繞皇帝后妃的容貌、衣食住行、京都軼聞開了好幾次「座談會」。唯有女主人的關注點不同，她迫切期望男主人替她掙一個封贈，好在正旦、冬至以及壽誕慶賀魯王妃，進一步提升社交圈的層次。

禮服，女性最重要的服飾類別

現代人所說的禮服是一類服飾的統稱，專用於某些莊重場合和重要儀典。明代人的禮服卻沒有這麼寬泛，它是明代衣冠體系中的一個類別，僅爲內外命婦所有。一旦被塑造成特殊群體的身分象徵，服飾就會變得無比高貴，進而遠離日常生活。不過成爲禮制的重要一環，僅用於受冊、朝見、祭祀等重要儀典也不是什麼壞事。在重視禮制的國度，禮服的生命力比隨時面臨淘汰的時裝頑強太多。

如何才能擁有禮服？

官員妻子獲得朝廷封贈後方可穿著禮服。按規定，此項殊榮和官員的考核直接掛鉤，只有品階在七

朝覲考察流程圖

男主人於十一月初打點行裝，備辦拜見禮物 → 十一月二十二日，從山東臨清州出發 → 一路不緊不慢，於十二月初十抵達京城 → 十二月十一日一早，向上司遞上拜帖，上司管家將男主人迎到私宅吃酒，告知其即將升官 → 差僕人到鴻臚寺報名，領取臨時出入宮禁的水牌 → 十二月十八日，著常服行朝覲禮，然後由鴻臚寺官員引見 → 行完朝覲禮，被一名太監拉到值房內款待 → 十二月二十六日，拜見新上任的錦衣衛掌事都督同知 → 萬曆十四年（一五八六年）正旦大朝會，著朝服在皇極殿前行禮 → 正月初二，吏部會同都察院考察天下朝覲官，初四考核山東官員 → 正月初八考核完畢，開始獎懲，男主人升正五品 → 十八日，皇帝在會極門嘉獎廉能官 → 二十三日，三法司、科道官大班糾劾 → 二十六日，皇帝敕諭朝覲官，男主人著公服謝恩見辭

品以上，工作至少滿三年且通過考核，品行端正的官員才有機會替母親和妻子請封。

然而，朝廷封贈不同於如今國際大牌的特殊款，消費達到一定額度就能購買，想獲得封贈還得憑運氣。原配妻子和第一任繼妻獲得封贈的機會均等，第二任繼妻的機會十分渺茫，只能依靠特殊恩典。譬如明中期的名臣夏言，加封爲從一品的太子太師後，才成功替第二任繼妻申請了封贈。官員母親獲得封贈的規定有過變化，隆慶之後，繼嫡母失去封贈資格，而生母爲妾室者，要在生母已亡故或嫡母已不在的情況下，官員母親才能得到封贈。難怪容像畫中，許多頭戴鳳冠的女性只穿了補子圓領或通袖袍，不是她們不想穿大衫，而是制度不允許啊！

禮服的組成及搭配

一、大衫

禮服由珠翠冠、大衫以及霞帔組成。珠翠冠在前文已有講解，故不再贅述。大衫亦稱大袖衫，源自晚唐女性的披衫。宋代，它發展成熟，成爲仕宦、富貴人家女眷的盛裝。到了明代，大衫的用途再次改變。由於勳貴官員不再穿著冕服，除皇后、太子妃以外的內外命婦便失去了穿翟衣的資格，爲了填補空白，大衫從常服升格爲禮服。

大衫的樣式被烙上時光的印記。直領、對襟、大袖、衣身兩側開衩、衣擺前短後長、後擺曳地，點點滴滴都彰顯傳統的力量。但它也沒有墨守成規，某些細節還是體現了鮮明的時代特色，譬如原本位於大衫後擺底部的三角形兜子上移至腰部且被縫死，失去了收納霞帔的功能。

著大袖衫、曳地長裙、霞帔的杜太后
宋，佚名繪昭憲杜太后像

大袖衫
五代，佚名繪敦煌壁畫《菩薩引路圖》局部

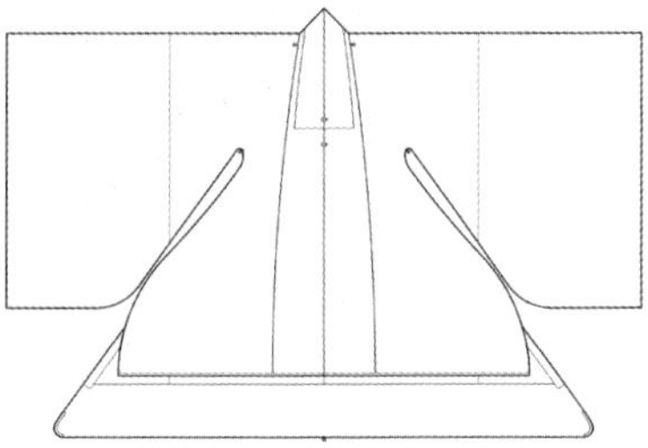

大衫形制示意圖一（正面）

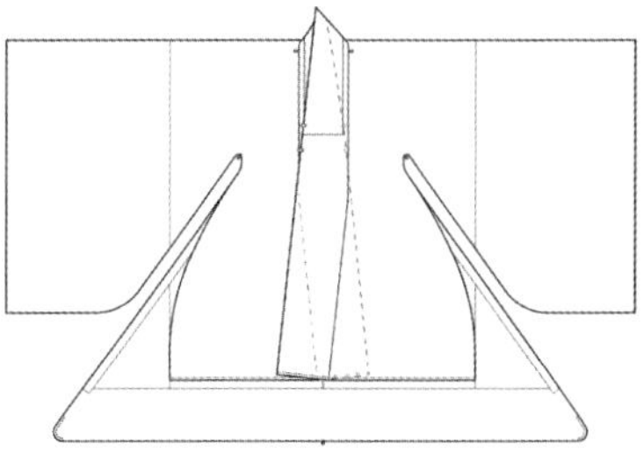

大衫形制示意圖二（正面）

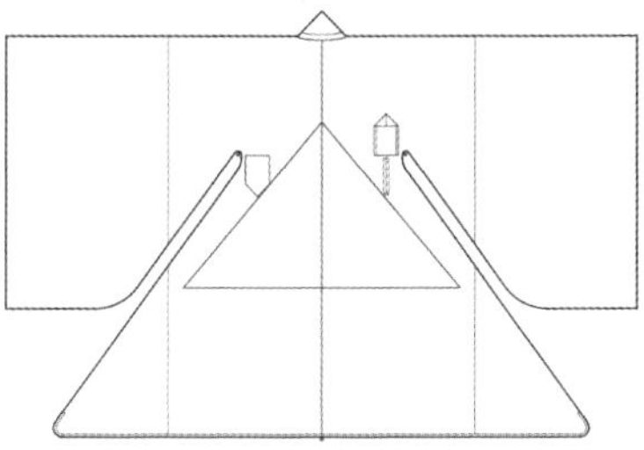

大衫形制示意圖三（背面）

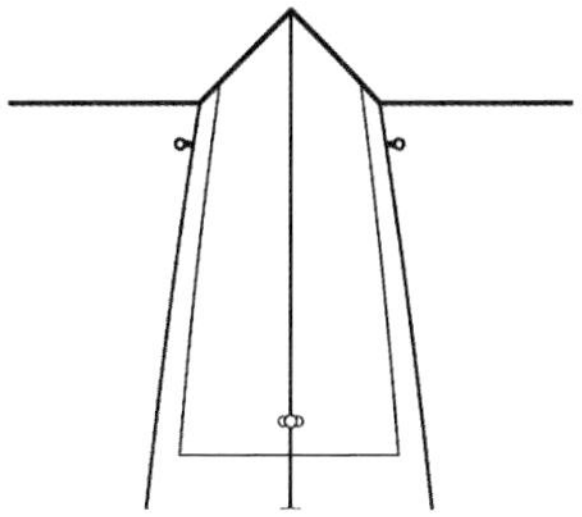

大衫領側的紐子與霞帔扣合之處

二、霞帔

霞帔由兩條狹長的絹帛帶子組成。帶子於前端製成三角形，縫合在一起，有的在此處縫綴兩、三條橫襻，以供懸掛帔墜。霞帔中間內側各縫扣襻一枚，用於與大衫領側的紐子扣合；繞過肩膀後又綴一條橫襻，爲的是將兩條帶子連接在一起，保持它們的平整和美觀。

爲了彰顯命婦的品秩，霞帔上裝飾花樣。根據規定，一二品命婦的霞帔飾雲霞、翟紋，三四品飾雲霞、孔雀，五品飾雲霞、鴛鴦，六七品飾雲霞、練鵲，八九品僅飾纏枝花紋。然而，規定和現實總有一定的出入。到了晚明，命婦們更傾向於裝飾品官花樣或寓意吉祥的圖案。

三、霞帔墜

霞帔墜本爲水滴狀，上鈒花樣。帔墜

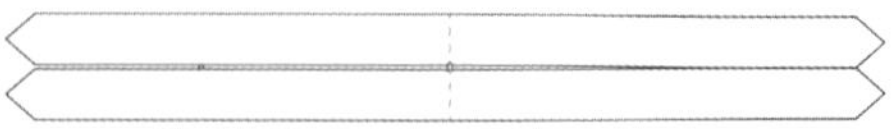

霞帔的形制示意圖（右側披在身前）

霞帔上的白鷳紋樣對應男主人正五品的品秩

明中期菊潭郡主的水滴狀霞帔墜，上飾翟紋（核桃蛋攝）

女主人的瓜果形帔墜

的花樣與霞帔一樣，均體現主人的身分。當僭越違制的風氣在民間彌漫之後，霞帔墜的裝飾功能陡然提升。工匠們依著潮流，取葫蘆、瓜果、雜寶、瓔珞、鯉魚等百物形爲樣板，將它打造成禮服中爲數不多的有趣元素。

四、禮服的搭配層次

成熟的服飾體系中，時裝和禮服的功用總是大相徑庭。時裝主要負責展現時代個性，因此時常變化，一心想突破固定的標準。禮服專注於展現歷史的厚重，更注重傳統的延續。

這個特點在禮服的搭配上體現得淋漓盡致。宋代，大袖衫內襯紅羅褙子、黃紅色紗衫、粉色紗短衫、紅羅長裙以及白紗襠褲。到了明代，大袖衫的搭配方式只是略微調整，最終形成了大袖衫、圓領袍（內命婦爲鞠衣）、褙子（又名四褛襖子，後被襖衫代替）、襖衫、汗衫（冬季爲小襖）的固定方式。

宜人（五品命婦）的禮服：
珠翠冠、大衫、霞帔、圓領袍、裙、象牙笏板、金鑲寶石鬧妝

場景二十二　朝覲官駐足寒風中

進了宮城，男主人遵循流程行朝覲禮。儀式剛結束，他被幾個內使攔住去路。這天天氣格外陰冷，朝廷又不許覲見的朝覲官戴暖耳，男主人在寒風中站立許久，早已喪失思考能力。爲首的太監顯然是個急性子，見男主人一臉茫然地看著自己，一把將他拉到值房內說話。

暖耳，身分的象徵

一、彰顯權威的禦寒小物

暖耳和女性的臥兔兒一樣，是戴在頭部的禦寒用具。它的結構稍顯複雜，先用兩寸寬的黑色素緞做圓箍，再在圓箍兩側各綴一塊貂皮。

別小看一個小小的暖耳，非皇室宗藩、內侍、文武官員者不能享用。爲了體現皇權的威嚴，常朝官員完全失去自由佩戴暖耳的權力，他們必須等到每年十一月皇帝賞賜後方能佩戴。倘若皇帝耍賴不發，官

男主人的暖耳

員還要上〈請傳戴暖耳疏〉替自己爭取福利。

二、兩極化的用戶體驗

在我們眼中，暖耳戴在大老爺們頭上會產生反差感，毛茸茸的很是可愛。但明代官員不接受這種反差，甚至覺得暖耳的外形不雅觀。某些身體強壯的南方官員寧願忍受霜刃般的朔風也強撐著不用。與南方的同僚相比，男主人卻對暖耳青眼有加。他並非被幾百年後的審美同化，而是急於透過暖耳炫耀身分，獲得高人一等的優越感。

戴平巾的小火者或內使
《東閣衣冠年譜畫冊》局部
（王軒攝於「明萬曆于慎行肖像畫冊展」）

宦官到底穿什麼？

一、並非都穿飛魚服

宦官的裝束和身分是嚴格對應的。剛入職的小火者、內使，只以俗稱「砂鍋片」的平巾、青貼裡、荷葉頭烏木牌的形象示人；升爲長隨，就可以領一套獅子補圓領和角

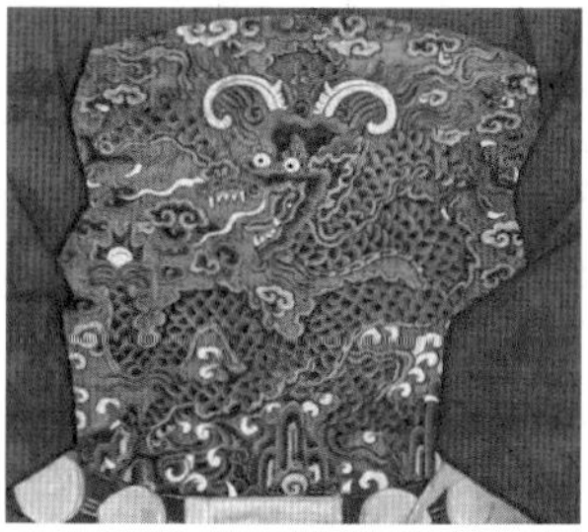

鬥牛紋（王軒攝）

飛魚紋
飛魚長有龍身魚尾

麒麟補

帶；正六品奉御被允許穿麒麟補，束金鑲玳瑁帶或犀角帶；正四品及以上的內侍方有資格稱太監。太監也有貴賤之分，他們的地位依然透過紋樣加以區別。籠統地講，束玉帶的地位最高，穿蟒的比穿飛魚的尊貴，穿飛魚的又在穿鬥牛的之上。到了寒冬，只有司禮監掌印太監、掌事牌子等可享用披肩，其餘只能佩戴暖耳。

二、披肩

雖名稱相同，但古人的披肩與現代的相去甚遠。它並非披圍於肩部，而是像暖耳那般戴在冠帽外。披肩以貂皮製成圓箍，高十九到二十三公分，尺寸比暖耳大了許多。圓箍兩側亦綴皮毛條，長至肩膀，看上去富貴逼人。

戴披肩的仕女（左），戴臥兔兒的仕女（右）
清，佚名繪《仕女圖》局部

三、太監的職業裝，並不只是貼裡

受影視劇的影響，很多人誤以為太監的職業裝是貼裡。其實太監和民間百姓一樣，也會根據場合著裝。

㈠國家重要儀典上的服飾

每逢祭祀，陪祀的太監穿戴五梁或七梁冠、祭服。此為隆慶年間因太監祭祀中溜神的需求而做出的創新。

凡遇萬壽節、正旦、冬至，上至司禮監掌印太監，下至管事牌子，皆穿梁冠、朝服。

若遇大朝會，按品階穿朝服。每月朔望朝參，穿公服。

若遇皇極門舉行的常朝御門儀，按品級著各色圓領袍，若無資格穿圓領袍，則穿綴補衣撒。

若遇在文華殿舉行的經筵禮，太監按品級著大紅補子圓領或大紅通袖袍，繫革帶；若無資格穿圓領袍，則穿綴補衣撒或膝襴衣。

逢皇帝外出躬祀、謁陵謁廟、召對燕見、日講、休閒娛樂，扈從太監按品級穿飾雲肩通袖膝襴的直身、衣撒。

(二)尋常工作日的著裝

太監在尋常工作日仍按職務著裝。司禮監掌印、秉筆、隨堂太監等御前近侍，穿綴補紅貼裡；司禮監掌印過司房看文書，東廠掌刑、貼刑千戶，掌貼領班司房，穿直身；司禮監提督至寫字，穿衣撒；東廠十二課管事，穿褷褶、白靴；二十四衙門內侍穿青貼裡。

日講中穿各色直身、衣撒的太監
明，佚名繪《徐顯卿宦跡圖》局部

經筵禮上穿大紅補子圓領或大紅通袖袍的太監
明，佚名繪《徐顯卿宦跡圖》局部

㈢日常生活著裝

太監在平日裡與民間一樣穿便服。

根據以上著裝指南，太監的形象躍然紙上。他頭戴官帽，穿著一件新裁的大紅蟒龍袍，腰橫光素白玉帶，革帶上懸掛牙牌，腳穿粉底皂靴，很是威風。

穿戴官帽、大紅蟒衣、光素白玉帶的太監

四、牙牌，古代的門禁卡

由於時常出入宮城，常朝文武官員、錦衣衛將士及品階在正六品奉御之上的宦官都會領一塊牙牌。它的用途在於加強宮禁安防，相當於現代的門禁卡。

牙牌懸掛的方式和玉佩相同。挑選一枚長約七公分的提繫，提繫以金銀珠玉製成，上拴一枚小鉤，鉤上繫絲線，絲線另一端拴在革帶或絛兒上。提繫下垂長約二十七公分的紅色牌穗，半遮住繫在牌穗內的牙牌，僅露出牙牌的底部。

除了留都南京，其餘地方官員都不能佩戴牙牌。因此，男主人與京官交流時發出如此感慨：「輸你腰間三寸白。」對方亦羨慕他可以僭越，張打雙簷傘，安慰道：「少君頭上兩重青。」雙方遂相視一笑。

五、錦衣衛的工作服

講完內侍的職業裝，或許你會對錦衣衛的工作服產生興趣。他們的工作服並非華麗的飛魚衣撒，具體穿什麼同樣得看場合和身分。若遇大朝會，錦衣衛千戶六人身穿朝服於皇極殿（嘉靖四十一年前稱奉天殿）前侍班，錦衣衛將軍則穿全套盔甲，執刀

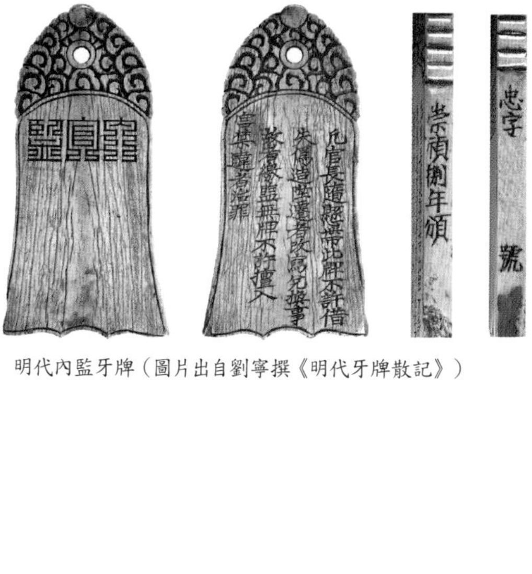

明代內監牙牌（圖片出自劉寧撰《明代牙牌散記》）

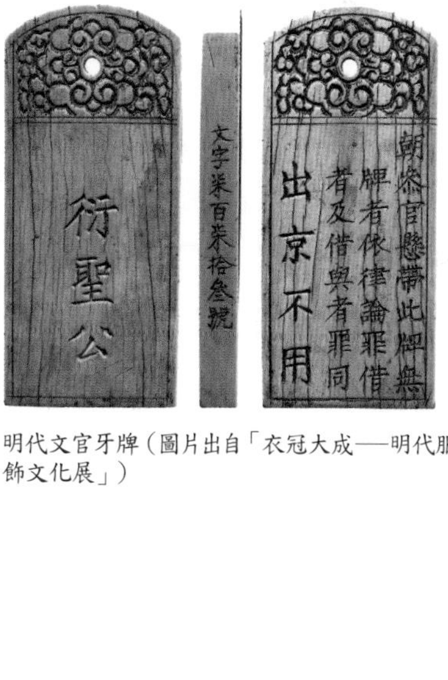

明代文官牙牌（圖片出自「衣冠大成——明代服飾文化展」）

弓矢，其餘展列皇帝鹵簿的錦衣衛校尉戴鵝帽，穿衣撒、貼裡、直裰等便服，繫抹金銅帶和銅牌。爲了體現皇權的威嚴和儀典的隆重，校尉的便服上會裝飾華麗的團花。

若在皇帝大祀、巡幸學校時扈從，包括堂上官在內的錦衣衛將軍俱穿盔甲隨侍。若遇皇帝行耕耤禮，祭祀前視牲，親自參與祭祀歷代帝王、先農、朝日、夕月、天神、地祇等中祀，本衛堂上官服烏紗帽，穿飾有蟒紋或飛魚紋的直身，繫鸞帶，佩繡春刀。千戶、百戶所穿款式和堂上官相同，只是多爲青綠色，紋樣不如上司尊貴。

若遇皇帝祭祀太廟、社稷，錦衣衛堂上官的著裝與常朝相同，仍服烏紗帽、大紅綴補直身。

若遇常朝，掌領侍衛官穿鳳翅盔、鎖子甲，腰繫金牌和繡春刀，立於御座左前方；錦衣衛堂上官穿大紅綴補直身，腰繫金牌，立於御座右前方。

若遇文華殿經筵，由二十位隸屬於錦衣衛的大漢將軍組成儀仗隊，和早晚朝、宿衛、扈駕一樣，俱戴紅纓鐵盔帽，穿甲，佩刀，手執金瓜。率領他們的管將軍官則服烏紗帽、大紅綴補直身。

錦衣衛校尉還要分擔京城部分治安工作，比如緝捕盜賊、處決重囚、勘提囚犯到京城、監察朝覲官、收繳京城九門稅等。此時並無明確規定，或穿盔甲，或穿便服，繫抹金銅帶和雙魚銅牌，看上去和尋常衙役相仿。

分別穿金盔甲、明盔明甲、紅盔青甲的錦衣衛將軍
明，佚名繪《出警圖》局部

執掌儀仗的錦衣衛校尉
明，佚名繪《出警圖》局部

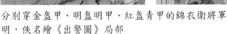

從事緝捕盜賊等工作的錦衣衛校尉裝束
明，佚名繪《于慎行宦跡圖》局部（王軒攝）

穿大紅蟒衣、飛魚直身的錦衣衛堂上官，穿青綠錦繡的千百戶，穿金盔甲的大漢將軍
明，佚名繪《出警圖》局部

賜服，一項特殊的榮譽

現代人不太能正確理解皇權的威嚴，然而沾一口龍氣都是祖墳上冒青煙的明代，人們會削尖腦袋、想方設法擠上獲得賜服的獨木橋。然而幸運兒始終是少數，靠功績獲得賜服的官員寥寥無幾。如此看來，賜服並不只是一件衣服，而是至高無上的榮寵和禮遇。穿上它，無疑是向所有人高調炫耀：我可是皇帝跟前的大紅人。

一、賜服的款式

官員獲得賜服的途徑較爲多樣化，如考滿、修史、丁憂、致仕、經筵、視學、出使、軍功，以及八十、九十老臣賜服等。無論透過哪種途徑，宦官和文武官員的賜服多爲常服和便服。

大家很容易認爲賜常服就是賜一件圓領袍，然而量詞「一襲」會告訴我們眞相。「襲」的意思是成套的衣服，意味著賜服是蓋面連同襯衣一起賜予受賞者。襯衣泛指襯在蓋面內的衣服。它的款式很多，選穿哪種取決於蓋面。蓋面若是圓領袍，襯衣須爲搭護和貼裡。這種情況下，外織染局每年必須按計畫織造數量相同的圓領袍、搭護以及貼裡以備成套賞賜。

二、光素白玉帶

玉帶在明代是高貴顯赫的代名詞。除獲封三公、三孤等虛銜的重臣，獲賜玉帶的官員可謂鳳毛麟角。曾有人做過統計，南京二百四十餘年中得繫玉帶的官員僅有四人，其中兩人還是因出使朝鮮而按慣例得賜玉帶，覆命後仍需繳還。

相比官員，太監獲賜玉帶相對容易。久而久之，他們提煉出四季穿著規律，令玉帶成爲精緻宮廷生活的寫照。按規定，夏季穿帶銙鏤空雕刻的玲瓏玉帶，春、秋兩季穿飾有浮雕紋樣的頂妝玉帶，冬季則繫僅做拋光處理的光素玉帶。

三、賜服的用途

賞賜下來的衣服用於什麼場合呢？千萬別被華麗的紋樣晃花了眼。賜服並非服飾體系中獨立的類別，穿戴仍需遵守已有的著裝規則。

譬如皇帝初開經筵，按慣例賜內閣大臣蟒衣一襲，賜日講官金羅衣一

明頂妝玉帶銙
（國立故宮博物院館藏）

明玲瓏玉帶銙
（國立故宮博物院館藏）

明光素墨玉帶銙
益定王棺內出土（作者攝於「金枝玉葉——明代江西藩王金玉器精品展」）

飾雲肩通袖膝襴的道袍
明，錢复繪《邢玠像卷》局部
（出自「衣冠大成——明代服飾文化展」）

衣撒和鸞帶
明，佚名繪《東閣衣冠年譜畫冊》
（王軒攝）

襲。蟒衣和金羅衣即大紅圓領袍，用途與常服高度重合，可用於經筵等吉慶場合。

皇帝謁陵、大閱、巡幸，賜給官員和太監裝飾蟒紋的衣撒、直身以及鸞帶。它們屬於便服，用於外出扈從、扈駕等場合。

如果賜服是道袍、貼裡，仍屬於便服，用途與平時相仿。譬如出席同僚主持的筵席，脫掉補子圓領後便可換上它們。

四、賜服的紋樣

(一)紋樣的種類

賜服上的紋樣分兩類。一類是高於受賞者品秩、仍在品官花樣範圍之內的紋樣，例如位列正二品的衍聖公曾獲賜代表一品官員的雲鶴紋補袍；另一類則是蟒、鬥牛、飛魚等像龍生物。

蟒紋按形態可分爲行蟒和坐蟒，按數量分單蟒和雙蟒。行蟒的頭部和身軀皆斜向，坐蟒呈正向，最爲尊貴。明早期，坐蟒爲隨侍皇帝左右的宦官獨有，直到萬曆六

清代袍料上的行蟒

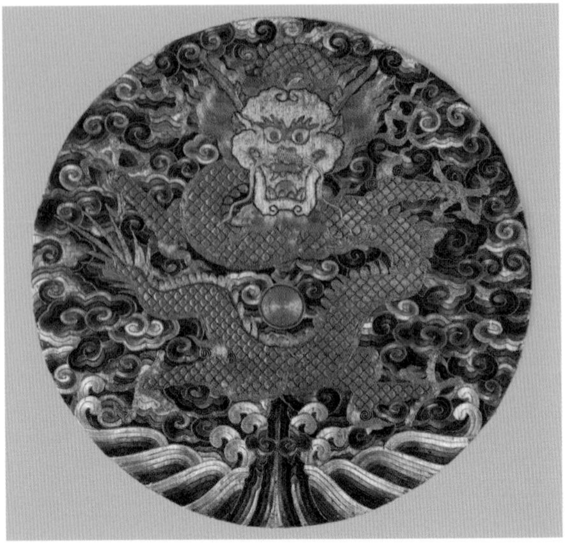

刺繡坐蟒補子

年（一五七八年）神宗大婚，文武官員才沐浴這種皇恩。

㈡紋樣的布局

提到萬曆新樣，人們立刻會想到大吉葫蘆、寶曆萬年、陽生等紋樣。出乎意料的是，看似尋常的喜相逢式雙掛蟒紋竟然也是新樣。那麼舊樣中的龍、蟒到底是如何布局的呢？答案是過肩。意思是用一條龍或蟒的軀體橫跨胸、背與雙肩四個位置，進而勾勒出雲肩的框架。

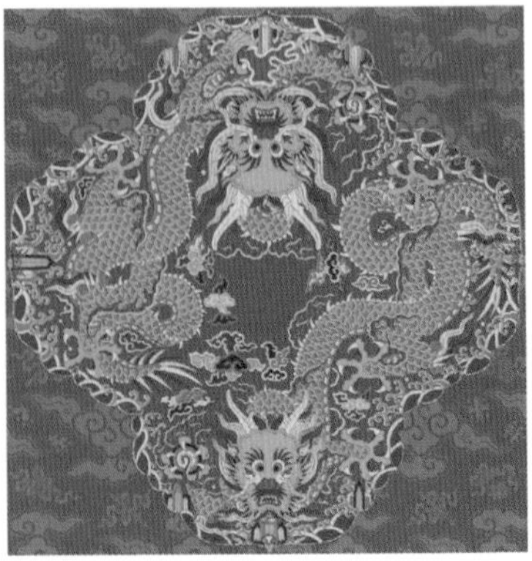

喜相逢式雙掛坐龍（龍減一爪即為蟒）
（羊麒狼根據明代文物繪）

場景二十三　正旦大朝會

就在男主人爲前程而四處結交的時候，新的一年悄然而至。這天天還未亮，男主人就在小廝的伺候下穿朝服，爲正旦大朝會做最後的準備。

穿著朝服的場合

朝服是官員最高規格的禮服，用於大祀慶成，正旦、冬至、萬壽聖節三大節，頒降、開讀詔赦、進表以及傳制等場合。做爲地方官員，男主人穿著朝服的場合比常朝官員少，僅用於三大節、拜牌以及迎詔等。

朝服的組成和穿著順序

燃著炭火的臥室內，男主人穿好小襖、夾褲、夾裙和白絨袜，束好髮髻，戴上網巾，又讓小廝取一件綠色棉道袍。趁穿戴內襯的空檔，小廝將早已備好的朝服捧了過來。

明代赤羅裳（谷大建攝）

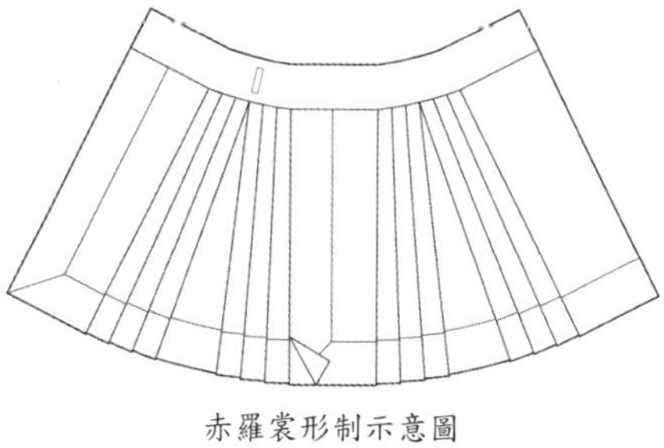

赤羅裳形制示意圖

仍然如同穿常服那般先穿黑色雲頭履，戴象徵五品官員的三梁冠。冠履穿戴妥當後方繫赤羅裳，赤羅裳狀若女裙，裙擺緣以青色鑲邊，穿上身後，裙門兩兩重合交疊，前後各自形成一個馬面。整理好裙褶，男主人披上鑲有青色緣邊的白紗中單。

然後穿赤羅衣。赤羅衣的結構與道袍相似，領、褾、襈、裾等處亦鑲青色緣邊，袖寬七十餘公分，肥大而不收袪。赤羅衣衣身較長，穿著長及膝蓋之下。下擺兩側開衩並接擺，擺透過拼接、作褶的方式製成，並以折回的方式繞至後襟中縫處。

衣裳穿好之後，還要佩戴規制配飾。先繫一條緣有本色鑲邊的赤色蔽膝，然後在腰後繫一條綬。綬狀若長方形，長九十餘公分、寬三十餘公分，下結青絲網，上有黃、綠、赤、紫四色絲線織花樣，又有帶狀小綬編成的同心結和兩枚銀鍍金環。

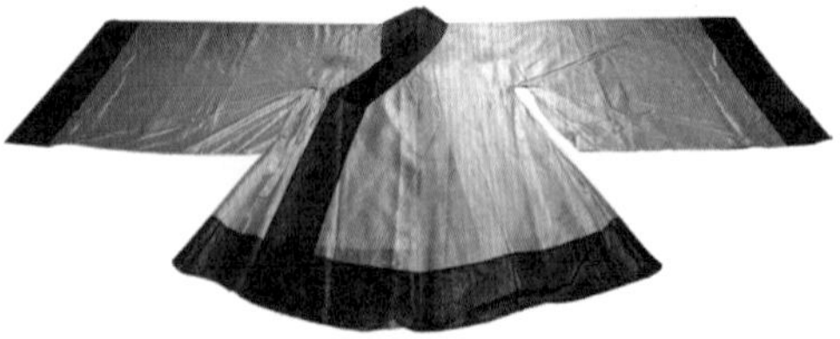
明代中單（谷大建攝）

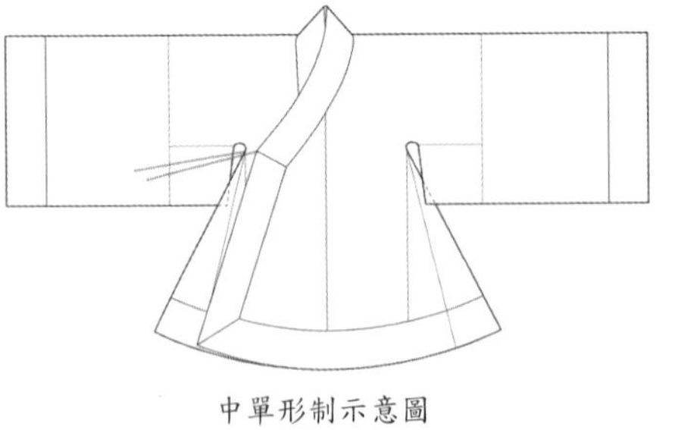
中單形制示意圖

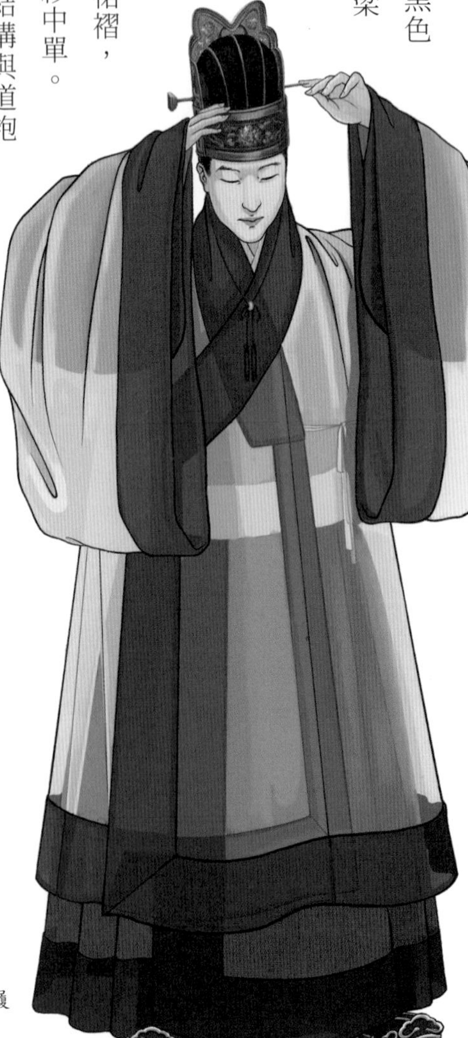
中單、赤羅裳、黑色雲頭履

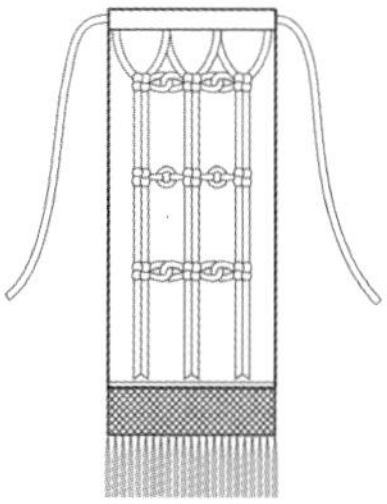

綬形制示意圖，上飾
同心結和兩枚綬環

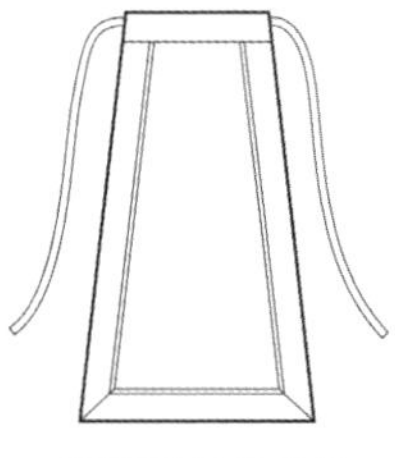

蔽膝形制示意圖

明代赤羅衣（谷大建攝）

大帶與綬，綬上繫綬環

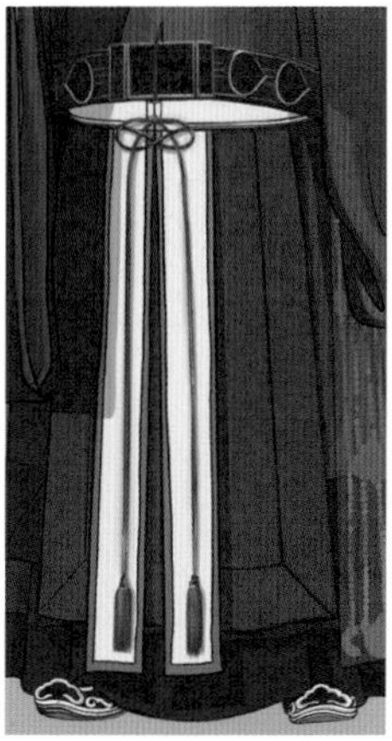

大帶與蔽膝

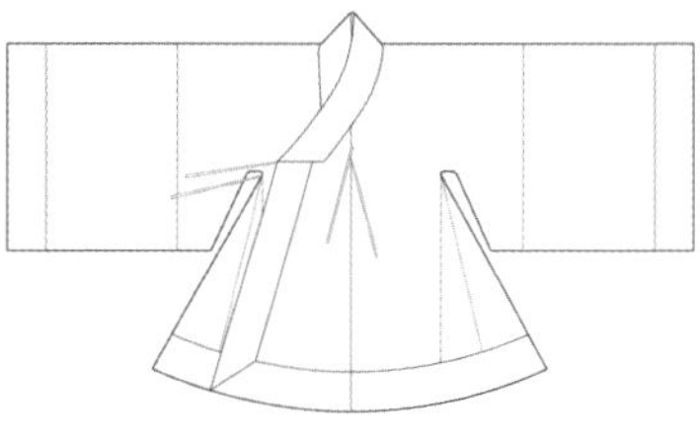

赤羅衣形制示意圖（正面）

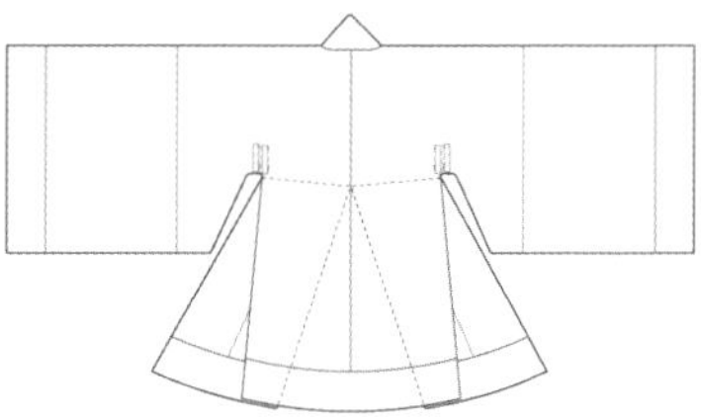

赤羅衣形制示意圖（背面）

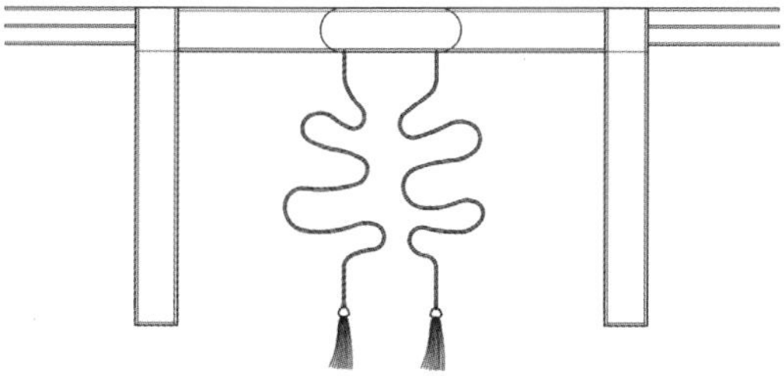

大帶形制示意圖

穿好蔽膝和綬，小廝幫男主人繫大帶。大帶表裡皆爲白色，僅在紳處飾綠色緣邊，合圍後用縫綴在兩端的細綢帶繫結固定。大帶中間縫兩根長一公尺多的青色絲條，絲條末端飾青色穗子，繞到身前繫結後下垂。

還得在腋下懸掛一圍革帶，並用

朝服正面效果圖

朝服背面效果圖

縫綴在衣身上的繫帶拴好。它與常服所用相差無幾，但爲了懸掛玉佩，有的會在帶銙下附方形小環。這個細節充分體現大禮服的設計理念，即在追求儀式感的同時兼顧實用性。

束好革帶，小廝從漆盒中取出一副裝在紅紗囊中的藥玉玉佩。若革帶帶銙附方環，只需將玉佩頂端的鎏金鉤子掛在方環上；若帶銙不附方環，將玉佩繫在帶鞓上即可。

玉佩用絲線串成，鎏金鉤子下依次懸繫玉珩、玉瑀、玉琚、玉花、玉璜、玉滴以及沖牙等飾件。行動之間，玉飾件相互撞擊，發出清脆的聲音，煞是好聽。然而玉佩的結構令玉飾件很容易纏在一起，爲了避免突發事故影響儀典的進行，朝廷只能犧牲這鏗鏘之音，讓大家在玉佩外罩一只紅紗袋。

一番折騰後，整套朝服總算穿戴完畢。小廝捧著盛有象牙笏板的盒子，跟在男主人身後。待一行人行至承天門（即今天安門），男主人才拿了笏板向午門走去。

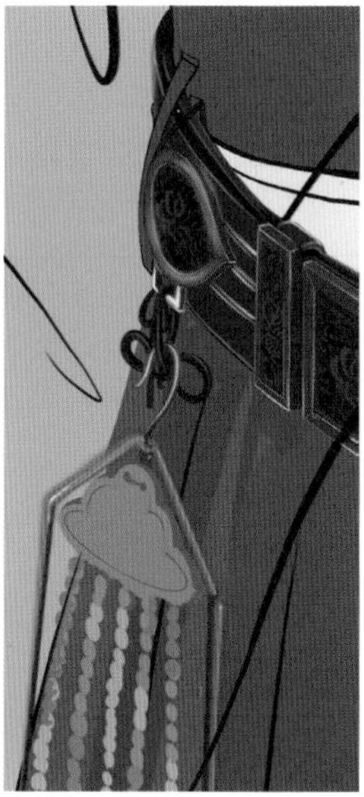
玉佩懸掛示意圖

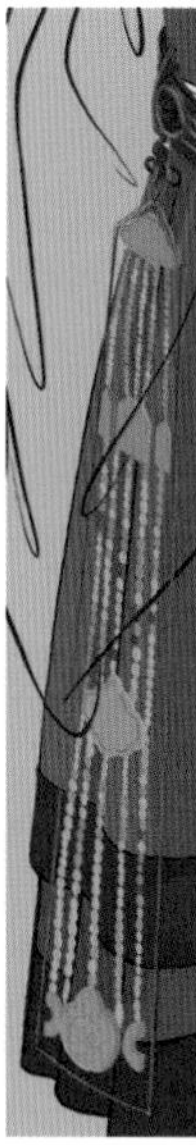
玉佩

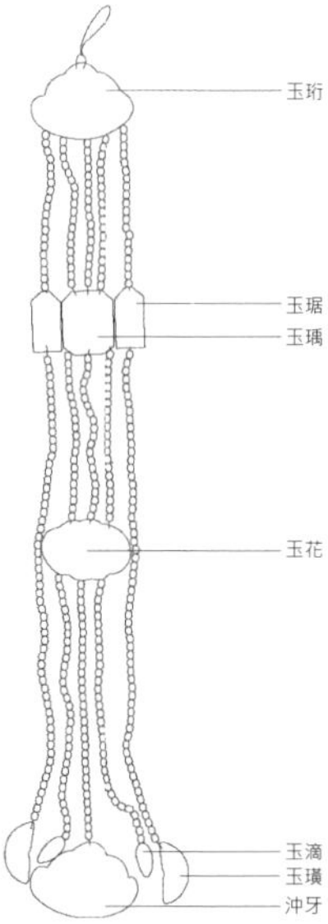

玉佩形制示意圖（出自「衣冠大成——明代服飾文化展」）

胡亂改變的朝服

洪武二十六年（一三九三年），南京城中

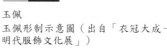

發生了一件事。名叫顏鎖柱的小販因擅自將皮鞋改爲皮靴而被判處死刑，家人則被流放雲南。這樁由鞋子引發的案件給我們的心裡蒙上一層陰影，進而產生了不規範的著裝會引來殺身之禍的錯覺。

其實不止普通人，官員也愛在衣飾上做文章。或許只是圖個方便，也有可能是享受發揮創意的樂趣，很多官員去掉大帶圍腰部分，將紳直接縫在蔽膝上。也有官員摘下綬環，在綬上織出同心結和環形花紋。革帶本應摘下七枚排方，官員們非但不按制度執行，還將綬繫在革帶下方。至於玉佩，大家拒絕去掉玉滴和玉花，反正有紅紗袋罩著，御史未必能看清楚。

爲何官員違反服飾制度，朝廷採取默許甚至縱容的態度，而顏鎖柱卻倒了大楣，被處以極刑？

首先，服飾制度體現當時森嚴的社會等級，只要不擾亂政治秩序，個體在著裝上還是有一定自由。顏鎖柱做爲庶民，在朝廷剛頒布禁止庶民穿靴的詔令後頂風作案，讓急於樹立皇權威嚴的朱元璋不得不殺他以警示眾人。到了明後期，朝廷執政能力被極大削弱，在不威脅皇帝尊崇地位的情況下，朝廷不會過多干預。

能在商鋪中購買的官員職服——朝鞋、烏紗帽、襆頭等
明，仇英繪《清明上河圖》局部

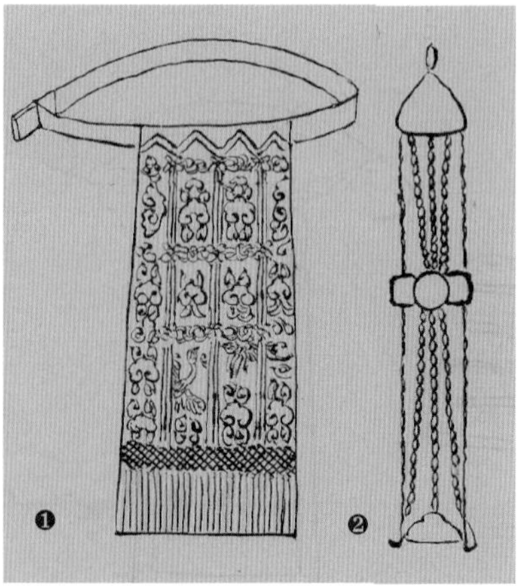

❶ 綬的正確佩戴方式：繫在革帶上方，掩住去掉排方的帶鞓
❷ 玉佩的正確形制：與舊制相比，玉佩去掉了玉滴、玉花等飾件

其次，朝廷從辨明官員品秩高低出發，僅控制朝服的用途、質地、顏色、紋樣等關鍵點，對著裝效果的關注不夠，否則也不會忽略制定朝服各部分的詳細尺寸了。更令人吃驚的是，明代官員的職服全由官員自己準備。無疑拓寬了朝服的創作空間，令本屬於禮制重要一環的服飾被時尚流行滲透。

場景二十四　謝恩見辭

依靠四處結交，男主人在京中如魚得水。正月初四，吏部會同都察院考察，正月二十三日，大班糾劾，他均輕鬆通過。正月二十六日，男主人穿著公服謝恩，隨後帶著敕諭離開京城。

公服的穿戴場合和形制

公服用於每月初一、十五的朝參，冬至、正旦、萬壽節行慶賀禮，賀皇帝、皇太子冠禮，皇子降生、頒曆、藩王來朝、新官到任、謝恩見辭、立春勸耕儀式等場合。它由襆頭、圓領袍、革帶、皂靴組成，外觀和常

明後期的展腳襆頭

明早期的展腳襆頭（谷大建攝）

服多有相似。

一、展腳襆頭

展腳襆頭是左右兩腳平直且細長的襆頭，由前屋、後山、帽翅三部分組成。它以鐵絲作骨，表面敷黑紗，後山呈方形。襆頭帽稜角分明，唯有前屋頂部有平緩的弧度。和略顯圓潤溫吞的烏紗帽相比，展腳襆頭的風格冷硬不少。

在巾帽膨脹的時代，襆頭的前屋和後山拔高，帽翅卻變得短小，彷彿將消失的帽翅部分全部挪到高翹得有些誇張的翅尾上了。

二、圓領袍

圓領袍以顏色和花樣區分著裝者的身分。一品至四品用緋紅，五品至七品用青色，八品、九品用綠色。爲了更加細緻地區分官員地位，朝廷又將不同尺寸的獨科花、散答花、小雜花等與品階一一對應。

既然要用花紋體現品階，爲何男主人的圓領袍上沒有裝飾花紋？原來是朝廷以織買花樣困難爲由，允許官員便宜行事，使用無花紋的紗羅絹，也不管法規前後部分是否發生衝突。如此一來，飾花紋的圓領袍很快湮沒在歷史中，僅剩下素地圓領袍一枝獨秀了。

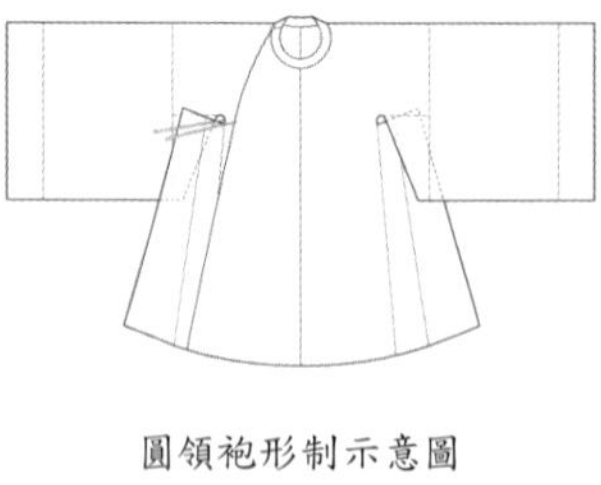

圓領袍形制示意圖

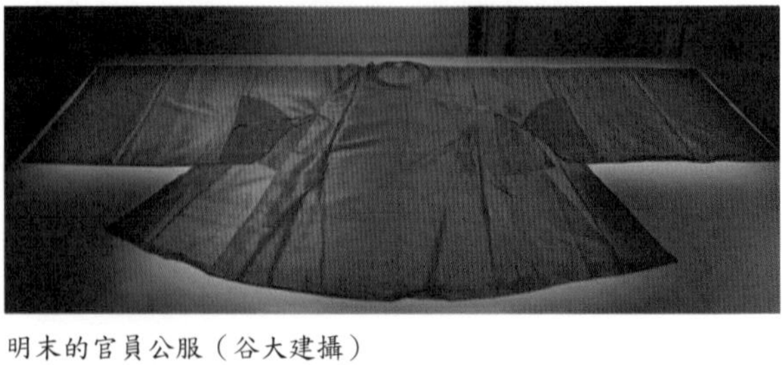

明末的官員公服（谷大建攝）

三、革帶

公服革帶亦可稱偏帶，其歷史可追溯至南北朝。它的樣式與現代皮帶相仿，但與稍後出現的雙鉈尾革帶大相徑庭。穿戴時，需將綴有排方的長帶鞓用帶扣固定好，然後沿順時針方向纏繞，最後將鉈尾插至左腰後側。爲了讓鉈尾能下垂至適當的位置，人們又增加了一截可以調節帶長的短帶。

到了明代，偏帶被改造成虛束在腰腹間的禮器。它不再採用兩段帶鞓的結構，而是在帶鞓內側增加副帶，用來調節帶鞓圍長。任憑如何變化，都無法改變它漸漸被雙鉈尾革帶取代的事實。於是我們不得不承認，這種古老的禮器已告別最後的輝煌，準備孤獨地謝幕了。

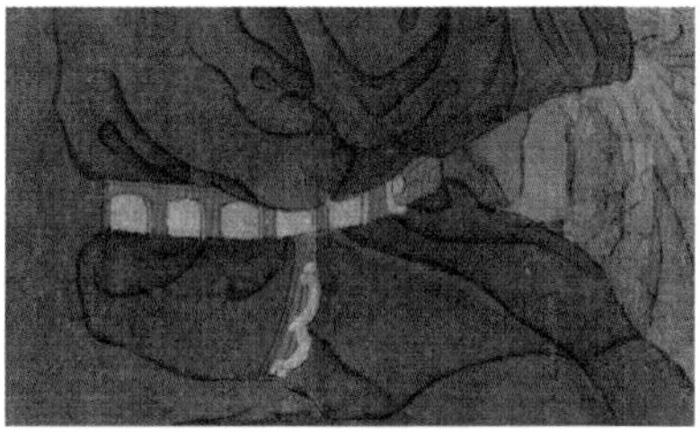

後面綴帶鞓
五代十國（南唐），周文矩繪《文苑圖卷》局部

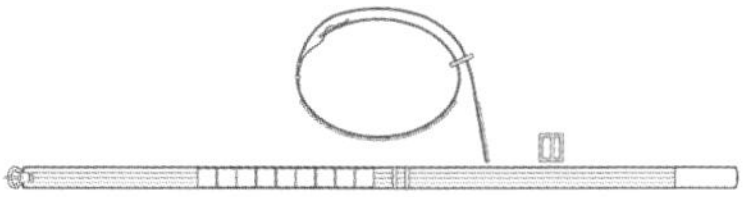

公服革帶形制示意圖
（作者根據北京市文物局圖書資料中心編纂《明宮冠服儀仗圖》、《明定陵考古發掘報告》等推測繪製）

男主人的公服，襯擺與常服一樣

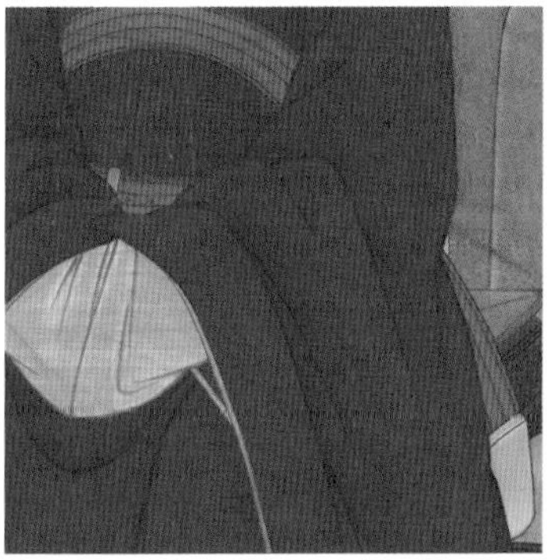

穿戴在身後的排方和下垂至膝的鉈尾
宋，佚名繪宋高宗容像局部

公服的蛻變

傳統的公服又名從省服，本是朝服的簡化。兩者相異之處在於公服省去了白紗中單、蔽膝、劍、綬等配飾。

到了宋代，朝廷對服制改革，使得公服與常服合二爲一。明朝建立之後，蕭規曹隨，令公服的樣式和適用場合沿襲宋制。然而這個設定並不完美，大家很快發現了漏洞：禮儀場合與日常辦公混用同一款服飾有違禮制。於是，朝廷回歸到唐代制度上，將公服和常服再度分開：常服應對日常事務，樣式模仿唐制，連細長而向下彎曲的襆頭腳也學了個七七八八；公服則蛻變爲規格低於朝服的禮服，以宋代極具特色的展腳襆頭和前者區別。

場景二十五　帝都的正旦一景

熬過大朝會，男主人上了暖轎，返回私宅。行至大街，他聽到一陣喧囂，於是悄悄掀開暖簾看個究竟。原來是外出拜年、遊玩的普通百姓，他們遇到親戚長輩便停下來磕頭，相互恭賀新禧。行至一處豪宅，男主人看到一位貴婦滿頭珠翠，一身錦繡，著裝風格與旁人極不相同。遣小廝打聽，才知道她是宮裡某位妃嬪的母親，一身裝扮皆來自宮中賞賜。

著宮廷風格服飾的貴婦（擷芳主人繪）

民間正旦節物

一、「鬧嚷嚷」

與臉上眞摯的笑容相呼應的是人們頭上的「鬧嚷嚷」。「鬧嚷嚷」是被冠以「鬧」字的飛蛾，可大如手掌，亦可小如銅錢。它的製作過程並不複雜。先將烏金紙剪出蝴蝶的輪廓，再用色彩點染翅膀、觸鬚，最後繫在簪釵之上。插戴幾支全憑個人喜好，可以一枝獨秀，亦可不計較花費插滿髮髻。

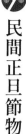

定是有人覺得只有飛蛾太單調，「鬧嚷嚷」的隊伍中又增加了蝴蝶和蚱蜢，更添繁榮景象。你看那位家境頗爲殷實的婦人，她身穿大紅錦繡袍，頭戴金梁冠，冠正中倒插一支蝴蝶樣的「鬧嚷嚷」分心，分心上鑲嵌幾粒紅藍色鴉鶻和十幾粒珍珠，格外富麗奢華。

倒插在金梁冠上的「鬧嚷嚷」
佚名繪明代婦人容像局部

二、正旦節物的設計思路

做爲正旦的節物，「鬧嚷嚷」蘊含的意趣與其他節物多有不同。它不屑於還原一幕古老的傳說，而是直奔主題，賜予節物以正旦的喧嘩。僅是念出「鬧嚷嚷」這個名字，就能感受到從中迸發出的紛繁熱鬧。

透過一件小小的首飾，我們觸摸到古人心中理想世界的模樣，它由聲音和顏色堆疊而成。在那裡，人們對嘈雜聲響的期待超過了繽紛的色彩。如果只有「色」而無「聲」，再斑斕的世界也會落寞，令人嚮往的繁華就不復存在了。

女主人的金鑲寶石鬧裝也採用了相同的設計思路。黃金的璀璨、珠寶的斑斕，兩者交融的剎那竟在眼前「砰」的一聲炸開，如點燃了記憶中所有辭歲的爆竹。

宮廷的正旦應景服飾

一、宮樣頭面

至少從正德年間開始，宮廷和民間的服飾風格就涇渭分明。步入萬曆年間，民間青睞扭心鬏髻，宮眷仍然戴著狀若金字塔的鬏髻，使得二元化的著裝格局繼續延續下去。

貴婦的鬏髻高十五餘公分，底部口徑爲十三公分。它以棕絲編成，表裡各附一、兩層黑紗。千萬不要因鬏髻的材質而對它心生輕蔑，鑲嵌珠玉寶石的各式簪釵才是世人關注的焦點。

鬏髻頂端自上而下插一支通長約二十四公分的金鑲珠寶蝶戀花挑心，也可裝飾一支金鑲珠寶龍戲珠挑心。這是除鬏髻樣式之外，

明中期宮眷的鬏髻和頭面

明，佚名繪《明憲宗四季玩賞圖》局部（松松發文物資料君攝）

金鑲寶玉蝶戀花挑心（出自北京市昌平區十三陵特區辦事處編《定陵出土文物圖典》）

金鑲珠寶龍戲珠挑心簪首（出自北京市昌平區十三陵特區辦事處編《定陵出土文物圖典》）

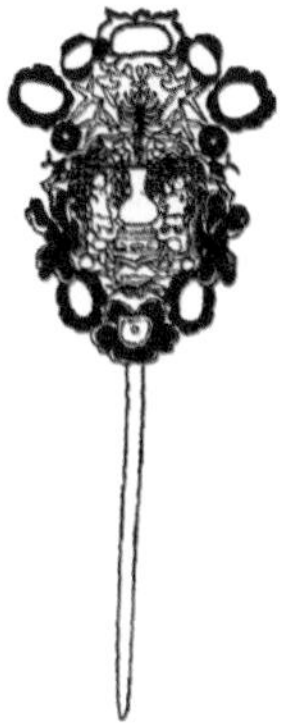

李偉墓出土的分心（線圖出自《北京市郊明武清侯李偉夫婦墓清理簡報》）

宮廷與民間頭面另一處容易尋出的差異。

鬏髻正中是一支水滴狀分心，分心簪首寬九公分，長約十公分。它以一圈寶石捧出一只玉壺春瓶，瓶中插的竹葉、茶花在童子的打理下生機勃勃。

分心上方插一支體型略小的金鑲寶玉蜂趕花釵，釵首長六公分，寬五公分；分心下方飾一溜五支鑲嵌寶石的白玉佛字簪。鬏髻底部本該插戴一支鈿兒，此處卻被白玉佛字簪占據。鬏髻底部再圍一條珠翠圍髻，裝飾方式倒是和民間時尚如出一轍。

鬏髻兩側不插掩鬢，取而代之的是好幾對鬢釵。鬢釵長約十六公分，釵首寬三公分上下，依次從鬢邊向耳後插戴。在不使用掩鬢的情況下，幾對鬢釵足以令這

金鑲寶玉蜂趕花釵

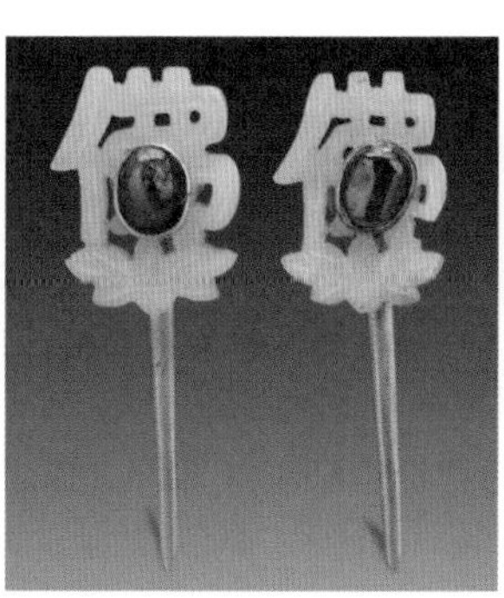

白玉佛字簪

珠翠圍髻

以上圖片均出自北京市昌平區十三陵特區辦事處編《定陵出土文物圖典》

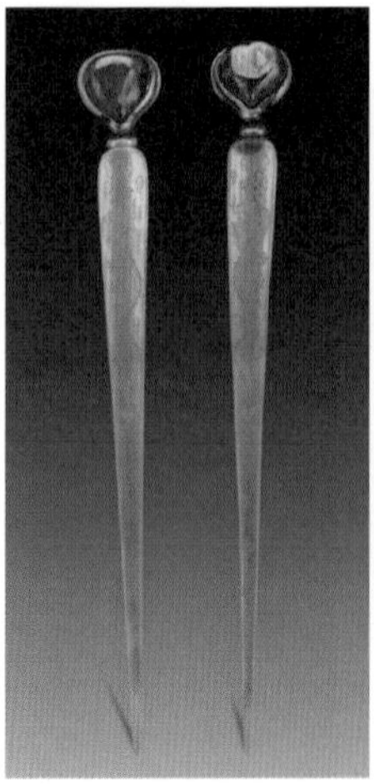

裝點額角的金鑲寶桃簪一對

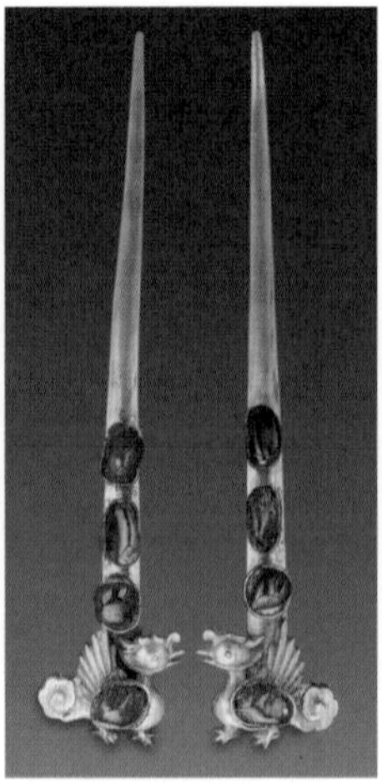

金鑲寶鸞鳳鬢釵
相同題材的鬢釵可以插戴兩三對

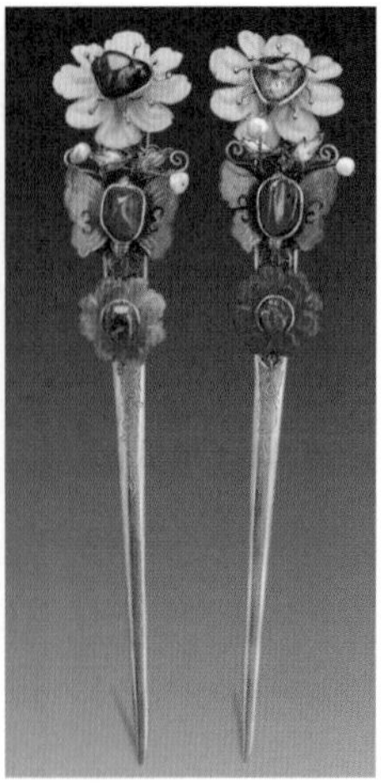

金鑲寶玉蝶戀花鬢釵

以上圖片均出自北京市昌平區十三陵特區辦事處編《定陵出土文物圖典》

個區域熠熠生輝。如果仍覺得額角有些空蕩蕩，還可如民間婦女那般用一、兩對小簪點綴。

此時的宮樣頭面並無滿冠，爲了塡補鬏髻兩側及後方的空檔，宮眷們會在這個區域錯落有致地插上兩對簪子。稍大的一對自下往上插戴，其簪首長九公分有餘，寬七公分，簪首仍以在花間翩躚的蝶鳥爲飾。自上往下插戴的一對簪子因鬏髻的外形而體型略小，但工匠不吝惜珠寶，裝飾得異常華美。

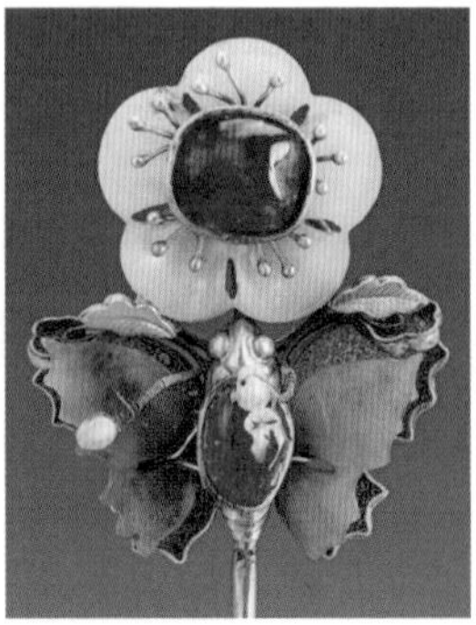

兩對金鑲寶蝶戀花簪
從簪腳判斷，左邊的一對自下往上插戴，右邊的一對自上往下插戴

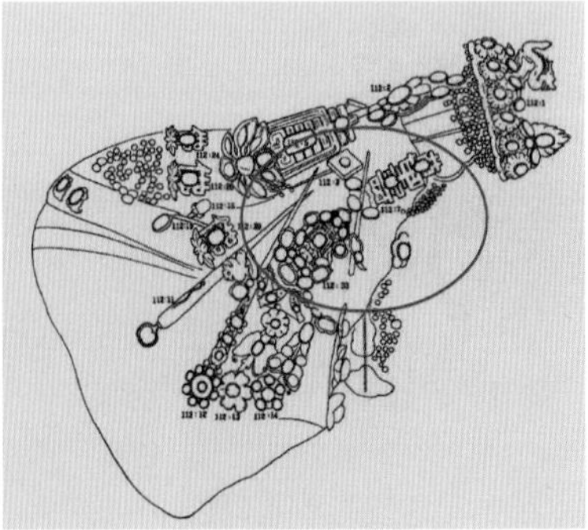

略大的一對簪戴方式參考圖框中下方的簪子，略小的一對參考圖框上方的簪子（線圖出自王秀玲著《定陵出土帝后服飾》）

說明：定陵出土的幾支大型簪釵和北京西郊董四村明墓、萬曆時期武清侯李偉妻子墓的出土文物極為相似，故在此採用以上墓葬的出土文物描述宮樣首飾。

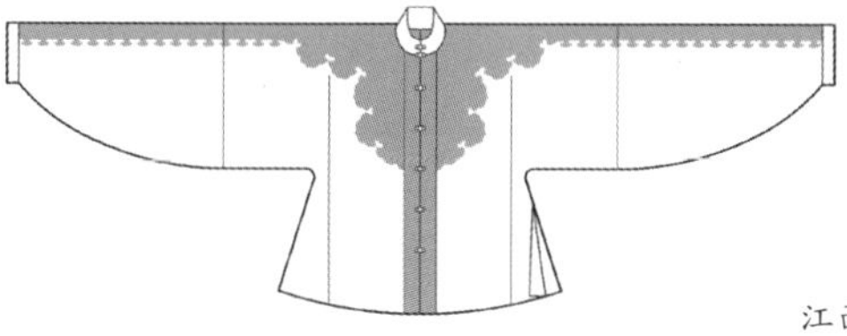

豎領對襟衫形制示意圖
應景紋樣裝飾在衣衫的陰影部分中

江西益宣王繼妃孫氏的豎領夾衫（作者攝於金枝玉葉——明代江西藩王金玉器精品展）

宮樣頭面的最大特色在於風格統一，主題鮮明。倘若眞如民間那般自由選取題材，擠滿鬏髻的三十餘件大小簪釵只會令人頭暈目眩吧。

二、襖衫的樣式

貴婦的竪領對襟襖長約七十公分，袖口寬十五公分，袖根寬度不到四十公分。相較民間或頎長或褒博的衣裙輪廓，宮眷的襖衫顯得短小。如果足夠仔細，便能發現它的風格並沒有顯著改變，是正德年間宮廷服飾風格的延續。

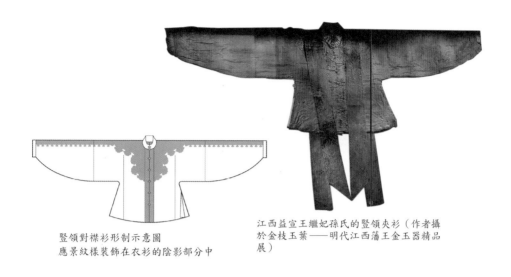

三、葫蘆景補子和蟒衣

同一時期至少存在三種大相徑庭的著裝風格，在我們看來多少有點怪異，對當時的民間百姓來說卻是福音。他們完全可以利用從宮裡流出的應景紋樣，將自己打扮得更別致。

不妨以葫蘆景爲例，感受宮廷服飾對民間吉服的影響。葫蘆景是臘月二十四日到元宵節之間的應景紋樣，可以單獨使用，也可以做爲龍、鳳、蟒等代表皇室勳貴身分主題紋樣的陪襯，營造出高貴華麗的感覺。從出土文物來看，葫蘆景並不局

一件鸞鳳穿花葫蘆景補子

似被拆成經皮的葫蘆景膝襴裙
裙子的地紋也是葫蘆紋，式樣和
前面的織金葫蘆紋經皮相似

明代織金纏枝葫蘆紋經皮

限於裝飾吉服的補子或者雲肩，裝點裙子的膝襴和裙拖，用織金等工藝織出一身的葫蘆紋。倘若還不滿足，不妨以各式葫蘆紋爲底紋，組合補子或雲肩通袖膝襴，將富貴奢華推向極致。

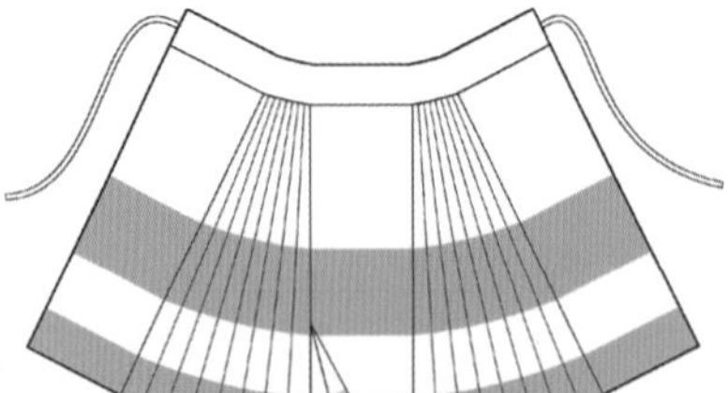

膝襴裙形制示意圖，應景紋樣裝飾在陰影部分中

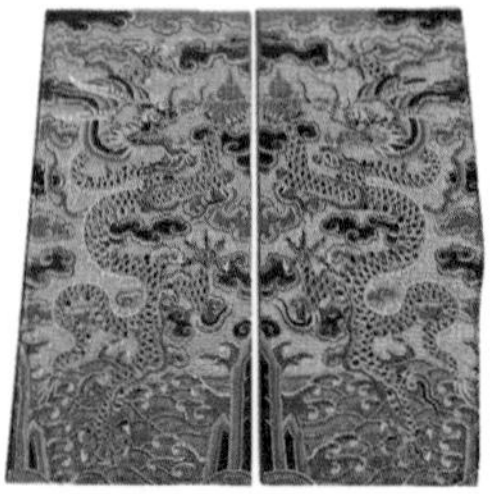

一對裝飾在對襟衣（罩甲、襖衫均可）胸前的葫蘆景補子

第十章

時尚流行服飾

場景二十六　文人雅集

三月某一天，男主人的西席李秀才參加了一次雅集，其間，他結識了一位很有個性的青年，兩人相談甚歡。這位青年姓宋，是蘇州籍舉人。他之所以令人印象深刻，不僅在於談吐和學識，還在於其妝容。他用大紅絲繩束髮，頭戴縫綴著玉花瓶的唐巾，用珍珠粉敷面，黛石描眉，胭脂塗脣。入座後，一條大紅織金寬襴旋子從色衣下鑽了出來。學子們全部目瞪口呆：原以爲穿紫色深衣、大紅雲履已經夠出格了，沒想到宋舉人更加標新立異，眞不愧是蘇州文人！

時尚之都和傳播路徑

深入了解明代時尚之前，必須先弄清楚一個問題：地域差異如此之大，爲何一定要以蘇州時尚爲例？難道不怕有失偏頗嗎？

一本名爲《沈氏日旦》（明，沈長卿撰）的書曾總結當時的時尚，稱蘇州人是時尚流行的「始作俑者」，杭州人緊隨其後，然後才擴散到福建、廣州以及貴州、四川等地。南京人也不遲鈍，消化了最新潮流後，利用自己的影

蘇州宋舉人的時尚裝束：
穿女裝，簪花，化妝

響力引領山東、河北、山西、陝西等省。

蘇州之所以成爲時尚領袖，宋舉人道出原因：「蘇州服飾奢美奇巧，令四方心馳神往。哪怕是見多識廣的杭州人也自嘆弗如。是以談『時世妝』，不能忽略蘇樣。」力挺杭州時尚的女主人得知後面帶尷尬。她極力解釋：「並非有意忽略蘇樣，而是我家與杭州有不解之緣。杭州是絲綢貿易中心，北方大賈均南下採購，我家亦如此。四季衣裳及用於饋贈他人的布匹全在杭州織造，效仿杭州時世妝順理成章。」

更重要的是，古代時尚的更替不如現代這般迅速，十年之內無大變化也很正常。這種情況下，就算不效仿蘇州人，裝扮也不會過時。

最叛逆的時尚，男穿女裝

穿銀紅色道袍的士人
明，陳昌錫著《湖山勝概》局部

宋舉人的色衣到底是什麼稀罕物，令北方讀書人感到震驚？其實也不算稀罕，就是衣衫顏色豔麗了些，紋樣華麗繁複了些。現代人半信半疑：如果只是穿得很豔麗，北方讀書人怎麼會半晌都說不出話？

假如我們某天睜開眼，看到男人每天花很長時間濃妝豔抹，消費物品從電子產品變成了化妝品，我們的反應恐怕會和古人一樣激烈。明代，穠麗的色彩是女裝的代名詞，很少有人會不以爲意。面對男性穿女裝時，長輩和自詡爺們兒的男性親朋會擺出恨鐵不成鋼的表情，譴責對方傷風敗俗。

宋舉人的處境只會更艱難，他將面臨更加嚴厲的道德譴責——服妖。何爲服妖？男著女裝、女著男服等顚倒陰陽的著裝方式，奇裝異服、僭越都算服妖。無論哪種情形，均被認爲是不祥之兆，輕則家破人亡，重則禍國殃民。這就不難理解爲何《沈氏日旦》用貶義詞「始作俑者」對時尚加以形容，在部分文人看來，時尚著實不是什麼好事。

大明衣冠的功用

在明太祖朱元璋眼中，理想世界必須是井然有序的，所有的一切，就連服飾也要遵守「明尊卑」、「辨夷夏」的規則。尤其是納入《輿服志》的服飾是禮制的一部分，是重構華夏傳統的重要拼圖，是朱元璋彰顯明朝統治正統性與合法性的手段。完善代表各階層社會地位服飾的過程中，他頒布一系列規定和禁令以強化自己的權威，並透過服飾這個穿在身上的景觀讓臣民一眼看到。

至於貫穿整個明朝歷史的貼裡，雖然由蒙古人帶來，但它只是便服，與政治身分無關，更無法昭示新政治秩序的來臨，再怎麼流行也無傷大雅，因此就沒有必要「封殺」了。

一、明尊卑

如何用服飾「明尊卑」呢？最重要的是將服飾與社會地位、職業掛鉤，使人們透過視覺對等級秩序有直觀的認識。若爲帝王，穿袞冕、皮弁；朝臣則有祭服、朝服、公服與之對應；若爲皇后，穿翟衣，其餘內外命婦則有大袖衫與之對應；若只做個小吏，則有吏巾、青圓領；儒生的禮衣與吏員有所重疊，有儒巾、襴衫、青圓領；若只是個庶民，則只能戴小帽了。另外，還有僧、道、樂等三教九流，他們的職業裝又與其他階層有所不同。

我們可以先將《輿服志》中繁瑣的細則放在一邊，著重了解它的核心：不同的社會階層匹配何種規格的禮樂。士庶沒有參與祭祀等國家大事的資格，不配代天牧民，因此沒有資格穿祭服、朝服、公服、常服，沒有資格使用黃、紫、大紅、鴉青等顏色。

二、辨夷夏

明成化、弘治年間，北方各省漢人在京城時尚的影響下，流行戴狐帽、昭君帽。京城官員們看到後，彷彿被拂了逆鱗，紛紛上書要求皇帝頒布「禁胡令」。無獨有偶，宋朝也曾禁過胡服，契丹人的氈笠、弔敦成了朝廷的重點打擊對象。

現代，穿什麼衣服不過是件雞毛蒜皮的小事，但在古代，稍有不慎都有可能遭遇滅頂之災。我們不禁問，狐帽、昭君帽等皮帽到底犯了什麼忌諱？明初頒布的「復衣冠如唐制」的詔令給出了理由：「不得服兩截胡衣。其辮髮、椎髻、

穿皮衣、戴昭君套的明妃，頭戴氈笠的胡人使者，頭戴幅巾的送嫁漢臣
佚名繪《明妃出塞圖》局部

胡服、胡語、胡姓一切禁止。」這紙詔令是儒家傳統「嚴夷夏之防」在服飾上的體現。當胡俗滲透到社會的每個角落之時，朝廷需要高調推行傳統，努力剔除外來元素，增強政權的正統性。

這樣就可以解釋爲何只有王昭君和蔡文姬可以毫無顧忌地穿戴皮製品。在無人知曉她們眞實容顏的時代，唯有可分辨民族的皮製品能準確點出人物身分和故事主題。看到這裡，或許你會好奇何種首服才算華夏傳統。古畫給出了答案：自然是風帽和幅巾了。

三、知貴賤

不能穿代表帝王、官員的高規格禮服尚能理解，但不許穿大紅、紫、鴉青等顏色究竟是爲什麼？古代，染製深色布匹不像現在是一蹴而就的，必須多次重複工序才能達到預期的效果。這種因技術而產生的高耗費意味著價格昂貴，再疊加其他因素，便衍生出社會階級層面的「貴」與「賤」。因此，特殊化深色其實是透過服飾來強化等級秩序。然而，工藝革新始終存在。隨著染色技術的進步，原本昂貴的深色變得親民，明初建立的社會秩序面臨挑戰。人們遵守某個時間段確立的禮制，終歸只是對朝廷的一時妥協。

時尚，士庶交鋒的新戰場

一、富商的馬尾裙

舊社會秩序頻頻受到挑戰之時，一條名爲「馬尾裙」的襯裙意外引發了關注。它來自藩屬國朝鮮，在成化年間風靡一時。雖然朝廷並未針對馬尾裙徵收消費稅，但進口所需的運費和有限的產量抬高了裙子的價格，使它的消費物品十分有限。

令人遺憾的是，這樣有趣的裙子很快在京城銷聲匿跡。我們再次表達困惑：馬尾裙又犯什麼禁忌啦？有人道出了原因：「無貴無賤，服者日盛。」「貴」指勳貴、官員，「賤」指富商和暴發戶子弟。在明代人看來，斗大的字不識一籮筐的暴發戶有什麼資格和勳貴、官員穿一樣的衣服，這豈不是擾亂社會秩序。

襯有馬尾裙的衣撒和馬面裙（松松發文物資料君攝）

此時的富商還不敢和士大夫平起平坐。他們穿馬尾裙的主要動機在於炫耀，雖然馬尾裙在我們眼裡有些古怪，但成化年間的人覺得它美。美在能將衣裙的下擺撐起來，讓著裝者更加莊重雍容；美在價格昂貴，能證明著裝者擁有令人豔羨的財富。

早在正統時期，人們就可以透過捐納取得監生、貢生的身分。到了成化年間，又能透過捐納取得從九品至正七品的官職。這意味著財富不僅能夠提升社會階層，而且能在透過服飾區分身分高低的社會博得尊崇。這些現象令文人感到威脅，他們使出常規手段，動用政治優勢阻止富商透過服飾實現階層躍升。

二、方巾，士庶交鋒的導火線

正德中期某一天，一位埋頭苦讀的學子突然發現京都士人紛紛拋棄小帽，戴上了方巾。他一時無法接受，遂向親友抱怨：「士人突然集體換上方巾已經夠詭異了，不知輕重的商販竟然也敢跟風。」《輿服志》裡，方巾本不用來劃分社會階層，它蘊含「四方平靜」的美好寓意，是士庶皆可的首服。然而，正是制度上的「士庶皆可」，讓方巾成爲士庶交鋒的導火線。

實際生活中，士人著裝和廣大庶民涇渭分明。

庶民不敢僭越戴方巾，但士人能和庶民一樣戴小帽，這就是所謂的「上得兼下，下不得僭上」。士人主動選擇造成的士庶不分，在淳樸的年代壓根不是事兒，但在崇尚奢侈的明中期，問題可就大了。庶民戴方巾是僭越，是對士人的地位發起挑戰。士人透過首服進行反擊，方巾很快成爲新戰場。然而富商們不甘落後，他們連帝王、勳貴、官員所用的紋樣、顏色、珠寶都敢嘗試，還會被一頂方巾難倒？很快，商人們亦戴起了方巾。士人好不容易建立的優越感瞬間崩塌，但他們不會繳械投降，創造新的時尚潮流於他們來說可不是什麼難事。

還記得前文宋舉人的裝扮嗎？從表面上看，復古的唐巾、淺紅道袍、大紅織金寬襴旋子、花翠、濃妝豔抹皆是墮落的象徵，但實際上是士人捍衛社會地位的利器。

戴方巾的士人

明，周臣繪《香山九老圖》局部

三、復古，時尚潮流的設計思路

不單現代時尚界，古人也常採用復古的設計理念。他們的「古」和我們的一樣，更多是根據當下審美改造和包裝的傳統題材，有的甚至是臆造出的新奇樣式。比如冠以漢、晉、唐、諸葛、東坡、純陽等名的頭巾，流行過的小深衣、陽明衣、十八學士衣等，均是遵循復古理念設計出的新時裝。

復古很難，既要潛心研究過去，保證創新的源泉永不枯竭，又需立足現實，在現有方式的約束下登上更高的高度，甚至利用舊元素去突破、顛覆舊時觀念。然而士人做到了，令人不得不佩服他們卓越的創造力。

讓我們回到士庶之爭的問題上。士人的反擊成功了嗎？那還用說。面對眼花繚亂的冠巾，富商們紛紛表示過於陽春白雪但還是可以標榜身分的方巾更接地氣。

四、大明的時尚教父

㈠年長者的時尚沙龍照

名士陸樹聲爲了紀念人生中最光輝的履歷，曾在八十二歲時留下一套小像，其中最吸引人的，不是象徵威權的五梁冠和朝服，而是一件精緻的藕荷色道服。

藕荷色是略帶粉紅的淺紫色，非常浪漫夢

復古的諸葛巾
明，葉時芳繪《陸樹聲北禪二人小像圖軸》局部
（核桃蛋攝）

幻，但不易駕馭，現代年輕女性都不敢輕易嘗試。然而，這樣一個皮膚並不白皙的老人大膽嘗試，在藕荷色底下搭了一抹油綠和大紅。

三種顏色就這樣撞擊在一起，竟十分和諧。無須對陸樹聲讚不絕口，保持旺盛的好奇心，拒絕落後於潮流，是那個時代文人的共識。

在此，我們必須摒棄所有的刻板印象，明白年齡並非是恣意張揚的阻礙。因爲明代眞正的時尚教父，恰恰是一群在現代被時尚邊緣化的老人。

穿藕荷色道服的陸樹聲
明萬曆十九年（1591年）沈俊繪《陸文定公像冊》局部

㈡時尚教父的成名絕技

衣著豔麗考究的張居正堪稱時尚界的傳奇。哪怕他年過五十，胭脂、口脂、香粉樣樣不落，下班後還要補個妝。再對比如今穿著「弔嘎」背心、拖鞋的老阿伯，我們忍不住感嘆：明代人也太時尚了吧！

張居正並非特立獨行，很多士大夫都把自己裝扮得很精緻。協理都察院的許弘綱，年過五十還把自己弄得香氣撲鼻，壓根不需要屬吏或小廝拖著腔通報，甚至不用耗費眼神尋覓，光憑嗅覺就能感受到他的存在。南京兵部主事金汝嘉在用香上應該和許弘綱很有共同語言，他斥鉅資購買各式熏香，打造熏籠，活生生把自己變成了行走的擴香器。

右都御史沈思孝的必殺技是不離手的澡豆，他每天堅持淸潔手部和臉部十幾次，在講究潔淨這一點上，無人能與之匹敵。工部尙書劉東星靠出怪招殺出重圍，他反時令而行，夏穿紵絲、冬穿紗，簡直和現在的夏穿毛衣、冬穿弔帶短褲一般出格。還有北京光祿寺少卿馮渠爲了驚世駭俗，竟將主意打到代表朝廷顏面的常服上，故意取下革帶上的幾枚帶銙，在同僚的驚嘆聲中獲得莫大的心理滿足。

㈢文人的影響力

由文人引領的時尙，沒有一個不受整體社會的熱烈追捧，這種號召力恐怕連國際大牌都會羨慕吧！

文人喜穠麗，替男主人蓋花園的工匠也要跟風買鵝黃、紫色襖衫，根本不管是否和黝黑的膚色搭配。文人注重修飾儀容，男主人的書童也學著化妝、使用香料，末了還不忘搗鼓一個蓬鬆的髮型，增添風情。

文人尙奢，市井男女不惜花費一年的積蓄也要置辦綾羅綢緞等昂貴的面料。哪怕家裡窮得揭不開鍋，得了資助後也要用超過一半的救命錢買衣裙，家人非但沒有嗔怪其胡亂揮霍，反而覺得這錢花得很值。

文人戴方巾，穿道袍，街邊拿一兩銀子做本錢的小販也要趕個時髦，買件靑布棉道袍穿，更不用提身家豐厚的商人仗著財力戴方巾了。

就算文人一時落魄只能穿紫花布，早已過時的紫花布也會成爲販夫走卒搶購的爆款，連帶著價格都翻了好幾倍。更不用提那些以士大夫命名的服飾和周邊物品，譬如眉公巾、眉公糕、眉公椅、眉公夜壺等。

我們恍然大悟：士大夫涉獵時尙的最終目的並非特立獨行，而是透過引領時尙讓人感受到自己的影響力，展現自己的權威。宋舉人深諳這一道理，他微微一笑：暴發戶想依仗錢財和我們鬥？太天眞了吧！

垂釣用的魚竿
明，仇英繪《獨樂園圖卷》局部

出遊時攜帶的提匣、茶具、書畫、仙鶴
明，謝環繪《香山九老圖》局部

場景二十七　旅遊，重塑自信的時尚消遣

辭別宋舉人，李秀才一改往日的泰然自若，火急火燎地回到宅院，衣巾不換就取出《湖山勝概》的小冊子開始「臥遊」。「臥遊」是指欣賞山水畫或閱讀遊記，與實地遊覽的區別大概只差親自用雙腳丈量山水。難道在想像中遊覽山水也會在乎裝束嗎？的確如此。來看看李秀才準備的一份臥遊清單：

⑴衣冠：竹冠、唐巾、漢巾、披雲巾、斗笠、道服、文履、雲舄。
⑵配飾：道扇、拂塵、竹杖、葫蘆、五嶽圖。
⑶茶具、酒具：瘻杯、瘻瓢、酒樽、葫蘆。
⑷文娛用品：棋籃、詩筒葵箋、葉箋、韻牌、圍棋、琴、魚竿。
⑸家具：疊桌、坐氈。
⑹盛物品的器具：衣匣、備具匣、藥籃。

與現代人的自駕遊不同，士人的旅遊是一場精神淬煉，探尋的是超然閒淡的隱逸氣象。爲了迎合這種需求，戶外運動服裝必須承載高雅的意趣，衣撒、罩甲、大帽、眼紗等騎裝雖然很方便，但著實煞風景。那麼遊具又在這場精神淬煉中產生什麼作用呢？不如以李秀才賞玩的「雲居松雪」、「通玄避暑」爲例，仔細品味文人的意趣。

雲居松雪

「雲居松雪」是雲居庵的景致，以蒼松而聞名，屬隆冬時節不可錯過的美景。

這天雪霽初晴，被白雪蓋得嚴嚴實實的山徑上，很久都等不到一串足跡。李秀才推開庵門，一橫松枝不堪重負，將積雪抖落到他的肩頭。他拂去披雲巾上的殘雪，戴上斗笠，騎上童子牽出的小黑驢。他要策蹇尋梅，到三茅山頂上望江天雪霽。

三茅山的雪景有多美呢？重重山巒銀裝素裹，湖面上飄著漠漠寒煙，看不見飛鳥振翅，也無人影蹤跡。一片寒冷寂靜中，李秀才彷彿被一分爲二。一半穿著茶褐色道服，披一件大紅絨褐禪衣，倚著幾樹梅花掃雪烹茶。另一半頭戴斗笠、幅巾，披大紅氈衫，手執孝竹製成的釣竿，正駕一葉蚱蜢舟於江中垂釣，凜然不可侵犯。

一、披雲巾

坐擁巨額財富的文人自不必說，出身貧寒的文人也可以慢慢積累聲望，

獨坐孤舟賞雪的文人
明，藍瑛繪《溪山雪霽圖》局部

透過售賣書畫等藝術品獲取不菲的報酬。不論採用哪種方式，購買諸如暖帽、暖耳、風領、貂鼠禪衣等皮裘對他們來講並非負擔。之所以不用，只因皮製品沾染了令人鄙薄的暴發戶氣息。

倘若被俗氣薰染，豈不唐突了山林中的高士、名姝？是的，文人視花木爲可結交的良友或美人，寧可無言等待，也絕不做出如暴發戶般煞風景的舉動。披雲巾的氣質很契合高雅的氛圍，最終得以入選文人遊具。它以黑緞或黑氈製成，頂部較幅巾稍方，披幅垂於肩部，可絮棉或襯氈，能抵禦嚴寒的侵蝕。

戴披雲巾、束偃月冠的文人（作者根據明代戴高濂撰《遵生八箋》的文字記錄和容像推測繪製）

二、服飾，精神世界的奠基者

賞個雪景都要在吃、穿、出行上依照標準，是否附庸風雅過頭了？吟吟詩、彈彈琴、喝喝茶就夠了嘛。這是用慣了外形粗陋、沒有多少美感的工業產品的人才會產生的錯覺。很多人早已忘記眞正值得稱道的精神世界建立在精緻的物質上，而物質又由空間規劃、器具陳設、景物、裝飾以及食品等好幾項構成。

不是所有的物質都有資格進入文人的精神世界，它們必須透過一整套有關「雅」和「俗」的鑑賞標準檢視，最終才能融入與主人息息相關的生活中。經過嚴苛的遴選和重塑，綺麗的精神小世界終於被斧鑿出來。無須太多言語，只需調動感官去觀看、去聆聽、去細嗅、去品味，透過冠、巾、履、道服、杖，甚至交通工具的材質、樣式、尺寸、顏色乃至用途等種種細節去感受，就能攫取到經過反覆磨礪才能生出的細膩情感。

無論是鋪在野徑上的白雪，還是一頂絮棉托氈的披雲巾，又或是一剪紅梅，這些被眾凡愚視爲「多餘」的物品，都因是文人情趣的具象化表達而被精細安排。倘若失去了這些寄情的載體，文人的高雅會頃刻坍塌。

三、遊具，雅與俗的楚河漢界

文人的精神世界中，我們捕捉到頻頻出現的對立——以文人意趣爲代表的「雅」和以市井審美爲代表的「俗」。這是繼色衣之後，文人對富商設置的另一道屏障。他們透過不斷精緻化和特殊化的生活方式來重新定義自己。不論是形似農具、以竹絲和槲葉編成的葉笠，還是絮棉的披雲巾及黑色毛驢，林林總總看起來稀鬆平常，卻鑄成了獨屬於文人的「雅」，與市井庶民狂熱追求的奢麗涇渭分明。

無須苛責商人們不能理解附著在大紅禪衣上的情趣，他

攜帶坐毯，古琴的文人
文人戴幅巾，穿深衣、長裙、氣質嫻雅清，王翠繪《麓村高逸園》局部

坐禪時穿的大紅禪衣
明，丁雲鵬繪《達摩祖師圖軸》局部

文人出遊時常攜帶的笠子
明萬曆十九年（1591 年），沈俊繪《陸文定公像冊》局部

們長期被排除在雅事之外，並無多少鑑賞能力，更無法體會垂釣者的紅衣恰似翩翩起舞的火焰，剎那鮮活了李秀才孤寂的內心。而垂釣者的心中也有個負手而立的雅士，所穿衣衫縈繞著混合了茶香的蠟梅香氣。只有受過教育的人嗅到這種香味後，才能與絕不妥協的清高孤傲產生共鳴。這種依靠精神寄託傳遞的力量，大概只有相同或近似背景的人才能理解吧。

通玄避暑

仲夏的吳山比隆冬時分更有人氣，通玄觀、青衣洞、太虛樓皆是爲文人津津樂道的好景致。李秀才在晨光熹微之時來到山腳下，扶著竹杖沿路欣賞山中的野花幽鳥，頗得意趣。偶爾有一、兩位頭戴唐巾的簪花青年穿著荔枝紅道袍，慢條斯理地走過。

不知過了多久，他來到三茅觀背後的青衣洞，正想取出小巧的瘿瓢舀水喝，卻不想和宋舉人不期而遇。宋舉人穿一件鑲緇色邊的茶褐色銀條紗道服，內襯牙色汗褂，愜意地搖著由竹篾編成、裝飾著紫檀柄的道扇。

手拿道扇的文人
明萬曆時期陳昌錫著《湖山勝概》之「通玄避暑」局部

一、文人的束髮冠

兩人頭上各有一件有趣的飾物，那便是束髮冠。它罩在髮髻上，半隱在烏紗幅巾之下，散發出難以

戴金累絲束髮冠的太監
明，佚名繪《出警圖》局部

戴在頭巾下的高士冠
佚名繪處士像

掩飾的儒雅和雍容。

在文人看來，山人的束髮冠浸潤著風雅的意趣。它的樣式極爲簡潔，只取偃月和高士兩樣，以竹籜、紫檀、黃楊等材料製成。既不像戲曲道具中的累絲束髮冠，冠頂插雉羽，兩側盤繞蟒龍，中間還要挑出一朵紅纓；也不像王公勳貴那般極盡奢華，非要在黃金製成的冠體上鑲嵌珠寶。

二、雲舄

竹杖上掛有一幅五嶽眞形圖，取「一切魑魅魍魎皆退散」之意，和我們在車上懸掛「出入平安」的弔墜有異曲同工之妙。竹杖如此講究，這鞋也不能隨便。穿皂靴登山？皂靴多俗啊，得穿雲舄。雲舄舄首飾雲頭，可用白、青兩色布料製作，也可用蓑草或棕櫚絲編織。李秀才更偏好蓑草編的，在他看來，手扶竹杖、穿著形似芒鞋的雲舄，很有「一蓑煙雨任平生」的樂觀豁達。

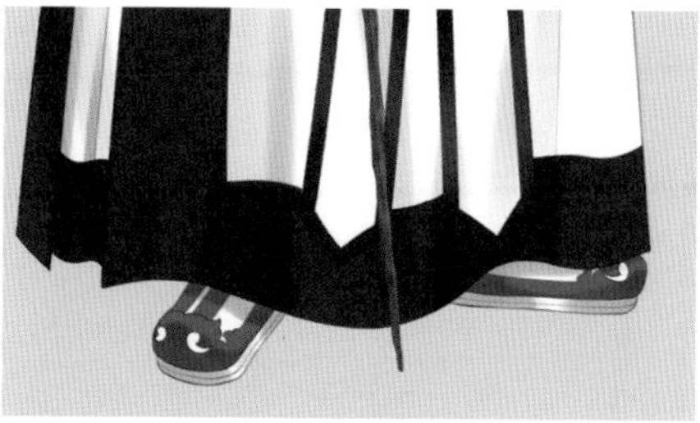

以青、白兩色布料製成的雲舄

三、道服

道服是文人專用於旅行的裝束，它的樣式酷似道袍，唯領、褾（袖口）、襟、裾等處裝飾石青色或黑色的緣邊。爲了凸顯高雅，道服拒絕豔麗的色彩，只取白色、月白、翠藍、天藍、牙色、松花色、絳色、羊絨色等幾種。不過在文人心中，最經典的顏色仍然是白色。

道服形制示意圖（正面）

道服形制示意圖（背面）

文人遊覽名山大川時的裝束

場景二十八　賞時尚女性的肖像畫

手談幾局後，眾人相約到城隍廟背後的太虛樓上賞月。宋舉人來了興致，拈起筆在新買的川扇上題詩兩首，贈送給李秀才。相伴出遊的名姬顧九也想討一首詩，遂從袖中取出一把湘妃竹泥金面扇。

隔了幾日，宋舉人邀李秀才賞畫。畫中的顧九洗盡鉛華，僅用一對「一點油」和梅花簪綰髻，髻前插一把玉梳背，耳上是一對米粒大的金丁香，與現實中的妝容迥異，李秀才十分詫異。顧九那日身穿玄色泥金眉子對襟羅衫，用銀紅銷金點翠手帕搭著頭，正面簪一支翠雲鈿兒，兩側插了幾對金鑲寶玉俏簪，鬢邊貼著飛金，寶釵半卸，鬢後又插一對花翠，耳邊戴著寶石墜子，裝扮得很是精緻。宋舉人也注意到「錯誤」，沉吟半晌後題詩一首，稱讚畫中顧九眉如春山，體態婀娜嫵媚。

宋舉人的讚美顯然源於對畫師的認同，若沒有畫師挖掘出顧九隱藏在胭脂下不爲人知的風韻，他還會寫下「畫中猶勝夢中看」嗎？

顧九的真實裝扮

文人眼中的時尚女性裝扮

一、飛金

流傳已久的首飾背後往往有著動人的傳說。飛金依靠人們對美人的憧憬將自己昇華，最終有了詩意。

它第一次大放光彩是在北魏。高陽王元雍有位寵姬叫豔姿，極愛在雙鬢上貼金箔製成的各式花片。襯著裝飾了花片的烏髮，豔姿的容顏在陽光和燭火中更顯瑰麗。時光流轉至唐代，「飛黃鬢」不僅沒有過時，受歡迎的程度反而因詩詞魅力更勝往昔。就連易脫落的瑕疵，也被詩人描述爲春天的落英了。

到了明代，鬢上貼金箔的化妝方式漸漸被拋諸腦後。不能說長在市井的女子文學素養低，欣賞不了唐詩的美，只是金箔容易脫落，一次性使用耗費太多，使得綴有珠寶的頭箍和簪釵代替飛金綻放光華，裝飾女性的額頭和兩鬢。

錢畫師筆下的顧九

二、玉梳側畔綻梅花

顧九那精緻的妝容無疑很對有錢人的胃口。可在宋舉人和畫師的眼中，卻流於世俗，遠遠達不到窮精極巧。他們認爲盛裝是枷鎖，鎖住了女子的風情。甚至小如飛金也會分散欣賞青絲雲鬢的目光。爲了避免這種愚蠢的錯誤，髮髻上疏疏散散飾一玉、一金、一翠、一珠就夠了。

顧九頭上的玉是一把梳脊飾玉的木梳。木梳用黃楊木製成，長九公分，梳脊上並不依著潮流包金，再鑲嵌珠寶，而是用細金屬絲拴著狀若新月的白玉竹節。白玉溫潤，黃楊木古樸，低調得恰到好處。

宋舉人和錢畫師二人眼中的「金」和「翠」又指什麼呢？自然是一、兩支精緻的簪釵了。若想達到精緻的標準，必須格外重視裝飾題材的選取。畫師尤愛梅花，便在玉梳背的右側添了一支梅花簪。它以珍珠爲花蕊，花瓣上飾翠羽，很容易令人聯想到綠萼橫臥東風中的風姿。

三、美人耳畔金丁香

這一「金」還可以是一對乖巧地待在耳垂上的金丁香。金丁香亦走簡約路線，於金絲彎腳下接一狀若釘頭的半球，像極了含苞待放的丁香花。也可稍做修飾，將釘頭開成梅花，花蕊處嵌一粒珍珠。透過簡單的裝飾，顧九的金丁香尺寸有所增加，但仍不失輕巧玲瓏。

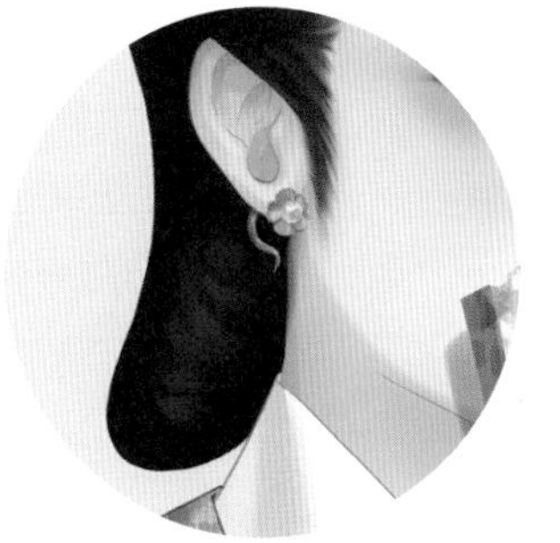

金丁香和垂在腦後的雁尾

鬢上貼的祥雲狀飛金

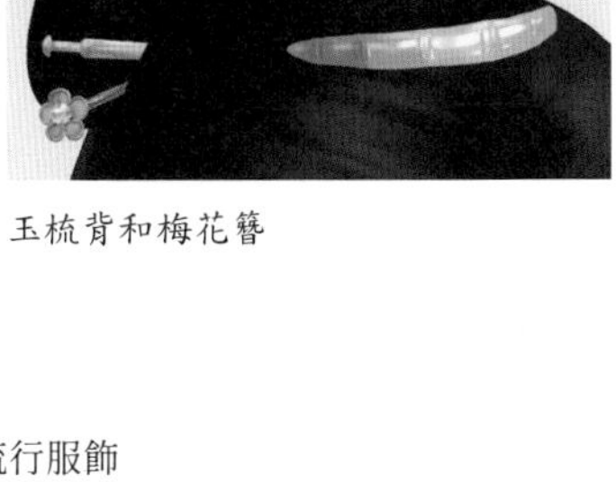

玉梳背和梅花簪

金丁香雖小，卻不是蓬門華戶可以擁有的。它的奢華不在於耳飾本身，而在於搭配的衣飾。回憶一下畫中顧九的衣衫：身上著丁香色對襟羅衫，衫上飾一溜五枚白玉紐扣，衣襟飾泥銀眉子，纖纖手指上戴一枚白玉馬鐙戒指，手執湘妃竹泥金面扇。可見佩戴金丁香時，從頭到腳都要精雅，否則便是流於庸俗了。日子過得緊巴巴的女性也愛丁香，即便材質只用得起銅和錫。

四、女性時尚，並不全由自己說了算

現代，很多地方每年都會舉行選美活動。古代文人也會參與選美，甚至總結出頗具格調的標準和鑑賞指南，涉及服飾妝容、面容體態、技藝、居所、房中陳設等方面，總共不下數十個細節。

做儒士打扮的名姬
崇禎四年（1631 年）刊《青樓韻語廣集》第五卷插圖局部

美人必須擁有深厚的文學修養，有文化的女性周身縈繞著濃濃的儒風。因此顧九們博覽群書，苦練書畫；有時還要披幅巾，穿深衣道服，束一腰長裙，執一柄拂塵，裝成有林下之風的謝道韞。而文人也樂此不疲，他們需要用脫俗的美人證明自己比別人更風流。

就這樣，征服與被征服的戲碼重複上演著。似曾相識的每一幀場景都浸淫著文人的意趣，

所有爲文人感官服務的器具，甚至名姬，都嚴格按文人的審美去塑造形態、陳設安放。一些人會批評良家女子不知羞恥，總是伸長脖子觀察名姬的服飾，故而空氣中一半的躁動都是名姬引發的。

可她們不過是成就文人意趣的「道具」罷了，作用如同一方鏡子，怎麼就成了原罪了呢？

明朝時尚界的寵兒

觀賞完畫軸，李秀才在房中記錄見聞。當提及杭州城的時尚，他如此寫道：「大戶人家的奴僕裝扮得很華麗，名姬因深諳如何展現女性魅力而成爲市井婦女爭相模仿的對象。」

一、金魚撇杖兒

名姬的簪釵：翠雲鈿兒、一對金魚撇杖兒、一對白玉蓮葉簪、一對金鑲寶玉梅花簪

壽宴上，女主人發現獻唱的衛姬簪著一對別致的金魚撇杖兒。金魚撇杖兒屬「零碎草蟲生活」，是簪中的小件。雖是頭面中的配角，但可鑲珠嵌寶，奇巧的造型無不蘊含著她玲瓏的心思。

二、黑色，時尚流行色

世紀之交，受歐美時尚的影響，黑色搖身一變成爲神祕、青春的代名詞，突然流行起來，然而這不是黑色第一次邂逅中國時尚。早在唐朝天寶年間，長安城就曾狂熱地追捧黑色，王公、官吏、平民爭相嘗試。原來在傳統文化中，黑色並非老氣橫秋的象徵啊。

穿玄色衫子、大紅抹胸、退紅裙的仕女
佚名繪《觀舞仕女圖》局部

穿黑色缺胯衫的供養人
西元 910 年敦煌千佛洞第十七窟壁畫局部

晚明到清早期的時髦女性也愛黑色和玄色，她們認爲最性感的搭配，莫過於玄色或黑色比甲、衫子中透出的大紅抹胸。

色彩是種感覺。記錄這些感覺的自然是文字。古人用玄、緇、黛等字描繪黑色，又用青袍等形容衣衫，並不是爲了炫耀學問淵博，而是古代的染料成分和染色工藝令黑色變得五彩斑斕。

譬如「玄」是古人以紅色爲底，重複六次相同工序獲得的顏色。它黑中泛紅，陽光下尤爲明顯。「緇」比玄多加一次黑汁，故色相比玄色深，趨近純黑。明代民間染色工藝發生變化，以深藍爲底加蓋黑或黃，使得玄色色相偏藍或偏綠。這便是人們稱深藍或黑中透藍的衣衫爲青衣的原因。至於「黛」是製作靛藍時得到的粉末，可以用來描眉。它的

玄

黑

石青（趨向黑的深藍）

顏色黑中帶藍，肯定不能用偏紅的玄來描述。

三、湘妃竹泥金面扇

㈠分性別的扇子

「賣俏哥，你賣盡了千般俏。白汗巾，棕竹扇，香袖兒裡籠著。」這首時興小調唱出了晚明市井風流子弟的時髦裝扮：他必定隨身攜帶著白汗巾和棕竹扇。

賣俏哥的棕竹扇並非是用來招涼撲蝶的團扇，而是折疊扇。男人用折疊扇，女人用團扇，性別差異在一把小小的扇子上涇渭分明。可是爲什麼這樣安排呢？

手執團扇的仕女
明，仇英繪《漢宮春曉圖》局部

㈡耍帥的道具

「扇子兒，我看你骨格兒清俊，會指磨，能遮掩，收放隨心，搖搖擺擺多風韻。」一句「能遮掩」和「搖搖擺擺多風韻」道出折疊扇的用途——彰顯魅力。哪怕大雪紛飛，手中也可拿一把折疊扇，或是半遮面，或是輕撫手掌，或是徐徐搖動。這風度呀，有意無意便展現出來了。總有愛美的女子禁不起時髦的誘惑，鼓起勇氣開風氣之先河，使得折疊扇在明中晚期打破性別束縛，成爲女子的時髦單品。

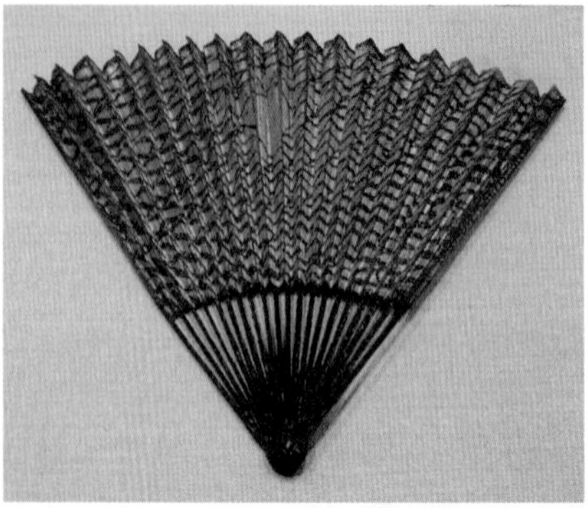

晚明泥金扇

明，唐寅繪畫扇

㈢挑選折疊扇的小技巧

折疊扇樣式眾多，令人眼花繚亂，該如何挑選呢？可以採用現代衡量奢侈品的標準，按產地挑選。

折疊扇以四川產的爲最佳，它頭頂貢品的光環，令天下人競相追捧。男主人最鍾愛的折疊扇是灑金川扇，常被他帶著炫富。蘇州扇亦受追捧，只是與川扇相比，它更重書畫。顧九的湘妃竹泥金面扇便是個中典範。

㈣折疊扇的樣式和扇墜

顧九的折疊扇長約三十四公分，有十八根扇骨，由金鉸釘穿在一起。所有的扇骨均由斑竹製成，輕重厚薄相同，光滑趁手；扇面細細塗滿金泥，上面有水墨勾染的湘蘭、怪石和蒼竹。扇面左側有蘇州名士和的一首詩，無形中抬高了它的價值。扇的大骨上還繫了一個扇墜，扇墜上有用白玉雕的比翼鳥，長逾三公分。「在天願作比翼鳥，在地願爲連理枝。」這扇子連同扇墜，肯定是某位有情人贈送的。

泥金折疊扇和比翼鳥扇墜

第十一章

戶外運動裝

場景二十九　男主人和友人結伴戶外運動

三月末，男主人邀請西席李秀才到新置的莊子上騎射、打球。李秀才以無騎裝爲由推辭。哪知過了兩日，男主人送來了一頂大帽、一件玫瑰紫窄袖貼裡、一件蜜合色罩甲，並小帶、茄袋等配飾。

戶外運動裝束
玫瑰紫貼裡、蜜合色罩甲及絛環

戶外運動穿什麼？

一、罩甲

㈠罩甲的形制

罩甲又名坐馬，是一種由蒙古人發明的對襟衣。它本是戎裝，分金屬鎧甲和布帛罩甲兩種。罩甲的領襟樣式有直領對襟、方領對襟和圓領對襟，袖長有短袖和無袖之分。爲了方便騎射，衣身兩側及身後開衩，拓寬了身體活動空間。

㈡罩甲不得不說的舊事

戎裝對普通民眾總有莫大的吸引力。正如防水的戰壕服搖身一變成爲經久不衰的時尚風衣一般，罩甲在明中葉也完成了這種華麗的轉

金屬罩甲
明，佚名繪《出警圖》局部

綴補的布帛罩甲
明，佚名繪《出警圖》局部

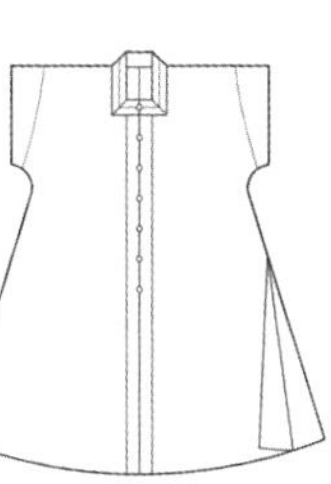

布帛罩甲形制示意圖

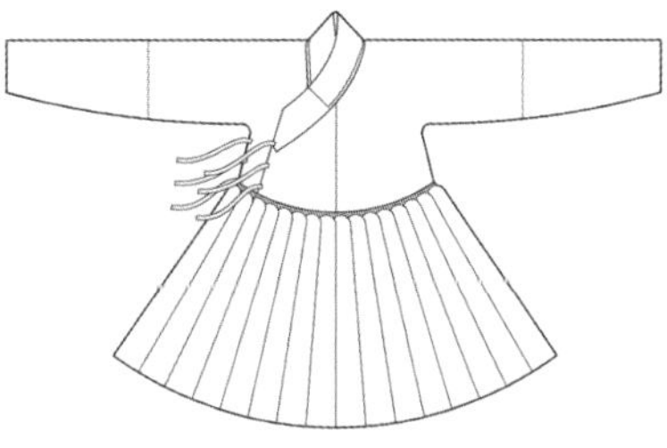

用於騎射的貼裡形制示意圖
袖子比日常穿的更加緊窄

身。促成它成功跨界的是行爲有些荒誕的明武宗，明武宗曾穿著黃罩甲於東西兩官廳晨夕操練，英姿颯爽的小夥子們在黃罩甲的襯托下，男子氣概爆棚，征服了京城市民挑剔的心。就像約定好似的，一夜之間大街小巷無不跟風。即便身披錦繡，大家也不忘在外面套個黃罩甲，否則就是落伍。

成爲時尚教主的明武宗無比驕傲，決定繼續爲時尚潮流添磚加瓦。每逢巡幸狩獵，都不忘秀一秀自己帶領的新潮流。所到之處，官員無不投其所好，穿黃罩甲面聖，力助罩甲長期穩居時尚前沿。

(三)必須注意的時髦細節

成爲時尚流行之後，罩甲褪去了屬於軍人的硬朗，沾染了世俗的繁華。不妨學男主人頭戴綴金帽頂的小帽，穿一件油綠羅褶兒和大紅圓領綴方補罩甲。罩甲的領襟上鑲青色的緣邊，再綴三五對金紐扣。很明顯，他是想用大紅和金色的熱烈華麗碰撞藍綠色的沉穩素淨，以塑造永不過時的奢華。

戴飾金帽頂的小帽，穿大紅綴補罩甲、綠色褶兒的富貴男性

汾陽聖母廟壁畫《聖母出宮》局部（出自徐麟著《中國寺觀壁畫經典叢書——汾陽聖母廟壁畫》）

二、小帶

罩甲上需束一條小帶，以便攜帶櫜鞬。小帶有細有粗，可用絲繩編織而成，透過條環束在腰間。乍看條環，感覺和革帶帶銙「三臺」頗爲相似，不過它是一個整體，不像「三臺」那般分成三塊。穿戴時，必須將條子兩端分別固定在條環背面的圓紐上。也有條環背面無紐，而是透過背面的帶扣或插座、插銷

固定小帶。還有一類稍顯特殊，被分成兩個部分，條環一側焊接扁環，與小帶一端繫連；另一側背面焊接插座，佩戴時將繫連著小帶另一端的插銷插入插座即可。

小帶上通常會添綴好幾根閘條，有了閘條，小帶就從華麗的裝飾變爲不輸給蹀躞帶的實用品，攜帶區區弓囊、箭囊，根本不在話下。另有一種鞓帶，以皮革製成，帶鞓上綴帶銙。乍看和常服革帶大同小異，只是窄小許多，但它在帶銙下附扁環，能夠穿繫各種飾件。

繫著茄袋等飾件的鞓帶
明，佚名繪《楊洪朝服坐像》局部

添綴兩條閘條的小帶，以便攜帶箭囊和弓囊
明，佚名繪《明宣宗馬上圖軸》局部

鑲珠寶雲頭形金條環（正面）

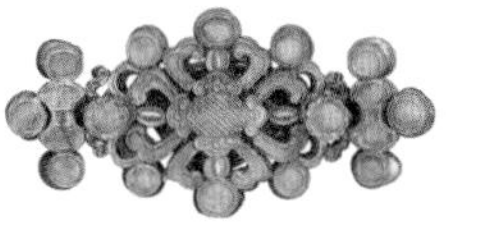

鑲珠寶雲頭形金條環（背面）（出自北京市昌平區十三陵特區辦事處編《定陵出土文物圖典》）

白玉條環（正面）

白玉條環（背面）
透過焊接在條環背面的帶扣固定小帶

金鑲寶條環（正面）

金鑲寶條環（背面）
此類條環依靠插座、插銷固定小帶（出自北京市昌平區十三陵特區辦事處編《定陵出土文物圖典》）

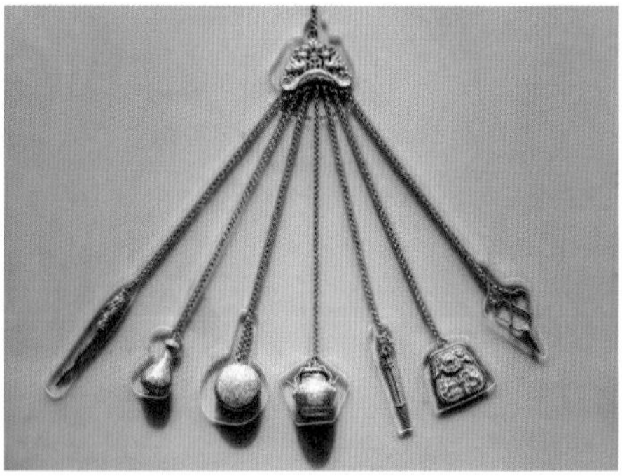

鏨花金七事
從右到左的飾件依次為剪、荷包、刀、罐、盒、瓶、觿。萬貴夫婦（成化年間）墓出土（核桃蛋攝）

刀箸叉三事，屬於男人的配飾

拴在小帶上的物件還可以是茄袋、椰瓢、刀箸叉三事等。它們聽起來似乎和女飾中的三事、七事有些相似？的確如此，兩者應該有著相同的淵源。

《禮記・內則》曾記錄左右佩用。無論男女，左邊均佩帶紛帨（擦拭器物的抹布）、刀、礪（磨刀石）、小觿（用象骨製成解結的錐子）、金燧（取火的銅製工具）等實用工具。右邊佩用略有差異，男性攜帶玦（射箭時鉤弦用的扳指）、捍（射箭時用的皮質袖套）、管（筆）、遰（刀鞘），以及不分性別均可佩戴的大觿、木燧（鑽木取火用的工具）；女性佩戴箴（針）、線、纊、施鞶帙（盛箴線纊的小囊）、衿纓（香囊）和綦屨（絲鞋）。這大概就是後世頻頻以實用小工具爲裝飾的源頭。直至明代，人們愈發青睞蘊含吉祥寓意的紋樣，化生童子、雜寶、花鳥草蟲等題材才成爲新寵。

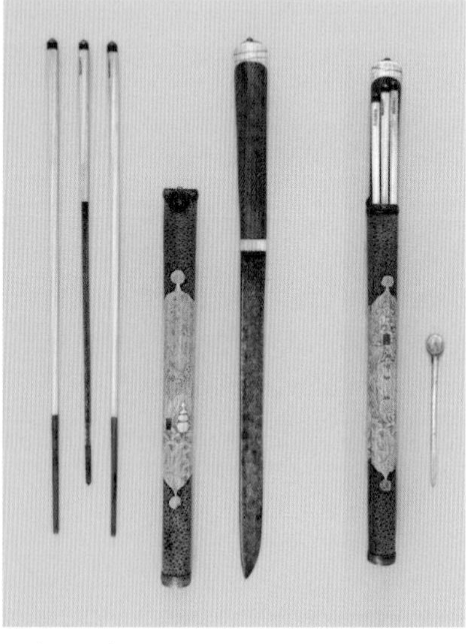

刀箸叉三事（圖片由大都會博物館提供）

拴在帶銙上的荷包和刀箸叉三事

第十二章

未成年人的髮型

場景三十　不開心的男孩子

和男主人與李秀才一起打球的還有男主人的侄兒。他今年十三歲，聰明伶俐。做爲官宦子弟，他的人生很是順遂，但現在的表情卻是悶悶不樂。

男孩子的髮型

一、十歲前的髮型，光頭或小辮

常言道，人生不如意事十之八九。尚未遇到人生挫折的他卻被髮型困擾了十年：好討厭只在頭頂留一撮兒毛啊。既然如此反感，爲什麼不換個髮型呢？如果大光頭也算的話，他當然換過。可爲什麼要剃光頭呢？因爲大家覺得光頭的娃娃像佛子，是很有福氣的髮型。他不是沒有抗爭過，但最終屈服在剃頭匠的剃刀下。七歲過後，他熟練地給幾撮兒頭髮抹上香髮木樨油，有時連小帽都懶得戴，風俗的潛移默化眞可怕。

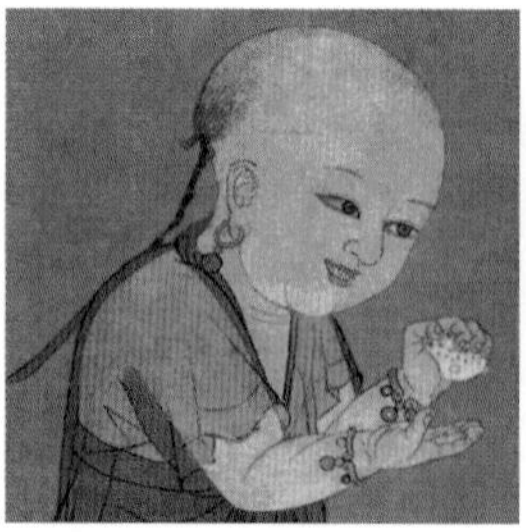

腦後拖一根小辮的男童
明，計盛繪《貨郎圖》局部

頭頂梳小辮的男童
明，佚名繪《嬰戲圖軸》局部

二、十歲後的髮型

㈠髮囊

十歲過後，他滿懷期待地開始留髮。此時髮囊派上了用場，它會一直陪伴男孩直到成年。髮囊的形制很簡單。有的會留一、兩個小孔，供綰髻的簪子穿過。囊的尺寸並無規定，只和髮髻的大小有關。髮囊的質地隨四季更替而變換，夏季用紗，春秋換羅、絹、綾、綢等，冬季就要換成緞了，這點倒和衣衫沒什麼兩樣。

戴髮囊的少年

滿頭碎髮的男童
明，陸治繪《二郎神搜山圖》局部

(二) 奇怪的「河童頭」

留髮期間，有些人特別喜歡無事生非，完全沒有安靜度過這段尷尬時期的自覺。他們把頭頂的頭髮剃了，只留周圍一圈頭髮，像個河童一樣。這種髮型很是奇怪，體面人家的男孩大多都會拒絕。

(三) 男女皆可的髮髻

有的男孩不愛戴髮囊，他們將髮髻裸露在外，額上再繫一條網巾邊。梳哪種髮髻全憑個人喜好，傳

剃掉頂部頭髮的男童
明，劉向撰、汪道昆增輯《列女傳》插畫局部

滿頭碎髮的男童
宋，趙佶繪《聽琴圖》局部

額上繫網巾邊的少年
明，謝環繪《杏園雅集圖》局部

梳墮馬髻的未成年小廝
明萬曆二十八年（1600年）環翠堂刊本《人鏡陽秋》插畫局部

梳雙丫髻的男童
明，謝環繪《香山九老圖》局部

統的雙丫髻、女性的墮馬髻比較受歡迎。墮馬髻就是把頭髮梳攏，盤旋成椎結，自頭頂向後垂墜，看起來很是別致。無論梳哪種髮髻，男孩們額前腦後都披著軟軟的碎髮，身上散發著膏澤的香氣，紅紅的嘴唇露著一口糯米牙。這大概是男人一生中最可愛的年紀了。

㈣網巾，成年的標誌

古人的髮型變化讓一生中的三個階段——幼童、少年、成年人涇渭分明，用來推測身分幾乎不會出錯。婚姻狀況是衡量是否成年的決定性因素。結婚意味著成年，男人會用一頂網巾將頭髮全部裹好，不會讓一根細碎的頭髮搭在額前或腦後。

成年和婚姻捆綁在一起意味著民間冠禮的衰落。很多市井庶民不會專門舉行冠禮，只是在嫁娶時，女方遣人替新婿冠巾，男方也會派人替新婦上髻。士大夫家庭雖不至於讓冠禮和婚禮合併，但也並非嚴格按照《家禮》執行。他們依舊會用到傳統的「三加之服」，即一加用幅巾、深衣、履鞋，二加用儒巾、襴衫、皂靴，三加用進士冠服、角帶、靴笏，倒也保留了幾分古意。

三加用進士巾、藍羅袍、皂靴、烏角帶、槐木笏板
明，佚名繪《于慎行官跡圖》局部（王軒攝）

女孩子的髮型

一、十歲前的髮型

若說誰比男孩更淒慘，可以毫不猶豫地把票投給古代的女孩子。百日命名後，她們會和男孩一樣被剃掉所有的胎髮，露出皺青的頭皮。待長大一些，她們會在頭兩側或頭頂留一、兩撮兒頭髮，用紅絲繩紮幾個髮髻。爲了和男孩區分，有的女孩會繫一寸多寬的小頭箍。

二、十歲後的髮型

十歲以後，女孩開始留髮，意味著女孩必須注意「男女大防」了。不過也有好處，就是可以梳各種漂亮的髮髻。晚明時期，愈來愈多少女不滿足於盤傳統的楂髻，爭相效仿成年女性梳墮馬髻。若不是額前腦後披著的碎髮，在鬏髻漸漸衰落的時代，未成年人和成年人日常裝扮的界限只怕愈發模糊了。

三、許嫁後至結婚前的髮型

十五歲是城裡女孩許嫁的年齡。她們紛紛在髮髻外罩上雲髻，等待父母替她們安排一樁婚事。除了用作日常裝束，雲髻也是女孩盛裝的基本組成。一些容貌姝麗的年輕女婢被富貴人家買去做妾，過門時也會戴雲髻，和三媒六聘的新娘、再嫁的寡婦很不相同。

繫小頭箍的女童
宋，佚名繪《冬日嬰戲圖軸》局部

僅留兩撮頭髮的女童
《明憲宗四季賞玩圖》局部
（松松發文物資料君攝）

額前、腦後披碎髮的少女
清，佚名繪《仕女圖》局部

致我的同好們

探索明代服飾是一件困難的事情。我和你們一樣，是從古籍和考古報告開始的。然而它們帶給我的，除了枯燥無味還有霧裡看花。因爲服飾從來都不是獨立存在的，它的背後往往隱藏著大量社會因素。只有學會借用古人的視角，從他們的價值觀和審美出發，聯繫當時的社會大環境，才能有比較深入的理解。

自踏入這個領域開始，就繞不開明朝的開國皇帝朱元璋親自參與建設服飾制度這個史實。很多人看到「悉命復衣冠如唐制」，想當然地認爲朱元璋端起了考古工作者的飯碗，兢兢業業復原古裝。然而真相並非如此。那麼，他提出「復衣冠如唐制」的眞實意圖是什麼？頒布衣冠制度的理由又是什麼呢？很多人會忽略這個細節，故而錯過解開古代服飾核心祕密的機會，因此很難把握它的脈絡。

探尋的過程中，我準備了一根軟尺。倒不是要學習裁剪，而是方便隨時測量，以便對文獻資料中的資料有直觀的感受。比如某件女紗衫長一二四．五公分，腰寬五八．五公分，袖寬五五．五公分，通袖長二四七．五公分，這些精確的資料到底有什麼用呢？

我不是專業學者，只是透過長時間的自學摸索出自己的思考路徑：

(1)衣服的主人到底是誰？他的身分和婚姻狀況是怎樣的？

(2)衣服的用途是什麼？是禮服還是日常生活的便服？

(3)衣服應該搭配哪些首飾、配飾？

(4)衣服的尺寸這麼大，上身後的輪廓是怎樣？穿著如果不顯身材，那麼是想突出什麼？

⑸它的風格與其他朝代的相去甚遠，到底是何種力量改變了它的模樣？這種改變是否體現女性有了更多思考能力？

你看，小小一件衫子竟然隱藏了那麼多故事，太值得我們深入挖掘了。

我想把這些有趣的東西分享給大家，於是接受了做明代服飾科普研究的挑戰。不過挑戰帶來的興奮並不足以消除我的忐忑，畢竟分析明代服飾的學術著作和科普文章實在是太多了。其中不乏經典作品，比如揚之水老師的《奢華之色——宋元明金銀器研究》、孫機老師的《中國古代的帶具》及《明代的束髮冠，䯼髻與頭面》、趙豐老師的《中國絲綢通史》、巫仁恕老師的《明代平民服飾的流行風尚與士大夫的反應》、擷芳主人的《大明衣冠圖志》等，都令我受益匪淺。

很偶然的情況下，我閱讀了柯律格教授的《明代的圖像與視覺性》以及巫鴻教授的《中國繪畫中的「女性空間」》。第一次意識到物質與時代背景不可割裂，懂得了選題角度的重要性。於是我豁然開朗，開始嘗試從新的角度去看風景。這個探索過程肯定不太順利，甚至很長一段時間都沒什麼收穫，但最終突破自我的感覺實在太美好了。

我不敢說這種自我突破很新鮮。一個愛好者眼中的「新」在學界可能早就是老生常談了。即便如此，站在學者的肩上向大眾傳遞一點自己的見解，打破學術與大眾之間的藩籬，仍然是一件很有意義的事。

願我們共勉。

陸楚翬

HISTORY系列 114

登臺！明朝人時尚秀：圖解古裝衣冠之美

作者—陸楚翬
副總編輯—邱憶伶
行銷企畫—林欣梅
封面設計—FE設計葉馥儀
內頁設計—林樂娟

編輯總監—蘇清霖
董事長—趙政岷
出版者—時報文化出版企業股份有限公司
一〇八〇一九臺北市和平西路三段二四〇號三樓
發行專線—（〇二）二三〇六六八四二
讀者服務專線—〇八〇〇二三一七〇五・（〇二）二三〇四七一〇三
讀者服務傳真—（〇二）二三〇四六八五八
郵撥—一九三四四七二四　時報文化出版公司
信箱—一〇八九九臺北華江橋郵局第九九信箱
時報悅讀網—http://www.readingtimes.com.tw
電子郵件信箱—newstudy@readingtimes.com.tw
時報出版愛讀者粉絲團—http://www.facebook.com/readingtimes.2
法律顧問—理律法律事務所　陳長文律師、李念祖律師
印刷—華展印刷有限公司
初版一刷—二〇二三年六月二日
定價—新臺幣五五〇元
（若有缺頁或破損，請寄回更換）

時報文化出版公司成立於一九七五年，並於一九九九年股票上櫃公開發行，
於二〇〇八年脫離中時集團非屬旺中，以「尊重智慧與創意的文化事業」為信念。

登臺！明朝人時尚秀：圖解古裝衣冠之美／陸楚翬著.
--初版. --臺北市：時報文化出版企業股份有限公司,
2023.06
面；　公分. --（History系列；114）
ISBN 978-626-353-816-0(平裝)
1.CST:服飾　2.CST:文化史　3.CST:明代　4.CST:中國
538.182　　　　112006575

ISBN 978-626-353-816-0
Printed in Taiwan

重温明代衣冠之美